职业教育财经类专业新课改精品教材系列丛书

成本会计

（第2版）

主　编　林云刚

副主编　罗映娜

電子工業出版社

Publishing House of Electronics Industry

北京·BEIJING

内 容 简 介

本教材是为满足职业院校会计专业“成本会计”课程教学需要而编写的。本教材依据《企业会计准则》和国家现行有关成本核算管理规定，以制造业成本计算为例编写而成。本教材通过 9 个项目、28 个任务，具体介绍了要素费用、综合费用的归集和分配，生产费用在完工产品与月末在产品之间的分配，以及品种法、分批法、分步法和成本计算辅助方法的应用，并简要介绍了成本报表的编制与分析。本教材注重理实一体化，结合实际工作，用大量的案例来充实，并在每个任务后，以课堂实训的形式帮助读者提高实际操作能力。本教材注重实用，浅显易懂。

本教材既可作为职业院校会计专业教材，也可作为在职会计人员的自学教材和培训教材。

图书在版编目（CIP）数据

成本会计 / 林云刚主编. —2 版. —北京：电子工业出版社，2021.8
ISBN 978-7-121-41834-1

Ⅰ. ①成… Ⅱ. ①林… Ⅲ. ①成本会计－中等专业学校－教材 Ⅳ. ①F234.2

中国版本图书馆 CIP 数据核字（2021）第 169595 号

责任编辑：徐 玲
印 刷：北京盛通数码印刷有限公司
装 订：北京盛通数码印刷有限公司
出版发行：电子工业出版社
北京市海淀区万寿路 173 信箱 邮编 100036
开 本：787×1 092 1/16 印张：14.75 字数：377.6 千字
版 次：2014 年 5 月第 1 版
2021 年 8 月第 2 版
印 次：2025 年 8 月第 7 次印刷
定 价：38.00 元

凡所购买电子工业出版社图书有缺损问题，请向购买书店调换。若书店售缺，请与本社发行部联系，联系及邮购电话：（010）88254888，88258888。

质量投诉请发邮件至 zlts@phei.com.cn，盗版侵权举报请发邮件至 dbqq@phei.com.cn。

本书咨询联系方式：xuling@phei.com.cn。

前 言

职业院校课程改革已成为技能型人才培养的核心问题。教材体系的重建、教材内容的重组、实施方式的转变和教学情景的改造，是课程改革确立的基本理念。作为会计专业的毕业生，成本核算岗位通常是他们从事财务工作的重要岗位之一。学好成本核算的知识，能够使毕业生具有相应的职业能力——上岗就能顶岗，这也是我们会计专业职业教育者努力期望达到的目标。基于此，我们编写了本教材，以供会计专业教学和实训使用。

本教材的主要特点如下。

1．打破传统成本会计教材的体例，探索项目课程教学的新思路

本教材按照“项目导向，任务驱动”的形式来编写，紧紧围绕成本核算岗位的工作职责，以成本核算工作任务为主线，由浅入深，划分成具体的 9 个项目，并将每个项目分解成若干个具体任务。在教师的指导下，以学生模拟操作为主，由知识准备到案例分析，再到课堂实训，体现了“教、学、做”合一，使学生的知识和技能体系逐步形成，达到培养学生实际动手能力的目的。

2．案例真实、资料仿真，具有可操作性

本教材所选用的会计核算资料都采集于企业成本核算岗位经常发生的、真实的经济业务，所使用的台账、明细账、成本计算单和分配表等都是现行制造业企业所采用的，目的就是使学生在学习中就能接触、熟悉、使用真实的会计资料，增加感性认知，为学生今后走上会计岗位、胜任成本核算工作奠定良好的基础，使学校教学、学生学习与企业实际工作实现“无缝对接”。

3．紧密对接修订后的《企业会计准则》和国家现行有关成本核算管理规定，确保教材内容的新颖性和科学性

2006 年 2 月 25 日，财政部颁布了修订后的《企业会计准则》，并已于 2007 年 1 月 1 日起施行。本教材中涉及的会计核算业务是按修订后的《企业会计准则》和国家现行有关成本核算管理规定的要求处理的，确保了教材内容与实际工作的同步。

本书由无锡城市职业技术学院林云刚担任主编，广州市增城区东方职业技术学校罗映娜担任副主编，具体分工为：项目一～项目四由林云刚编写，项目五～项目九由罗映娜编写。

本课程安排 72 课时（按 1 学期 18 周，每周 4 课时计算），建议各项目课时分配见下表。

课时分配建议

教学内容	课时数		
	授课	实践	合计
项目一　走进成本会计	2	2	4
项目二　要素费用的归集和分配	4	4	8
项目三　综合费用的归集和分配	4	4	8
项目四　生产费用在完工产品与月末在产品之间的分配	2	4	6
项目五　品种法的应用	4	6	10
项目六　分批法的应用	2	4	6
项目七　分步法的应用	4	8	12
项目八　成本计算辅助方法的应用	2	4	6
项目九　成本报表的编制与分析	4	4	8
机动	4	—	4
合计	32	40	72

为了方便教师教学，本教材还配有电子教案、教学指南及习题答案（电子版），请有此需要的教师登录华信教育资源网（www.hxedu.com.cn）下载或与电子工业出版社联系，我们将免费提供（E-mail：hxedu@phei.com.cn）。

由于编者水平有限，书中难免存在不足之处，敬请广大教师和读者提出宝贵意见，以便共同研讨并使本教材再版时能得到修正、完善。

编　者

2021 年 5 月

目　录

项目一

走进成本会计

项目引领

市场竞争，弱肉强食，适者生存，优胜劣汰。在市场经济条件下，价格竞争是企业参与市场竞争的主要手段之一。在同类、同质的产品中，成本高低直接关系到商品的获利能力和市场竞争能力。毫无疑问，产品成本低则获利能力强，产品成本高则获利能力弱。由此可见，产品成本越低，就越有竞争力，这是不争的事实。如何加强成本管理，正确核算产品成本已经成为企业管理的重要内容。成本会计正是适应这种管理要求而产生和发展的。本项目作为本教材的第一个项目，主要带领同学们走进成本会计，阐述成本会计的基本理论。

项目目标

知识目标：

（1）认知成本和产品成本的概念；

（2）理解成本会计的对象、职能和成本核算的要求；

（3）学会费用的分类和成本核算的一般程序。

技能目标：

（1）能够区分计入与不计入产品成本的费用；

（2）能够独立勾画出成本核算的一般程序。

任务一　认知成本和产品成本

任务导入

小明家里新买了一台液晶电视机，价格为4 200元。对于电视机生产厂家来说，电视机是一个产品，其生产的代价（成本）是多少呢？同学们想知道吗？想搞清楚这一问题，我们有必要了解成本和产品成本的概念。

任务要求

- 认知成本和产品成本的含义；
- 能够区分费用和成本；
- 学会描述产品成本的组成内容。

知识准备

问题1：如何理解成本和产品成本？

成本是指生产过程中的耗费，是为了保证企业再生产而应从销售收入中得到补偿的那部分价值。

例如，小明家里新买了一台液晶电视机。对于电视机生产厂家来说，电视机是一个产品，在该产品的生产过程中，所消耗的原材料、支付的人工费、发生的相关费用等，这些耗费就构成了成本。

产品成本是指生产产品或劳务过程中所消耗的生产资料的价格和所使用的劳动力价格的总和。企业要生产产品，就要发生各种耗费，这些耗费包括生产资料中的劳动手段（如机器设备）和劳动对象（如原材料），以及劳动力（如职工薪酬）等方面的耗费。当把这些耗费按一定种类和产品进行归集时，就构成了产品成本。

例如，梁溪家家乐蛋糕店，生产戚风蛋糕和布丁蛋糕。假设本月月初两种蛋糕都没有在产品。若生产戚风蛋糕 200 千克，则消耗鸡蛋 430 元、红糖 50 元、面粉 450 元、色拉油 1 300 元、果汁 150 元、塔塔粉 50 元。若生产布丁蛋糕 100 千克，则消耗鸡蛋 200 元、绵白糖 20 元、面粉 230 元、色拉油 700 元、黄油 100 元、牛奶 50 元。生产两种蛋糕共发生生产工人薪酬 4 200 元（其中，戚风蛋糕生产工人薪酬 2 800 元，布丁蛋糕生产工人薪酬 1 400 元）；电烤箱折旧费 900 元（其中，戚风蛋糕承担折旧费 600 元，布丁蛋糕承担折旧费 300 元）；生产过程中共消耗电费 2 100 元（其中，戚风蛋糕消耗电费 1 400 元，布丁蛋糕消耗电费 700 元）；生产用房屋租金 600 元（其中，戚风蛋糕承担房屋租金 400 元，布丁蛋糕承担房屋租金 200 元）。另外，该蛋糕店本月发生管理费用 3 500 元、销售费用 1 800 元、财务费用 250 元。月末，两种蛋糕全部完工，验收入库。那么，该蛋糕店生产的两种蛋糕的产品成本组成如下所述。

戚风蛋糕产品成本为：（1）鸡蛋 430 元；（2）红糖 50 元；（3）面粉 450 元；（4）色拉油 1 300 元；（5）果汁 150 元；（6）塔塔粉 50 元；（7）生产工人薪酬 2 800 元；（8）电烤箱折旧费 600 元；（9）电费 1 400 元；（10）房屋租金 400 元。

即（1）～（10）的合计金额 7 630 元为生产 200 千克戚风蛋糕的产品成本。

其中，（1）～（6）为消耗的材料费 2 430 元；（7）为支付的人工费 2 800 元；（8）～（10）为发生的制造费用 2 400 元。

布丁蛋糕产品成本为：（1）鸡蛋 200 元；（2）绵白糖 20 元；（3）面粉 230 元；（4）色拉油 700 元；（5）黄油 100 元；（6）牛奶 50 元；（7）生产工人薪酬 1 400 元；（8）电烤箱折旧费 300 元；（9）电费 700 元；（10）房屋租金 200 元。

即（1）～（10）的合计金额 3 900 元为生产 100 千克布丁蛋糕的产品成本。

其中，（1）～（6）为消耗的材料费 1 300 元；（7）为支付的人工费 1 400 元；（8）～（10）为发生的制造费用 1 200 元。

该蛋糕店当月的产品成本为：7 630+3 900=11 530（元）。

问题 2：如何区分费用与成本？

费用是指企业为获取营业收入所发生的经济利益流出，是企业在生产经营过程中所发生的各种耗费。

例如，上述蛋糕店当月发生材料费、人工费和制造费用，以及当月发生管理费用、销售费用、财务费用的总和为该蛋糕店的费用。

费用可分为生产费用和期间费用。

生产费用是指企业在一定时期内为生产产品而发生的各项支出。

例如，上述蛋糕店当月发生材料费、人工费和制造费用组成该蛋糕店的生产费用（产品成本或生产成本）。

期间费用是指企业在一定会计期间内为生产经营的正常进行而发生的各项费用。

例如，上述蛋糕店当月发生的管理费用、销售费用、财务费用组成该蛋糕店的期间费用。

成本是指生产过程中的耗费，是为了保证企业再生产而应从销售收入中得到补偿的那部分价值。成本也可以理解为对象化的生产费用。

例如，上述蛋糕店生产的戚风蛋糕和布丁蛋糕的成本分别由（1）～（6）各自消耗的材料费、（7）各自承担的人工费和（8）～（10）各自承担的制造费用组成。

从上述内容可以看出，费用和成本既有联系，又有区别。

两者的联系是对象化的费用，即成本，或者可以理解为成本是费用的对象化。

例如，上述蛋糕店当月发生的材料费、人工费和制造费用等生产费用就构成了蛋糕的成本（产品成本）。

两者的区别是所包含的范围（内容或项目）不同，费用包含生产费用和期间费用，成本只指企业在一定时期内为生产产品而发生的生产费用。

例如，上述蛋糕店当月除发生材料费、人工费和制造费用外，还发生了管理费用、销售费用、财务费用。

那么，该蛋糕店当月费用总额为：（戚风蛋糕产品成本+布丁蛋糕产品成本）+（管理费用+销售费用+财务费用）=生产费用（产品成本或生产成本）+期间费用=（7 630+3 900）+（3 500+1 800+250）=17 080（元）。

其中，该蛋糕店当月的成本（产品成本或生产成本或生产费用）为：7 630+3 900=11 530（元）。

该蛋糕店当月的期间费用为：3 500+1 800+250=5 550（元）

问题 3：如何理解生产费用和产品成本的关系？

生产费用按一定的产品加以归集和汇总，就形成产品成本。因此，生产费用的发生是形成产品成本的基础，而产品成本则是对象化的生产费用。

生产费用通常是指一定时期（月、季、年）内实际发生的生产费用，而产品成本反映的是某一时期某种产品所应负担的费用。按照权责发生制的原则，企业生产费用的发生期与归属产品的期间并不完全一致。归属于当期产品成本中的一部分生产费用不一定全部是当期发生的，而且还可能包含以前期间发生的生产费用；归属于该期间的生产费用不一定归属于当期的产品成本，可能要由以后期间的产品来负担。

因此，企业某一时期实际发生的产品生产费用的总和不一定等于该期产品成本的总和。某一时期完工产品的成本可能包括几个时期的生产费用，某一时期的生产费用也可能分期计入各期完工产品成本。

问题 4：产品成本由哪些内容组成？

产品成本组成的内容，即产品成本项目主要包括如下几个方面。

（1）直接材料。

直接材料是指用于产品生产并构成产品实体的原料及主要材料、外购半成品，以及有助于产品形成的辅助材料、其他材料所消耗的价值。例如，上述蛋糕店若当月生产戚风蛋糕 200 千克，则消耗鸡蛋 430 元、红糖 50 元、面粉 450 元、色拉油 1 300 元、果汁 150 元、塔塔粉 50 元的合计数为生产戚风蛋糕的直接材料费；若生产布丁蛋糕 100 千克，则消耗鸡蛋 200 元、绵白糖 20 元、面粉 230 元、色拉油 700 元、黄油 100 元、牛奶 50 元的合计数为生产布丁蛋糕的直接材料费。

（2）直接人工。

直接人工是指参加产品生产的一线工人的工资，以及按其工资总额和规定比例提取的职工福利费等职工薪酬。例如，上述蛋糕店当月生产戚风蛋糕和布丁蛋糕，共发生生产工人薪酬 4 200 元（其中，戚风蛋糕生产工人薪酬 2 800 元，布丁蛋糕生产工人薪酬 1 400 元）。那么，生产戚风蛋糕的直接人工费为 2 800 元，生产布丁蛋糕直接人工费为 1 400 元。

（3）制造费用。

制造费用是指生产单位在组织和管理产品生产活动中为生产产品所发生的那些除了直接材料、直接人工以外的各种间接费用。例如，上述蛋糕店当月发生的电烤箱折旧费、生产过程消耗的电费和生产用房屋租金组成该蛋糕店当月的制造费用。

问题 5：生产费用的分类有哪几种情况？

生产费用通常可按与生产工艺的关系，以及计入成本的方法进行分类。

（1）生产费用按与生产工艺的关系分类。

计入产品成本的生产费用按与生产工艺的关系，可以分为直接生产费用和间接生产费用。直接生产费用是指由于生产工艺本身引起的、直接用于产品生产的各项费用。例如，原材料费用、生产工人薪酬和机器设备折旧费等。间接生产费用是指与生产工艺没有直接联系，但间接用于产品生产的各项费用。例如，车间机物料消耗、辅助车间工人薪酬和车间厂房折旧费等。

（2）生产费用按计入成本的方法分类。

计入产品成本的生产费用按计入产品成本的方法，可以分为直接计入费用（又称为直接费用）和间接计入费用（又称为间接费用）。直接计入费用是指可以分清由哪种产品所耗用，可以直接计入某种产品成本的费用。例如，生产耗用的材料费用、生产工人的计件工资等。间接计入费用是指不能分清由哪种产品所耗用、不能直接计入某种产品成本，而必须按照一定标准分别计入相关产品成本的费用。例如，制造费用、炼油企业耗用的原油等。

生产费用按与生产工艺的关系分类和按计入产品成本的方法分类之间的联系是：直接生产费用大多是直接计入费用，间接生产费用大多是间接计入费用，但也不都是如此。例如，在只生产一种产品的企业或车间中，直接生产费用和间接生产费用都可以直接计入该种产品成本，都直接计入费用；在生产多种产品的企业或车间中，直接生产费用和间接生产费用既可能直接计入费用，也可能间接计入费用。

课堂实训

【案例】江旭有限责任公司 2021 年 6 月承接了 5 架机车专用连接器产品的生产

任务。当月领用直接材料 2 次，金额分别为 15 000 元和 33 000 元。生产工人 5 名连续加工该产品 15 天，产品当月全部完工。5 名工人各自得到的工资分别是 1 200 元、1 300 元、1 350 元、1 500 元和 1 550 元；该公司当月制造费用共发生 25 000 元；该公司当月发生管理费用 52 000 元、销售费用 5 000 元、财务费用 2 500 元。

要求：（1）计算该公司当月发生的费用是多少？

（2）该公司当月发生的直接材料、直接人工和制造费用分别是多少？

（3）该公司当月发生的产品成本是多少？

【案例解析】

（1）该公司当月发生的费用=（15 000+33 000）+（1 200+1 300+1 350+1 500+1 550）+25 000+52 000+5 000+2 500=139 400（元）

（2）该公司当月发生的直接材料=15 000+33 000=48 000（元）

该公司当月发生的直接人工=1 200+1 300+1 350+1 500+1 550=6 900（元）

该公司当月发生的制造费用=25 000（元）

（3）该公司当月发生的产品成本=48 000+6 900+25 000=79 900（元）

任务二　认知成本会计的对象和职能

任务导入

小明下学期就要参加顶岗实习了，他很想去本校的校外实训基地——江旭有限责任公司应聘成本核算岗位的工作。本学期小明这个班正在学习“成本会计”这门课，他很想知道，成本核算岗位应该核算哪些内容？成本会计应该具有哪些内在的职能？这正是本任务需要讲述的内容。

任务要求

- 认知成本会计的含义；
- 理解成本会计的对象；
- 学会描述成本会计的职能。

知识准备

问题 1：如何理解成本会计？

成本会计是会计学的一个重要分支，它是以成本费用为对象的一种专业会计。成本会计主要是指对从事物质生产的部门为制造产品而发生的成本，即产品的生产成本，以及企业在生产经营过程中进行日常管理、销售产品和筹集资金等所发生的各种期间费用的归集、分配工作。

例如，前述梁溪家家乐蛋糕店会计人员，对该店当月生产的戚风蛋糕和布丁蛋糕两种产品所发生的直接费用和间接费用进行归集、分配，分别计算出两种产品的成本，以及归集当月的期间费用这一工作，就可以简单地理解为成本会计。

问题 2：成本会计的对象是什么？

成本会计的对象是指成本会计核算和监督的内容。本教材主要介绍制造业，制造业成本会计的对象是生产成本和期间费用，即在产品生产过程中耗费的直接材料、直接人工和制造费用构成产品的生产成本（制造成本），这是制造业成本会计的主要对象。

例如，前述梁溪家家乐蛋糕店会计人员，对该店当月生产的 200 千克戚风蛋糕和 100 千克布丁蛋糕所发生的直接材料、直接人工和制造费用（生产费用）分别进行归集、分配，计算出两种蛋糕的成本，即成本会计的主要对象。

制造业在从事经营活动过程中还会发生销售费用、管理费用和财务费用，这些费用可以称为期间费用。该费用与产品成本没有直接的关系，仅与期间相联系，直接计入当期损益，并不计入产品成本。但在会计实务中，期间费用的发生和确认经常与产品成本同时进行，且为了促使企业节约费用、增加利润，期间费用也作为成本会计对象。

例如，前述梁溪家家乐蛋糕店本月发生管理费用 3 500 元、销售费用 1 800 元、财务费用 250 元，这些费用的归集也构成成本会计的对象。

因此，成本会计的对象应包括产品的生产成本和期间费用。成本会计实际上也称为成本、费用会计。

问题 3：成本会计的职能有哪些？

成本会计的职能是指成本会计在经济管理中所具有的内在功能，由成本预测、成本决策、成本计划、成本控制、成本核算、成本考核及成本分析等组成。在诸多职能中，成本核算是基础，没有成本核算，其他各项职能就无法发挥，也就没有成本会计。

（1）成本预测。成本预测是指根据过去的成本数据资料，结合企业在计划期内经营环境变化及企业可能采取的措施，运用一定的技术方法对未来成本水平及其发展趋势所做出的科学推测与估计。通过成本预测，可以为成本决策提供备选方案，减少生产经营过程中的盲目性，提高企业成本管理的科学性和预见性。

（2）成本决策。成本决策是指以成本预测方案为基础，结合其他相关资料，在备选的预测方案中选择最优方案，以确定目标成本的过程。成本决策的结果可以为编制成本计划提供资料。

（3）成本计划。成本计划是指根据成本决策方案确定的目标成本，将决策方案具体化，提出计划期内所应达到的具体目标和水平，并提出相应实施措施的一种管理活动。成本计划是企业进行成本控制、成本考核和成本分析的依据。

（4）成本控制。成本控制是指依据成本计划，对成本计划实施过程中的各项因素进行控制和监督，以保证成本计划得以实施的一种管理活动。通过成本控制，可以保证计划目标的实现，并为成本核算提供真实、可靠的成本资料。成本控制包括事前控制、事中控制和事后控制。

（5）成本核算。成本核算是指根据实际发生的成本资料，采用一定的成本计算方法，按确定的成本计算对象和适当的标准，对各项要素费用进行归集与分配，计算出各个成本计算对象的总成本和单位成本，并进行账务处理的过程。成本核算既是对产品生产过程中各种耗费的反映，也是对成本计划和成本控制实施过程的记录。通过成本核算资料，可以考核成本计划的执行情况，分析成本计划在完成过程中积累的经验与存在的不足，为下期开展成本预测、进行成本决策和编制成本计划提供重要依据。

（6）成本考核。成本考核是指根据成本核算资料，定期对成本计划指标完成情况进行总结和评价，以强化企业的成本管理责任制，落实经济责任，提高成本管理水平的一种管理活动。成本考核要能奖优罚劣，并能为成本分析提供依据。

（7）成本分析。成本分析是指采用专门的分析方法，利用成本核算与考核等资料，与本期成本计划、上年同期实际成本、本企业历史先进水平、国内外同类产品先进成本水平进行比较，揭示产品成本差异，分析产生差异的原因，以便提出改进措施、改善成本管理、降低成本耗费、提高经济效益的一种管理活动。成本分析的结果可以为下期的成本预测提供资料。

本书主要讲述成本核算和成本分析职能。

课堂实训

【案例】梁溪热电公司2021年6月，在经营过程中发生下列经济业务。

当月发生直接材料费105 000元，职工薪酬支出55 000元，制造费用25 000元，管理费用20 000元，销售费用15 000元，财务费用1 500元，短期投资支出150 000元，长期股权投资支出1 500 000元，长期债权投资支出500 000元，公司支付的各项罚款、违约金15 000元，向希望小学提供赞助款100 000元，发生非常损失12 000元。

要求：请分析以上哪些项目应列入该公司的成本对象？为什么？

【案例解析】

（1）该公司本月发生的直接材料费105 000元，职工薪酬支出55 000元，制造费用25 000元，管理费用20 000元，销售费用15 000元，财务费用1 500元组成该公司的成本对象。其中，生产成本共计185 000元（105 000+55 000+25 000），期间费用共计36 500元（20 000+15 000+1 500）。

（2）原因分析。

①成本会计的对象由生产成本和期间费用组成，即在产品生产过程中耗费的直接材料、直接人工和制造费用构成产品的生产成本（制造成本），为成本会计的主要对象；在公司中发生销售费用、管理费用和财务费用构成期间费用，这些费用虽并不计入产品成本，但在会计实务中，期间费用的发生和确认经常与产品成本同时进行，且为了促使企业节约费用、增加利润，期间费用也作为成本会计对象。

②该公司本月发生的短期投资支出150 000元，长期股权投资支出1 500 000元，长期债权投资支出500 000元，公司支付的各项罚款、违约金15 000元，向希望小学提供的赞助款100 000元，发生非常损失12 000元。这些支出既不是生产产品发生的费用，也不是期间费用，所以不能作为成本会计的对象。

任务三　认知费用的分类

任务导入

前述梁溪家家乐蛋糕店，发生了相关的经济业务，在这些经济业务中所涉及的费用怎样进行分类？哪些可以列入产品成本？哪些不可以列入产品成本？要想搞清楚这些问题，我们有必要理解费用的分类和产品成本开支的范围。

任务要求

- 认知费用按经济内容进行的分类；
- 理解费用按经济用途进行的分类；
- 能够区分计入与不计入产品成本的费用。

知识准备

为了正确、合理地计算产品成本和期间费用，对企业生产经营过程中发生的各种费用可以按照不同的标准进行科学的分类。在制造企业中费用可以按经济内容和经济用途进行分类。

问题 1：费用按经济内容如何进行分类？

企业在生产经营过程中发生的各种费用按经济内容（或性质）划分，可分为劳动对象方面的费用、劳动手段方面的费用和活劳动方面的费用三大类，称为企业费用的三要素。为了具体地反映企业在一定时期内各种费用的构成和水平，还应在此分类的基础上，将企业费用进一步划分为以下八个费用要素。

（1）外购材料。外购材料是指企业耗用的一切从外部购进的原料及主要材料、半成品、辅助材料、包装物、修理用备件和低值易耗品等。例如，前述梁溪家家乐蛋糕店，为生产蛋糕购进的鸡蛋、绵白糖、面粉、色拉油等构成其外购材料。

（2）外购燃料。外购燃料是指企业耗用的一切从外部购进的各种燃料，包括固体、液体、气体燃料。例如，外部购进的煤炭、汽油、液化气等。

（3）外购动力。外购动力是指企业耗用的从外部购进的各种动力。例如，前述梁溪家家乐蛋糕店，为生产蛋糕消耗的生产用电力等。

（4）职工薪酬。职工薪酬是指企业为获得职工提供的服务而给予各种形式的报酬及其他相关支出，包括职工工资、奖金、津贴和补贴，职工福利费，医疗保险费、养老保险费、失业保险费、工伤保险费等社会保险费，住房公积金，工会经费和职工教育经费，非货币性福利，因解除与职工的劳动关系给予的补偿，以及其他与获得职工提供的服务相关的支出。例如，前述梁溪家家乐蛋糕店发生的生产工人薪酬等。

（5）折旧费。折旧费是指企业按照规定计算的固定资产折旧费。例如，前述梁溪家家乐蛋糕店发生的电烤箱折旧费等。出租固定资产的折旧费不包括在内。

（6）利息费用。利息费用是指企业应计入财务费用的借款利息费用支出减去存款利息收入后的净额。

（7）其他费用。其他费用是指不属于以上各要素的费用。例如，邮电费、差旅费、租赁费、保险费、外部加工费等。

注意：按照上列费用要素反映的费用，称为要素费用。

费用按经济内容分类可以反映企业在一定时期内发生了哪些费用，数额各是多少，可据此分析各个时期费用的结构和各种费用支出的水平。但是，这种分类不能说明各项费用的用途，因此不便于分析各种费用支出是否合理，以及是否需要节约的情况。

制造业在一定期间内（通常为一年）为生产产品而发生的各种耗费构成生产费用。生产费用按一定的产品成本计算对象进行归集、分配、计算后，最终形成产品成本。为了反映产品成本的构成，按各种生产费用在产品成本中的不同作用分为若干项目，称为产品生产成本项目，简称产品成本项目或成本项目。因此，制造业中费用按经济用途进行分类，可分为生产费用和期间费用。

（1）生产费用。生产费用是指计入产品生产成本，构成产品成本项目的费用。具体可分为直接材料、直接人工和制造费用。具体内容在“任务一”中已讲述。

需要指出的是，企业可根据生产特点和管理要求对上述生产费用（产品成本项目）进行适当的调整。对于管理上需要单独反映、控制和考核的，且在产品成本中占比重较大的耗费，应增设“燃料和动力”“废品损失”“停工损失”等成本项目。例如，如果产品耗用自制或外购的燃料费、动力费较大，可计入“燃料和动力”成本项目。

注意：若企业在生产工艺过程中消耗的燃料费、动力费较少，且管理上不需要单独考核，则应计入“直接材料”成本项目。

（2）期间费用。期间费用是指企业在一定会计期间内为生产经营的正常进行而发生的各项费用。这些费用容易确定其发生期间和归属期间，但很难确定其成本计算对象。因此，在核算上，期间费用不计入产品成本，而是按照其归属期进行汇总，直接计入当期损益。制造业的期间费用包括以下项目。

① 销售费用。销售费用是指企业在销售产品过程中发生的耗费，以及为销售本企业产品而专设的销售机构的经费，包括运输费、装卸费、包装费、广告费、展览费、委托代销费、保险费、租赁费、销售服务费，以及专设的销售机构人员的工资及其他薪酬、差旅费、办公费、折旧费、修理费及其他经费等。

② 管理费用。管理费用是指企业行政管理部门为组织和管理生产经营活动而发生的各项费用，包括由企业统一负担的会计经费、工会经费、职工教育经费、劳动保险费、董事会会费、咨询费、审计费、诉讼费、排污费、绿化费、税金、土地使用费、技术转让费、无形资产摊销、业务招待费、坏账损失、材料及产成品盘亏和毁损（减盘盈）等。

③ 财务费用。财务费用是指企业为筹集生产经营所需资金等而发生的筹资费用，包括利息支出（减存款利息收入）、汇兑损失（减汇兑收益）、金融机构结算手续费、企业发生或收到的现金折扣等。

注意：费用按经济用途分类是最基本的分类。

问题 3：产品成本开支的范围包括哪些？

产品成本是指由国家统一制定产品成本开支范围规定的成本内容，也称为产品制造成本，它是企业为生产一定数量和种类的产品所发生的全部生产性支出。

现行企业财务通则和会计准则对产品成本开支范围的规定主要包括以下内容。

（1）为制造产品而消耗的原材料、辅助材料、外购半成品和燃料的原价，以及运输、装卸、整理等费用。

（2）为制造产品而消耗的动力费，如水、电、煤气、蒸汽等费用，包括企业自制（辅助车间生产提供）和外购的动力费。

（3）企业车间、分厂等生产单位支付给职工的工资、奖金、津贴、补贴和提取的福利费等职工薪酬。

（4）生产用固定资产折旧费、租赁费（不包括固定资产融资租赁费）和低值易耗品摊销费。

（5）企业生产单位因生产原因发生的废品损失，以及季节性、修理期间的停工损失。

（6）企业生产单位为管理和组织生产而支付的办公费、取暖费、水电费、差旅费，以及运输费、保险费、设计制图费、实验检验费和劳动保护费等。

问题 4：不得列入产品成本的内容有哪些？

为了严肃纪律、加强产品成本管理，财务会计制度明确规定，下列各项开支不得列入产品成本。

（1）购置和建造固定资产、无形资产和其他非流动资产的支出。这些支出属于资本性支出，应计入资产的价值，在财务上不能一次列入产品成本，只能按期根据资产的耗费水平并采取合理的方法，通过分配，逐月摊入产品成本和相关费用中。

（2）对外投资的支出，以及分配给投资者的利润支出。

（3）被没收的财物、支付的滞纳金、罚款、违约金、赔偿金，以及企业赞助、捐赠等支出。

（4）在公积金中开支的支出。

（5）期间费用，包括销售费用、管理费用和财务费用等。

课堂实训

【案例】江旭有限责任公司 2021 年 6 月承接某电厂生产风力发电机叶片 2 000 套的任务。假设本月初没有在产品，共消耗钢材 500 吨，每吨的价格为 3 550 元；

油漆 200 组，每组单价 580 元；焊条 10 箱，每箱 520 元；发生生产工人薪酬共计 55 000 元；机器和车间用房折旧费 6 000 元；生产过程中消耗电力 15 000 度，照明等其他用电 200 度，每度电 0.53 元；月末该公司生产的风力发电机叶片 2 000 套全部完工，验收合格后，以每套 1 600 元的价格在月末全部交付给电厂，同时收到电厂汇来的货款，存入银行。另外，公司为组织本月产品生产活动，支付行政管理人员薪酬和各项管理性开支共计 12 000 元；为筹集生产用资金承担借款利息 1 500 元；为销售该批产品发生运输费、装卸费和保险费共计 21 000 元。

要求：（1）计算该公司本月发生的直接材料、直接人工和制造费用分别是多少？

（2）该公司本月发生的成本费用（产品成本）是多少？

（3）该公司本月发生的销售费用、管理费用和财务费用分别是多少？

（4）该公司本月发生的期间费用是多少？

【案例解析】

（1）该公司本月发生的直接材料=500×3 550+200×580+10×520+15 000×0.53

=1 904 150（元）

直接人工=55 000（元）

制造费用=6 000+200×0.53=6 106（元）

（2）该公司本月发生的成本费用（产品成本）=1 904 150+55 000+6 106=1 965 256（元）

（3）该公司本月发生的销售费用=21 000（元）

管理费用=12 000（元）

财务费用=1 500（元）

（4）该公司本月发生的期间费用=21 000+12 000+1 500=34 500（元）

任务四 认知成本核算的要求和一般程序

任务导入

教师和学生一起去校外实训基地——江旭有限责任公司收集相关产品生产耗费、产量等资料。按照成本核算的要求，遵循成本核算的一般程序，要能正确使用相关成本核算账户，计算确定产品生产总成本和单位成本。使学生能够认知成本核算的一般程序和要求，为后续项目、任务的学习奠定基础。

任务要求

- 认知成本核算的要求；
- 理解成本核算的一般程序；
- 学会成本核算账户的设置。

知识准备

为了保证成本核算的质量，正确、及时地提供产品成本、期间费用等成本核算资料，实现成本控制的目标，在制造业成本核算过程中，应该努力贯彻并实现以下各项要求。

1. 严格审核与控制发生的各项费用

审核、控制各项费用的依据是相关法规、制度、计划、定额等。对于不合法、不合理的开支应坚决制止；对于实际耗费不应有的超支和浪费应予以制止。如果发现时已无法制止，事后也应追究责任、照章处理。

2. 正确划分各种耗费的界限

（1）划清正常耗费与非正常耗费的界限。

企业各个会计期间发生的耗费，大部分属于正常的生产经营活动的耗费，但也不能排除有时可能发生一些非正常的损失。例如，企业的固定资产盘亏损失、固定资产提前报废损失和自然灾害损失等。这些损失都不是企业正常生产经营活动发生的耗损。因此，会计人员在进行成本核算时，要注意将这类非正常耗损与正常的生产经营活动耗费区分开，防止非正常耗损混杂于正常耗费中，造成产品成本和期间费用虚增，妨碍企业各个部门业绩评价的公正性。

（2）划清资本性支出与收益性支出的界限。

例如，购置和建造固定资产、无形资产和其他非流动资产的支出，这些支出属于资本性支出；再如，为制造产品而消耗的原材料、辅助材料、外购半成品和燃料的原价及运输、装卸、整理等费用，这些支出属于收益性支出。如果将资本性支出列为收益性支出，就会少列资产而多计成本费用，从而少计当期利润；反之，则必然虚增资产而少列成本费用，导致利润虚增。

（3）划清产品成本与期间费用的界限。

企业日常生产经营耗费，其用途和列支的项目是不同的。凡是为生产一定数量和种类的产品而发生的直接材料、直接人工、其他直接费用和制造费用等生产耗费，应计入产品的生产成本；企业为销售产品发生的销售费用，为管理和组织生产经营活动发生的管理费用，以及为筹集资金发生的财务费用，均是在经营过程中发生的、与产品生产无直接关系的费用，应计入当期损益。企业必须正确划分产品生产成本与期间费用的界限，不得在产品生产成本与期间费用之间任意调节、转移，以保证成本核算的真实性及利润计算的准确性。

（4）正确划分各个会计期间产品成本的界限。

对于应计入产品成本的生产耗费，要正确划分各会计期间的成本界限。企业应按月进行成本核算，以便定期分析考核产品成本计划、期间费用预算的执行情况和结果。划分各期产品成本的依据是权责发生制和受益原则。某项生产耗费是否应计入本期产品成本及应计入多少，取决于是否应由本期负担，以及受益量的多少。凡应由本期成本、费用负担的，应全部计入本期成本费用；凡应由本期和以后各期负担的，就应在相关期间内采用适当方法进行合理计量。企业不得人为调节各期成本和费用。

（5）正确划分不同产品成本费用的界限。

凡能直接确定应由哪种产品负担的耗费，应直接计入该种产品的成本；凡应由几种产品共同负担的费用，应采用合理的方法计算分配，分别计入各种产品的成本。应如实反映各种产品的耗费，不能人为地在不同产品之间任意转移。

（6）正确划分完工产品成本和在产品成本的界限。

月末计算产品成本时，如果某种产品已完工，那么该产品月初在产品及本月发生的各项成本费用之和，就是其完工产品成本。如果企业于月末既有完工产品，又有在产品，那么该种产品的月初在产品成本与该种产品本月发生的费用之和，就需要在本月完工产品与月末在产品之间进行分配，分别计算出本月完工产品成本和月末在产品成本。企业应当防止任意提高或降低月末在产品成本，以及人为调节完工产品成本的错误做法。

3. 正确确定财产物资的计价和价值结转方法

企业在生产经营过程中消耗的生产资料的价值，要转移到产品成本和期间费用中去。因此，这些财产物资的计价和价值结转的方法，也会影响产品成本和期间费用的水平。与流动资产有关的，例如，材料成本的组成内容、材料按实际成本计价进行核算时发出材料单位成本的计算方法（先进先出法、个别计价法、加权平均法等）、材料按计划成本计价进行核算时材料成本差异率的种类（个别差异率、分类差异率、综合差异率、本月差异率、上月差异率）等。与固定资产有关的，例如，固定资产原值的计算方法、折旧方法、折旧率的种类和大小、修理费用是否采用待摊或预提方法，以及摊提期限长短等。与固定资产和流动资产共同相关的，例如，固定资产与低值易耗品的划分标准、低值易耗品的摊销方法、摊销期限长短等。对于各种财产物资的计价和价值的结转，都应采用既合理又简便的方法。国家有统一规定的，应采用国家统一规定的方法。各种方法一经确定，就不能随意变动，要保持相对稳定，以保证成本信息的可比性。

4. 做好成本核算的基础工作

为了进行成本控制，正确计算产品成本和期间费用，必须做好以下各项基础工作。

（1）建立、健全成本核算的原始记录。

进行成本核算和成本分析，必须以数据真实、内容齐全的原始凭证为依据。如果企业工时消耗、动力消耗、费用开支、废品发生、在产品转移、产成品和自制半成品入库、产品质量检验等原始记录不健全、数据失实，其结果必然是“假账真算”，其成本核算资料就不能作为成本分析和成本管理的可靠依据。

（2）制订、修订消耗定额。

企业应该根据自身当前设备条件和技术水平，制订、修订先进、可行的各项消耗定额，并据以审核各项耗费是否合理，是否节约。另外，相关定额资料也是进行成本计算的分配标准。因此，制订、修订消耗定额，是做好生产管理、成本管理和成本核算工作的基本前提。

（3）建立、健全材料物资的计量、验收、领发和盘点制度。

对材料物资的收发、领退和结存进行计量，定期清查盘点，填制相应的凭证，办理审批手续等工作规程，是正确计算成本的必要条件，也是完善内部控制、强化企业管理、保护资产物资安全完整的有效措施。

（4）制订内部结算价格和结算方法。

内部结算价格通常根据标准单位成本确定，也可以将标准单位成本加上一定的利润作为内部结算价格。原材料、燃料、在产品、半成品等资产物资和劳务等采用内部结算价格，在企业内部各部门、车间之间进行转移，既有利于明确经济责任，简化和减少核算工作，也便于考核企业内部各责任部门成本计划的完成情况。

5. 选择适当的成本计算方法

企业在进行成本核算时，应根据自身的具体情况，选择适合本企业特点的成本计算方法。企业的生产按其组织方式划分，可分为大量生产、批量生产和单件生产；按其工艺技术过程的特点划分，可分为单步骤生产和多步骤生产；按其加工方式划分，可分为连续式生产和装配式生产。对于生产组织方式不同、工艺过程不同、管理要求不同的产品，应该采用不同的成本计算方法。在同一企业里，既可以采用一种成本计算方法，也可以采用多种成本计算方法；既可以多种成本计算方法同时使用，也可以多种方法结合使用。本书将在项目五～项目八中，分别介绍几种基本的成本计算方法。

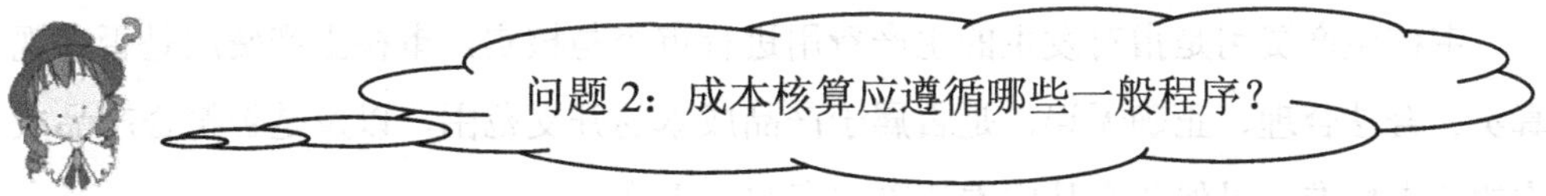

成本核算程序，又称为产品成本计算程序，是指企业在计算产品成本过程中，从生产费用的归集、分配到确定完工产品成本的工作过程。这一工作过程的内容包括确定成本计算对象、确定成本计算项目、确定成本计算期、审核生产费用、归集分配生产费用、计算月末在产品成本和确定完工产品成本。

1. 确定成本计算对象

合理确定产品成本计算对象是正确计算产品成本的前提。不同的制造企业，由于生产规模、工艺特点、管理要求、管理水平等方面存在差异，其产品成本计算对象的确定方式也不同。对于大量、批量生产的产品，通常以产品品种作为产品成本计算对象；对于小批或单件组织生产的产品，通常以产品的生产批次作为产品成本计算对象；对于产品生产步骤较多，又需要计算每一生产步骤半成品成本的产品，则可以以产品的生产步骤作为产品成本计算对象；对于生产过程相同、生产工艺相近的同类产品，还可以以产品的类别作为产品成本计算对象。

2. 确定成本计算项目

产品在生产过程中会发生各种生产费用，为了正确反映产品成本的构成，进行产品成本的比较，以及加强产品成本的管理，就需要对发生的生产费用按其经济用途归集到产品成本计算对象中。因此，企业在进行产品成本计算前，必须首先确定成本项目。综上所述，产品成本项目一般分为直接材料、直接人工和制造费用三项。企业可以根据生产特点和管理要求，适当增设一些成本项目，如燃料和动力、废品损失等。

3. 确定成本计算期

成本计算期是指计算产品成本的间隔期间，即间隔多长时间计算一次产品成本，以及在什么时候计算产品成本。产品成本计算期的确定取决于产品成本计算对象的确定方式。当企业以产品品种、产品生产步骤和产品生产类别作为成本计算对象时，产品成本的计算期通常与会计期间一致，即在每月月末计算产品成本。当企业以产品的生产批次作为成本计算对象时，产品成本的计算期则与一批产品的生产周期相一致，即在该批产品完工时计算产品成本。

4. 审核生产费用

审核生产费用是指对发生的生产费用进行审查与核实，审核生产费用是否客观真实、合法合理、正确无误，是否属于产品成本的开支范围，以及是否符合产品成本的开支标准，以保证产品成本计算的真实、正确。

5. 归集分配生产费用

对审核无误的生产费用应按产品成本计算对象进行归集，并按其经济用途分别计入各个成本项目之中。如果生产费用发生时就能够确定承担该生产费用的产品成本计算对象，则应直接计入该成本计算对象的相关成本项目之中；如果生产费用发生时无法确定承担该生产费用的产品成本计算对象，则需要按共同承担该生产费用的各个受益对象的受益程度，将该项生产费用分配计入各成本计算对象的相关成本项目之中，最终形成各个产品成本计算对象的全部生产费用。

6. 计算月末在产品成本和确定完工产品成本

在每个产品成本计算期末，都要按规定计算当期完工产品的总成本与单位成本。完工产品成本计算具体有两种情况：一种情况是到了产品成本计算期末，本期生产的产品已全部完工，则在成本计算期内归集的生产费用加上月初的在产品成本，就是完工产品的总成本，总成本除以完工产品数量就是完工产品的单位成本；另一种情况是到了产品成本计算期末，还有部分产品尚未完工（存在月末在产品），则应采用一定的方法将归集的生产费用和月初在产品成本之和，在完工产品与月末在产品之间进行分配，分别计算出月末在产品成本和完工产品总成本，并据此计算出完工产品的单位成本。

问题 3：成本核算要设置哪些账户？

为了按照成本核算的一般程序和要求归集和分配生产费用、计算产品成本，成本核算需要设置“生产成本”“制造费用”“库存商品”“销售费用”“管理费用”“财务费用”等账户，对于单独核算废品损失、停工损失的企业，还需要设置“废品损失”“停工损失”账户。这些账户的性质、结构、核算内容和核算方法等在“企业财务会计”课程中都有详细的介绍，在此不再赘述。但需要指出的是，要做好成本核算工作，在“生产成本”总分类账户下，应设置基本生产成本明细账和辅助生产成本明细账两个二级明细账，还需设置制造费用明细账和产品生产成本明细账（产品成本计算单），其格式如表 1-1～表 1-4 所示。

表 1-1　基本生产成本明细账

车间：××基本生产车间　　　　　　　　单位：元

月	日	摘要	直接材料	直接人工	制造费用	合计
		月初在产品成本				
		本月生产费用				
		合计				
		结转完工产品成本				
		月末在产品成本				

表 1-2　辅助生产成本明细账

车间名称：　　　　　　　　单位：元

年		凭证	摘要	费用项目					
月	日	号数		材料费	动力费	职工薪酬	折旧费	其他支出	合计
			分配材料费						
			分配动力费						
			分配职工薪酬						
			分配折旧费						
			分配其他支出						
			本月合计						
			月末转出						

表 1-3　制造费用明细账

车间：　　　　　　　　　　　　　　　　　　　　　　　　　　　　　　　　　单位：元

年		凭证号数	摘要	费用项目							
月	日			工资及福利费	折旧费	办公费	低值易耗品摊销	机物料消耗	水费	电费	合计
		略	购买办公品								
			领用低值易耗品								
			支付水费								
			分配材料费								
			分配工资								
			计提福利费								
			分配折旧费								
			辅助费用分配								
			本月合计								
			分配转出								

表 1-4　产品生产成本明细账（产品成本计算单）

车间：××基本生产车间　　　　　产品：××产品　　　　　产量：××件　　　　　单位：元

月	日	摘要	直接材料	直接人工	制造费用	合计
		月初在产品成本				
		本月生产费用				
		合计				
		结转完工产品成本				
		完工产品单位成本				
		月末在产品成本				

课堂实训

【案例】江旭有限责任公司 2021 年 6 月承接某电厂生产风力发电机叶片 2 000 套的任务。假设本月初没有在产品，共消耗钢材 500 吨，每吨的价格为 3 550 元；油漆 200 组，每组单价 580 元；焊条 10 箱，每箱 520 元；发生生产工人薪酬共计 55 000 元；机器和车间用房折旧费 6 000 元；生产过程中消耗电力 15 000 度，照明等其他用电 200 度，每度电 0.53 元；月末该公司生产的风力发电机叶片 2 000 套全部完工，验收合格后，以每套 1 600 元的价格在月末全部交付给电厂，同时收到电厂汇来的货款，存入银行。另外，公司为组织本月产品生产活动，支付行政管理人员薪酬和各项管理性开支共计 12 000 元；为筹集生产用资金承担借款利息 1 500 元；

为销售该批产品发生运输费、装卸费和保险费共计 21 000 元。

要求：（1）根据上述资料，请独立勾画出成本核算的一般程序。

（2）完成产品成本计算单的填制，如表 1-5 所示。

表 1-5　产品成本计算单

车间：××基本生产车间　　　　产品：　　　　产量：　　套　　　　单位：元

月	日	摘要	直接材料	直接人工	制造费用	合计
		月初在产品成本				
		本月生产费用				
		合计				
		结转完工产品成本				
		完工产品单位成本				
		月末在产品成本				

【案例解析】

（1）根据上述资料，该公司的成本核算的一般程序如下所述。

①确定成本计算对象。风力发电机叶片这一品种为该公司的成本计算对象。

②确定成本计算项目。成本计算项目包括直接材料（钢材、油漆、焊条）、直接人工（生产工人薪酬）和制造费用（机器和车间用房折旧费、生产过程中消耗的电力及照明用电等）项目。

③确定成本计算期。成本计算期为 2021 年 6 月。

④审核生产费用。该公司 2021 年 6 月发生的直接材料（钢材、油漆、焊条）、直接人工（生产工人薪酬）和制造费用（机器和车间用房折旧费、生产过程中消耗的电力及照明用电等）客观真实、合法合理、正确无误，属于产品成本的开支范围。

⑤归集分配生产费用。由于是单一产品的生产，该公司本月发生的直接材料、直接人工和制造费用可直接归集计入产品成本，不需要进行分配。

⑥计算月末在产品成本和确定完工产品成本。该公司本月初没有在产品成本，月末该公司生产的风力发电机叶片 2 000 套全部完工，验收合格，说明归集的生产费用即为完工产品的总成本。总成本除以完工产品的数量为完工产品的单位成本。

（2）完成产品成本计算单的填制，如表 1-6 所示。

表1-6　产品成本计算单

车间：××基本生产车间　　　　产品：风力发电机叶片　　　　产量：2 000 套　　　　单位：元

月	日	摘要	直接材料	直接人工	制造费用	合计
		月初在产品成本	×	×	×	×
		本月生产费用	1 904 150	55 000	6 106	1 965 256
		合计	1 904 150	55 000	6 106	1 965 256
		结转完工产品成本	1 904 150*	55 000	6 106	1 965 256
		完工产品单位成本	952.08	27.50	3.05	982.63
		月末在产品成本	0	0	0	0

注：*用“□”表示红字，下同。

项目二

要素费用的归集和分配

项目引领

在制造企业中，有多品种产品生产和单一品种产品生产之分，两者在成本核算上的主要区别在于如何将发生的要素费用进行归集。在归集的基础上，对于多品种产品生产企业来说，要素费用需要进行合理分配；而对于单一产品生产企业来说，要素费用也需要在各耗用部门间进行分配。那么，如何进行归集和分配呢？这正是本项目学习的内容。通过本项目的学习，使同学们熟知要素费用在不同产品之间如何进行归集和分配。

项目目标

知识目标：

（1）认知各要素费用；

（2）理解各要素费用分配方法的优缺点和适用范围；

（3）学会各成本构成要素的分配方法和费用分配表的编制方法。

技能目标：

（1）能够进行要素费用归集和分配的账务处理；

（2）能够编制各费用要素的分配表。

任务一　材料费用的归集和分配

任务导入

通恒有限责任公司设有一个基本生产车间和两个辅助生产车间。基本生产车间生产闸阀、止回阀两种产品，辅助生产车间分别提供机修和模具劳务。2021 年 8 月初分别生产闸阀、止回阀两种产品共同耗用原材料铸铁 350 吨，每吨 3 000 元；两种产品单位消耗定额分别为 2 500 千克、1 500 千克；本月投产闸阀 800 件、止回阀 1 000 件。铸铁材料费用如何在闸阀、止回阀两种产品的成本核算账户中进行归集和分配呢？这正是本任务学习的内容——材料费用的归集和分配。

任务要求

- 认知材料费用；
- 能够进行材料费用归集和分配的账务处理；
- 学会编制材料耗费分配表。

知识准备

问题 1：哪些费用属于材料费用？

在制造企业中，材料包括原料及主要材料、辅助材料、外购半成品、修理用备件、燃料、包装物和低值易耗品等。其中，包装物和低值易耗品统称为周转材料。

生产过程中耗费的各种材料的价值表现，在会计学中被称为材料费用。其中，有些材料费用是直接用于产品生产的耗费，包括构成产品主要实体的原料及主要材料、外购半成品、包装物和有助于产品形成的辅助材料等，以及直接用于产品生产的燃料和动力，这部分材料费用应计入产品成本的“直接材料”成本项目。还有一些材料费用是用于生产车间和管理部门等的一般性机物料消耗，应根据其用途和去向，分别计入“制造费用”“管理费用”等账户。

问题 2：材料费用归集的依据是什么？

为了明确经济责任，便于分配材料费用，促进材料的节约使用，防止损失浪费和贪污盗窃等现象的发生，无论何种原因的领料、发料，都要办理必要的手续，并填制领料凭证作为材料归集的依据。领料凭证一般有领料单、限额领料单、领料登记簿及退料单四种。

1. 领料单

领料单是一次性有效的领料凭证，每领一次材料填写一份。领料单主要是针对难以用消耗定额控制和不经常领用的材料所采用的一种领料凭证。领料单由领料单位填写，一式三联。其中，第一联为存根联，留存领料部门备查；第二联送交财会部门，据以进行材料收发和材料费用的核算；第三联作为发料仓库登记材料明细账的依据。领料单的格式如表 2-1 所示。

表 2-1　领料单

材料类别	材料编号	材料名称及规格	计量单位	数量		单价	金额
				请领	实发		

记账：　　　　发料：　　　　领料部门负责人：　　　　领料：

2. 限额领料单

限额领料单是一种多次使用的累计领料凭证，在有效期内只要领用数不超过限额，就可以连续领料。限额领料单适用于经常使用，且有领用限额的材料发出业务。限额领料单的一般格式如表 2-2 所示。

表 2-2　限额领料单

<table>
<tr><td rowspan="2">材料编号</td><td rowspan="2">材料名称</td><td rowspan="2">材料规格</td><td rowspan="2">计量单位</td><td rowspan="2">领用限额</td><td colspan="5">实际领用</td><td colspan="2" rowspan="2">备注</td></tr>
<tr><td>数量</td><td colspan="2">单位成本</td><td colspan="2">金额</td></tr>
<tr><td></td><td></td><td></td><td></td><td></td><td></td><td colspan="2"></td><td colspan="2"></td><td colspan="2"></td></tr>
<tr><td rowspan="2">日期</td><td colspan="2">请领</td><td colspan="3">实发</td><td colspan="5">退回</td><td>限额结余</td></tr>
<tr><td>数量</td><td>领料单位领导签章</td><td>数量</td><td>发料人签章</td><td>领料人签章</td><td>数量</td><td colspan="2">收料人签章</td><td colspan="2">退料人签章</td><td></td></tr>
<tr><td></td><td></td><td></td><td></td><td></td><td></td><td></td><td colspan="2"></td><td colspan="2"></td><td></td></tr>
<tr><td></td><td></td><td></td><td></td><td></td><td></td><td></td><td colspan="2"></td><td colspan="2"></td><td></td></tr>
<tr><td>合计</td><td></td><td></td><td></td><td></td><td></td><td></td><td colspan="2"></td><td colspan="2"></td><td></td></tr>
</table>

3. 领料登记簿

对于一些经常领用的消耗性材料，可以不必每次都填制领料单、每次都经过审批，只要每次领用时在领料登记簿中登记即可。领料登记簿是一种多次使用的领料凭证，通常在一个月内连续使用，月末汇总记账。领料登记簿格式如表 2-3 所示。

表 2-3　领料登记簿

日 期	领用数量	用 途	收料人签章	领料人签章	备 注

4. 退料单

对于已领未用或不再需要的多余材料，应填制“退料单”办理退料。月末，对于本月已领未用而下月继续使用的材料，可以同时填制本月的退料单和下月的领料单，并将材料留存在领料部门。退料单格式如表 2-4 所示。

表 2-4　退料单

材料编号	材料名称	规 格	计量单位	数 量		成 本	
				退库	实收	实际成本	金额
备 注							

上述领料单、限额领料单、领料登记簿及退料单，一起构成材料费用归集的依据。

问题 3：发出材料应如何进行计价？

材料日常收发核算有实际成本和计划成本两种计价方法。

在实际成本计价情况下，本期发出材料实际成本的确定，可以采用先进先出法、一次加权平均法、移动平均法、个别计价法等方法进行计算。发出材料成本计算方法一经确定，在会计年度内应保持相对稳定，如需变动，则必须在财务报告中说明变动原因及其对当期损益的影响。

在计划成本计价情况下，“原材料”等账户的收、发、存均按计划成本计价核算，材料实际成本与计划成本之间的差异，需通过设置“材料成本差异”账户进行核算。月终计算出材料成本差异率，将本月发出材料的计划成本调整为实际成本。计算过程如下：

发出材料实际成本 ＝ 发出材料计划成本 ± 发出材料应负担的材料成本差异

发出材料计划成本 ＝ 材料实际耗用量 × 材料计划单价

发出材料应负担的成本差异 = 发出材料计划成本 × 材料成本差异

$$材料成本差异 = \frac{月初材料成本差异余额+本月收入材料成本差异净额}{月初结存材料计划成本+本月收入材料计划成本合计}\times 100\%$$

上述关于材料计价的方法，在“企业财务会计”课程中已经阐述，这里不再重复。本项目只介绍按实际成本计价的方法。

问题 4：材料费用应如何进行分配？

材料费用的归集是将生产过程中领用的材料，首先按照费用发生的地点和经济用途，归集到有关成本、费用账户及所属各明细账的“直接材料”项目或“材料费”项目中，然后汇总各部门领料数据，编制发料凭证汇总表。对审核无误的发料凭证汇总表所列的各项支出，应分配计入产品成本或期间费用。发料凭证汇总表如表 2-5 所示。

表 2-5　发料凭证汇总表

2021 年 8 月

领料单位	材料名称	用途	单位	数量	单价	金额/元
基本生产车间	铸铁	闸阀、止回阀	吨	350	3 000 元/吨	1 050 000
基本生产车间	圆钢	闸阀	吨	8	35 000 元/吨	280 000
基本生产车间	圆钢	止回阀	吨	6	35 000 元/吨	210 000
基本生产车间	打印纸	办公	箱	4	300 元/箱	1 200
机修车间	机油	设备	桶	10	100 元/桶	1 000
模具车间	木模	闸阀、止回阀木模	个	8	2 500 元/个	20 000
销售部	角铁	广告	吨	0.50	7 500 元/吨	3 750
厂部	打印纸	办公	箱	50	300 元/箱	15 000
合　计				—	—	1 580 950

（1）材料耗费的分配去向是根据材料耗用部门或耗用地点，并结合材料的具体用途加以确定的。

①直接用于产品生产、构成产品实体或有助于产品形成的材料费用，应直接计入“生产成本——基本生产成本——××产品”明细账中“直接材料”成本项目。其中，为生产某一种产品直接发生的材料费用应直接计入；为生产几种产品共同发生的材料费用则应分配计入。

②基本生产车间一般性耗用的材料费用，应计入“制造费用”账户及其所属明细账“材料费”项目。

③辅助生产车间耗用的材料费用，计入“生产成本——辅助生产成本——××车间”的“直接材料”成本项目或“材料费”项目。

④企业行政、管理部门耗用的材料费用，计入“管理费用”账户及其所属明细账“材料费”项目。

⑤销售部门耗用的材料费用，计入“销售费用”账户及其所属明细账“材料费”项目。

（2）对于共同耗费材料费用的分配，应首先确定分配对象，然后采用合理的方法进行分配。一般材料费用的分配方法有定额耗用量分配法、定额费用分配法和重量比例分配法等。

①定额耗用量分配法。

定额耗用量分配法是指以一定数量的产品，按材料消耗定额计算的、可以消耗的材料数量限额为比例，来进行材料费用分配的方法。其计算公式如下：

$$\text{某产品直接材料定额耗用量} = \text{该种产品实际产量} \times \text{单位产品材料消耗定额}$$

$$\text{直接材料耗费分配率} = \frac{\text{待分配的材料耗费总额}}{\text{各产品材料定额耗用量总和}}$$

$$\text{某产品应分配的直接材料耗费} = \text{该产品直接材料定额耗用量} \times \text{直接材料耗费分配率}$$

【案例一】根据上述表 2-5 的资料，通恒有限责任公司生产闸阀和止回阀，共同消耗铸铁 350 吨，每吨 3 000 元，计 1 050 000 元；本月投产闸阀 800 件，止回阀 1 000 件。对于所耗的铸铁费用，需要计算才能确认闸阀、止回阀两种产品各自承担的耗费。其中，闸阀铸铁消耗定额为 2 500 千克/件，止回阀铸铁消耗定额为 1 500 千克/件。

要求：采用定额耗用量比例分配法进行计算。

闸阀、止回阀铸铁的定额耗用量为：

闸阀铸铁定额耗用量 $= 800 \times 2\,500 = 2\,000\,000$（千克）

止回阀铸铁定额耗用量 $= 1\,000 \times 1\,500 = 1\,500\,000$（千克）

铸铁耗费的分配率为：

$$\text{铸铁耗费分配率} = \frac{1\,050\,000}{2\,000\,000 + 1\,500\,000} = 0.3$$

闸阀、止回阀各自应承担的铸铁耗费为：

闸阀应承担铸铁耗费 $= 2\,000\,000 \times 0.3 = 600\,000$（元）

止回阀应承担铸铁耗费 $= 1\,050\,000 - 600\,000 = 450\,000$（元）

②定额费用分配法。

定额费用分配法是以一定数量的产品，按材料的费用定额为比例，来进行材料费用分配的方法。其计算公式如下：

$$\text{某产品材料定额成本} = \text{该种产品实际产量} \times \text{单位产品材料费用定额}$$

$$\text{材料费用分配率} = \frac{\text{材料实际耗用费用总额}}{\text{各产品材料定额费用总额}}$$

$$\text{某产品应分配的材料费用} = \text{该产品材料定额费用} \times \text{材料费用分配率}$$

③重量比例分配法。

重量比例分配法是以各种产品的重量作为分配标准，分配共同发生的材料费用的方法。其计算公式如下：

$$\text{材料费用分配率} = \frac{\text{材料实际耗用量}}{\text{各产品的重量之和}}$$

$$\text{某产品应分配的材料费用} = \text{该产品重量} \times \text{材料费用分配率}$$

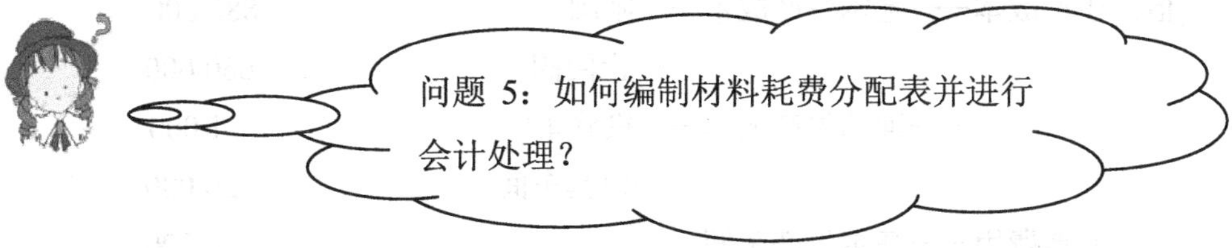

根据审核后的退料凭证及发料凭证汇总表，编制材料耗费分配表。

【案例二】接“案例一”的资料，根据表 2-5 编制材料耗费分配表，如表 2-6 所示。

表 2-6　材料耗费分配表

2021 年 8 月

应借科目		成本或费用项目	分配计入			直接计入/元	合计/元
			耗用材料/千克	分配率	分配额/元		
生产成本——基本生产成本	闸阀	直接材料	2 000 000		600 000	280 000	880 000
	止回阀	直接材料	1 500 000		450 000	210 000	660 000
	小计		3 500 000	0.3	1 050 000	490 000	1 540 000
制造费用	基本生产车间	材料费				1 200	1 200
生产成本——辅助生产成本	机修车间	材料费				1 000	1 000
	模具车间	材料费				20 000	20 000
	小计					21 000	21 000
销售费用		材料费				3 750	3 750
管理费用		材料费				15 000	15 000
合　计			—	—	1 050 000	530 950	1 580 950

材料耗费分配表属于企业内部凭证表，具体格式可自行设置。但作为分配表，该表必须明确材料耗费的分配取向，并列示分配金额。

材料耗费分配表的“应借科目”及“成本或费用项目”栏，需根据耗费发生的部门（或地点）结合用途确定耗费的分配去向，即发生耗费应计入的账户。

分配表的“直接计入”栏，是指可以通过简单累计即可计入相应明细账的材料耗费分配金额，包括直接材料中的直接计入成本，基本生产车间一般耗用的材料，辅助生产车间耗用的材料，以及销售部门、行政管理等部门费用的材料耗费分配额。

分配表的“分配计入”栏，是指需要通过间接计入成本的基本分配方法，计算后才能计入各品种基本生产成本明细账的分配金额，主要是直接材料中的间接计入成本，即几种产品共同消耗的材料。

分配表的“合计”栏，就是各成本费用明细账应承担的材料耗费总额，分别将“直接计入”金额和“间接计入”金额进行合计。

企业财会部门应根据材料耗费分配表进行会计处理。

【案例三】接“案例一”“案例二”的资料，通恒有限责任公司2021年8月材料耗费分配的会计分录如下。

借：生产成本——基本生产成本——闸阀	880 000	
——止回阀	660 000	
——辅助生产成本——机修车间	1 000	
——模具车间	20 000	
制造费用——基本生产车间	1 200	
销售费用	3 750	
管理费用	15 000	
贷：原材料——铸铁		1 050 000
——圆钢		490 000
周转材料——机油		1 000
——木模		20 000
——角铁		3 750
——打印纸		16 200

课堂实训

【案例】某企业生产甲、乙两种产品，材料按实际成本计价，2021年9月发出材料汇总如下所述。

甲产品直接领用A材料150 000元；乙产品直接领用B材料250 000元；甲、乙产品共同耗用C材料100 000元；基本生产车间一般耗用C材料3 400元；机修车间领用 A 材料 3 530 元；供电车间领用 B 材料 470 元；企业管理部门耗用 C 材料 2 400 元；产品销售部门耗用 C 材料 3 000 元。甲、乙产品该月投产分别为 1 000 件、1 500 件。其中，甲产品单件定额费用为 20 元，乙产品单件定额费用为 40 元。

要求：（1）利用定额费用分配法计算甲、乙两种产品的材料费用。

（2）编制“材料耗费分配表”。

（3）进行相关的会计处理。

【案例解析】

（1）利用定额费用分配法分配甲、乙产品共同耗用的材料。

甲产品定额费用 $=1\,000\times20=20\,000$（元）

乙产品定额费用 $=1\,500\times40=60\,000$（元）

C 材料分配率 $=\dfrac{100\,000}{20\,000+60\,000}=1.25$

甲产品耗用 C 材料成本 $=20\,000\times1.25=25\,000$（元）

乙产品耗用 C 材料成本 $=100\,000-25\,000=75\,000$（元）

（2）编制材料耗费分配表，如表 2-7 所示。

表 2-7　材料耗费分配表

2021 年 9 月

应借科目		成本或费用项目	分配计入			直接计入/元	合计/元
			定额成本/元	分配率	分配额/元		
生产成本——基本生产成本	甲	直接材料	20 000		25 000	150 000	175 000
	乙	直接材料	60 000		75 000	250 000	325 000
	小计		80 000	1.25	100 000	400 000	500 000
制造费用	基本生产车间	材料费				3 400	3 400
生产成本——辅助生产成本	机修车间	材料费				3 530	3 530
	供电车间	材料费				470	470
	小计					4 000	4 000
销售费用		材料费				3 000	3 000
管理费用		材料费				2 400	2 400
合　计			—	—	100 000	412 800	512 800

（3）根据“材料耗费分配表”，编制相关的会计处理。

借：生产成本——基本生产成本——甲　　175 000

　　　　　　　　　　　　　　——乙　　325 000

　　　　　　——辅助生产成本——机修车间　　3 530

　　　　　　　　　　　　　　——供电车间　　470

制造费用——基本生产车间	3 400	
销售费用	3 000	
管理费用	2 400	
贷：原材料——A		153 530
——B		250 470
——C		108 800

任务二　外购动力费用的归集和分配

任务导入

通恒有限责任公司 2021 年 8 月共发生外购电费 210 375 元，用电度数为 280 500 度。其中，基本生产车间生产用电 268 000 度；基本生产车间照明用电 3 500 度；机修车间用电 1 000 度；模具车间用电 2 000 度；销售部业务用电 2 500 度；厂部办公用电 2 000 度；财务部办公用电 1 500 度。闸阀、止回阀两种产品的单位生产工时分别为 40 小时、35 小时。该公司的外购电费应如何进行归集和分配？这正是本任务学习的内容——外购动力费用的归集和分配。

任务要求

- 学会编制外购动力耗费分配表；
- 能够进行外购动力费用的归集和分配的账务处理。

知识准备

问题 1：外购动力费用如何归集？

外购动力费用是指从企业外部购买的电力、蒸汽、煤气等动力所支付的费用。动力费用可以分为自制和外购两种情况。

外购动力实际上也相当于外购的材料，由于没有价值实体，所以无法设置专门账户进行核算，也没有收、发、存多环节的核算。按照动力供应单位的结算凭证支付外购动力款项时，可首先作为暂付款处理，借记“应付账款”科目，贷记“银行存款”科目；若供应单位每月抄表日基本固定，且每月从抄表日到月末的动力耗用数量相差不多时，也可在支付外购动力费用时，直接借记相关成本费用科目，贷记“银行存款”科目。单位动力管理部门，根据查阅电表（蒸汽表）记录，编制各部门用电（汽）清单，月末将用电（汽）清单传递至公司财会部门，进行成本核算。部门用电清单如表 2-8 所示。

表 2-8　部门用电清单

2021 年 8 月

用电单位	用途	用电量/度	单价/（元・度$^{-1}$）	金额/元
基本生产车间	生产用	268 000	0.75	201 000
基本生产车间	照明与办公用	3 500	0.75	2 625
机修车间	生产、照明与办公用	1 000	0.75	750
模具车间	生产、照明与办公用	2 000	0.75	1 500
销售部	业务用	2 500	0.75	1 875
厂部	办公用	2 000	0.75	1 500
财务部	办公用	1 500	0.75	1 125
合　计		280 500	0.75	210 375

外购动力费用的分配原则：在不同受益对象有仪表记录的情况下，应根据各仪表所示耗用动力的数量及动力的单价直接计算计入受益对象的成本费用账户；在没有仪表的情况下，则要按一定的标准分配计入各受益对象，可以按生产工时比例、功率时数比例或定额耗用量比例进行分配后，计入受益对象的成本费用账户。

【案例四】根据表 2-8 资料显示，2021 年 8 月，通恒有限责任公司基本生产车间生产闸阀、止回阀，共耗用外购电力 268 000 度，单价 0.75 元/度，计 201 000 元。两种产品单位机器工时分别为闸阀 40 小时、止回阀 35 小时。

要求：采用机器工时比例分配法计算闸阀、止回阀两种产品各应承担的外购电费。

基本生产车间闸阀、止回阀机器工时分别为：

闸阀机器工时 $=40\times 800=32\ 000$（小时）

止回阀机器工时 $=35\times 1\ 000=35\ 000$（小时）

外购动力耗费分配率为：

$$外购动力分配率 = \frac{201\,000}{32\,000+35\,000} = 3$$

闸阀、止回阀应承担的外购动力分别为：

闸阀应承担电费 $= 32\,000 \times 3 = 96\,000$（元）

止回阀应承担电费 $= 201\,000 - 96\,000 = 105\,000$（元）

问题 3：如何编制外购动力耗费分配表并进行会计处理？

外购动力耗费分配表应根据审核后的各部门用电清单进行编制。

【案例五】接“案例四”的资料，根据表 2-8 编制外购动力耗费分配表，如表 2-9 所示。

表 2-9　外购动力耗费（电费）分配表

2021 年 8 月

应借科目		成本或费用项目	直接计入/元	分配计入			合计/元
				机器工时/小时	分配率	分配金额/元	
生产成本——基本生产成本	闸阀	燃料及动力		32 000		96 000	96 000
	止回阀	燃料及动力		35 000		105 000	105 000
	小计			67 000	3	201 000	201 000
生产成本——辅助生产成本	机修车间	水电费	750				750
	模具车间	水电费	1 500				1 500
	小计		2 250				2 250
制造费用	基本生产车间	水电费	2 625				2 625
销售费用		其他等	1 875				1 875
管理费用		水电费	2 625				2 625
合　计			9 375	—	—	201 000	210 375

对于外购动力耗费的会计处理，应根据外购动力耗费分配表来进行。

【案例六】接“案例四”“案例五”的资料，通恒有限责任公司 2021 年 8 月外购动力耗费分配的会计处理如下。

借：生产成本——基本生产成本——闸阀　　96 000

　　　　　　　　　　　　　——止回阀　　105 000

　　　　　——辅助生产成本——机修车间　　750

　　　　　　　　　　　　　——模具车间　　1 500

制造费用——基本生产车间　　2 625

销售费用　　1 875

管理费用　　2 625

贷：应付账款　　210 375

课堂实训

【案例】某公司 2021 年 9 月份耗用外购电力共 47 000 度，每度 1.5 元。其中，基本生产车间生产甲、乙两种产品耗电 43 000 度，基本生产车间照明用电 2 000 度，公司管理部门用电 2 000 度。该公司对产品生产用电按机器功率时数在两产品间进行分配，两种产品的机器功率时数分别为 6 000 小时和 4 000 小时。

要求：（1）利用机器工时分配法分配两种产品的动力费用。

（2）编制“外购动力耗费分配表”。

（3）进行相关的会计处理。

【案例解析】

（1）两种产品应承担的动力费用为：

$$外购动力分配率 = \frac{64\,500}{6\,000+4\,000} = 6.45$$

$$甲产品承担的电费 = 6\,000 \times 6.45 = 38\,700（元）$$

$$乙产品承担的电费 = 64\,500 - 38\,700 = 25\,800（元）$$

（2）编制外购动力耗费（电费）分配表，如表 2-10 所示。

表 2-10　外购动力耗费（电费）分配表

2021 年 9 月

应借科目		成本或费用项目	直接计入/元	分配计入			合计/元
				机器工时/小时	分配率	分配金额/元	
生产成本——基本生产成本	甲	燃料及动力		6 000		38 700	38 700
	乙	燃料及动力		4 000		25 800	25 800
	小计			10 000	6.45	64 500	64 500
制造费用	基本生产车间	水电费	3 000				3 000
管理费用		水电费	3 000				3 000
合计			6 000	—	—	64 500	70 500

（3）相关的会计处理为：

借：生产成本——基本生产成本——甲　　38 700

——乙　　25 800

制造费用——基本生产车间　　3 000

管理费用　　3 000

贷：应付账款　　70 500

任务三　职工薪酬费用的归集和分配

任务导入

通恒有限责任公司基本生产车间2021年8月的应付职工薪酬共计286 700元，两种产品单位机器工时分别为闸阀40小时、止回阀35小时。本月投产800件闸阀和1 000件止回阀。如何在闸阀、止回阀两种产品间进行归集和分配职工薪酬费用呢？这正是本任务学习的内容——职工薪酬费用的归集和分配。

任务要求

- 学会编制职工薪酬耗费分配表；
- 能够进行职工薪酬费用的归集和分配的账务处理。

知识准备

问题1：哪些费用属于职工薪酬费用？

职工薪酬，是指企业为获得职工提供的劳务而给予各种形式的报酬及其他相关支出。

职工薪酬包括职工工资、奖金、津贴和补贴；职工福利费；医疗保险费、养老保险费、失业保险费、工伤保险费和生育保险费等社会保险费；住房公积金；工会经费和职工教育经费；非货币性福利；因解除与职工的劳动关系而给予的补偿；其他与获得职工提供的服务相关的支出等。

问题 2：职工薪酬费用核算的依据是什么？

若要正确核算职工薪酬费用，应首先做好核算的基础工作，建立完整、正确的原始凭证和记录。核算职工薪酬费用的原始记录主要包括工资卡片、考勤记录和完整的工作量记录等。

工资卡片是反映企业职工就职、离职、调动、职务变动、工资级别、工资标准与各种津贴变动的原始记录。它是计算职工薪酬费用的重要依据。

考勤记录是反映职工出勤和缺勤的记录。它是分析、考核职工工作时间利用情况的原始记录和计算职工薪酬的重要依据。一般情况下，生产班组人员的考勤记录由班组长负责，车间、部门人员的考勤记录由专人负责。

工作量记录是记录工人或小组在出勤时间内完成产量和耗用工时的原始记录。它是统计产量和工时、监督生产作业计划完成情况、考核劳动生产率、计算计件工资和产品成本的重要依据。在不同的行业、不同的生产工艺和不同的生产组织的企业、车间中，工作量记录的格式和登记程序各不相同。例如，机械制造业的工作量记录通常有工作量通知单、工序进程单和工作班产量记录等形式。

职工薪酬费用核算的原始记录，除以上介绍的几种外，如果发生各种代扣款项，也应取得各种原始记录。例如，“代扣房租通知单”“水电费扣款通知单”“停工单”“废品通知单”等。这些原始记录都应在月末结算之前送交财会部门，以便在职工薪酬结算时据以扣款。

问题 3：职工薪酬费用如何结算？

职工薪酬一般包括两个部分，即现金实发工资和代扣款项。代扣款项，是指在职工薪酬发放时从应付工资中扣除的由企业替职工垫付给有关单位的款项，或从应付工资中扣减后代职工付给有关单位的款项。因此，应付工资是实发工资和各种代扣款项之和。

职工薪酬结算单通常按车间或部门分别编制，一式三份。第一份交劳动部门存档；第二份裁成工资条连同工资额一并发给职工；第三份在发工资时由职工个人签名后交财会部门，据此编制职工薪酬结算汇总表。职工薪酬结算单的格式如表 2-11 所示。

职工薪酬结算汇总表是根据各车间部门编制的“工资单”汇总编制的。它既可以提供按工资类别反映的应付工资总额，又可以提供按车间、部门反映的全公司应付工资总额、各种代扣款项总额和实发工资总额。因此，职工薪酬结算汇总表是工资结算和成本计算的依据，其格式如表 2-12 所示。

表 2-11　职工薪酬结算单

基本生产车间　　　　2021 年 8 月　　　　单位：元

姓名	基本工资	奖金	津贴和补贴		加班加点工资	应扣工资		其他薪酬	应付薪酬	各项扣款			实发薪酬
			夜班	误餐		病假	事假			电费	水费	小计	
王贵成	1 200	2 000	30	60	300		100	300	3 790	150	80	230	3 560
姓名	基本工资	奖金	津贴和补贴		加班加点工资	应扣工资		其他薪酬	应付薪酬	各项扣款			实发薪酬
			夜班	误餐		病假	事假			电费	水费	小计	
方洪明	800	2 000	50	60	400		200	300	3 410	120	70	190	3 220
姓名	基本工资	奖金	津贴和补贴		加班加点工资	应扣工资		其他薪酬	应付薪酬	各项扣款			实发薪酬
			夜班	误餐		病假	事假			电费	水费	小计	
马晓光	800	2 000		60	400		100	300	3 460	200	80	280	3 180
姓名	基本工资	奖金	津贴和补贴		加班加点工资	应扣工资		其他薪酬	应付薪酬	各项扣款			实发薪酬
			夜班	误餐		病假	事假			电费	水费	小计	
张方清	1 000	2 000		60	400		100	300	3 660	230	70	300	3 360
合 计	82 000	93 000	4 000	7 000	54 020	300	1 000	29 280	268 000	6 000	3 700	9 700	258 300

表 2-12　职工薪酬结算汇总表

2021 年 8 月　　　　单位：元

部门人员类别		基本工资	奖金	津贴和补贴		加班加点工资	应扣工资		其他薪酬	应付薪酬	各项扣款			实发薪酬
部门名称	人员类别			夜班	误餐		病假	事假			电费	水费	小计	
基本车间	生产工人	82 000	93 000	4 000	7 000	54 020	300	1 000	29 280	268 000	6 000	3 700	9 700	258 300
	管理人员	10 000	5 000	1 000	1 500	980	150	300	670	18 700	500	350	850	17 850
机修车间		8 000	5 000	800	900	500	80	100	380	15 400	450	400	850	14 550
模具车间		9 000	6 000	750	560	400	90	70	450	17 000	420	500	920	16 080
销售部人员		3 200	15 000	300	500	800			620	20 420	230	350	580	19 840
厂部人员		13 000	20 000	800	900	600	80		380	35 600	450	500	950	34 650
合 计		125 200	144 000	7 650	11 360	57 300	700	1 470	31 780	375 120	8 050	5 800	13 850	361 270

问题 4：职工薪酬费用应如何分配？

作为职工薪酬组成内容中的计件工资，应根据产量和工时记录中登记的每一生产工人完成的工作量，按照事先规定的相应产品的单位工作量工资计算。由于计件工资要分产品计算，可以直接分清耗费所归属的产品，所以生产工人的计件工资可直接计入产品成本，并根据职工薪酬结算表，直接计入基本生产成本明细账的“直接人工”项目中。

企业在生产多种产品时，职工薪酬属于间接计入成本，一般应按照产品的生产工时、机器工时、定额工时比例等分配标准，计算分配计入基本生产成本明细账的“直接人工”项目中。其分配程序如下所述。

首先，以实际工时、定额工时、机器工时等为分配标准，计算职工薪酬耗费分配率。

其次，计算各种产品应分配的职工薪酬耗费。计算公式如下：

$$职工薪酬耗费分配率 = \frac{某车间生产工人职工薪酬总额}{该车间产品生产工时（实际、定额或机器）总数}$$

$$某种产品应负担的职工薪酬耗费 = 该种产品生产工时 \times 职工薪酬耗费分配率$$

【案例七】根据表 2-12 的资料，通恒有限责任公司基本生产车间 2021 年 8 月的应付职工薪酬共计 268 000 元，两种产品单位机器工时分别为闸阀 40 小时、止回阀 35 小时。

要求：采用机器工时分配法计算闸阀、止回阀两种产品各自应承担的职工薪酬费用。

基本生产车间闸阀、止回阀机器工时分别为：

$$闸阀机器工时 = 40 \times 800 = 32\,000（小时）$$

$$止回阀机器工时 = 35 \times 1\,000 = 35\,000（小时）$$

职工薪酬耗费分配率为：

$$职工薪酬耗费分配率 = \frac{268\,000}{32\,000 + 35\,000} = 4$$

闸阀、止回阀应承担的职工薪酬费用分别为：

$$闸阀应承担职工薪酬费用 = 32\,000 \times 4 = 128\,000（元）$$

$$止回阀应承担职工薪酬费用 = 268\,000 - 128\,000 = 140\,000（元）$$

问题5：如何编制职工薪酬耗费分配表并进行会计处理？

职工薪酬耗费分配表应根据审核后的职工薪酬结算汇总表来编制。

【案例八】接“案例七”的资料，根据表2-12，编制职工薪酬耗费分配表，如表2-13所示。

表2-13　职工薪酬耗费分配表

2021年8月

应借科目		成本或费用项目	分配计入			直接计入/元	合计/元
			机器工时/小时	分配率	分配额/元		
生产成本——基本生产成本	闸阀	直接人工	32 000		128 000		128 000
	止回阀	直接人工	35 000		140 000		140 000
	小计		67 000	4	268 000		268 000
制造费用	基本生产车间	工资及福利				18 700	18 700
生产成本——辅助生产成本	机修车间	工资及福利				15 400	15 400
	模具车间	工资及福利				17 000	17 000
	小计					32 400	32 400
销售费用		工资及福利				20 420	20 420
管理费用		工资及福利				35 600	35 600
合　计			—	—	268 000	107 120	375 120

职工薪酬相应的会计处理，应根据职工薪酬耗费分配表来进行。

【案例九】接“案例七”“案例八”的资料，通恒有限责任公司2021年8月职工薪酬耗费分配的会计处理如下所述。

借：生产成本——基本生产成本——闸阀　　128 000
　　　　　　　　　　　　——止回阀　　140 000
　　　　——辅助生产成本——机修车间　　15 400
　　　　　　　　　　　　——模具车间　　17 000
　　制造费用——基本生产车间　　18 700
　　销售费用　　20 420
　　管理费用　　35 600
　　贷：应付职工薪酬——工资　　375 120

课堂实训

【案例】某公司有一个基本生产车间和一个辅助生产车间（机修车间）。基本生产车间生产甲、乙两种产品，均为大批大量生产，采用品种法进行产品成本核算。本月工资总额 63 000 元。其中，生产工人工资 40 000 元（按甲、乙产品耗用的生产工时比例分配，甲产品生产工时为 6 000 小时，乙产品生产工时为 2 000 小时）；车间管理人员工资为 7 000 元；机修车间工人工资为 12 000 元；厂部管理人员工资为 4 000 元。

要求：（1）利用生产工时分配法分配两种产品的职工薪酬费用。

（2）进行相关的会计处理。

【案例解析】

（1）甲、乙产品的职工薪酬费用分别为：

$$职工薪酬分配率 = \frac{40\,000}{6\,000+2\,000} = 5$$

甲产品生产工人职工薪酬 $= 6\,000 \times 5 = 30\,000$（元）

乙产品生产工人职工薪酬 $= 40\,000 - 30\,000 = 10\,000$（元）

（2）相关的会计处理为：

借：生产成本——基本生产成本——甲　　30 000

　　　　　　　　　　　　　　——乙　　10 000

　　　　　　——辅助生产车间——机修车间　　12 000

　　制造费用——基本生产车间　　7 000

　　管理费用　　4 000

　　贷：应付职工薪酬——工资　　63 000

任务四　折旧费及其他费用的归集和分配

任务导入

2021 年 8 月份，通恒有限责任公司除发生材料费用、职工薪酬费用和外购动力费用外，还发生了房屋折旧费 4 490 元，办公设备折旧费 3 000 元，汽车折旧费 4 400 元，差旅费 11 890 元，邮电费 1 200 元，招待费 9 500 元，办公费 13 000 元，其他费用 8 500 元。对于这些费用，该如何进行归集和分配？这正是本任务学习的内容——

折旧费及其他费用的归集和分配。

任务要求

- 学会编制相关费用的分配表；
- 能够进行折旧费及其他费用的归集和分配的账务处理。

知识准备

问题 1：固定资产折旧费应如何归集？

固定资产在长期使用过程中，虽然保持着原有的实物形态，但其价值会随着固定资产的损耗而逐渐减少。固定资产由于损耗而减少的价值就是固定资产折旧。折旧费按固定资产的使用部门，并结合用途进行汇总后，分配计入产品成本或期间费用。

企业固定资产核算员负责进行固定资产的取得、持有、处置等日常核算，并按使用情况编制固定资产折旧计算表，月末将折旧计算表传递至成本核算岗位，进行成本核算。

问题 2：折旧费应如何进行分配？

机器设备折旧费从性质上看是基本耗费。因此，当折旧费在产品成本中占有较大比重时，应单独设置成本项目，特别是一些只为某一特定产品生产使用的专用设备，可以单独设置成本项目予以反映。但是，由于一般企业固定资产折旧费在产品成本中所占比重不大，且大多数企业固定资产的使用与多种产品生产有关，一种产品的生产往往需要使用多台机床加工，一台机床又可能加工多种产品。因此，为了简化成本核算工作，机器设备的折旧费和房屋建筑物的折旧费作为间接成本首先归集计入“制造费用明细账”，月末随同其他间接成本一起分配计入“基本生产成本明细账”。

【案例十】通恒有限责任公司固定资产核算员传递至成本核算岗位的固定资产折旧计算表，如表 2-14 所示。

表 2-14 固定资产折旧计算表

2021 年 8 月　　　　单位：元

使用部门	固定资产项目	上月折旧额	上月增加固定资产		上月减少固定资产		本月折旧额
			原值	折旧额	原值	折旧额	
基本生产车间	厂房	3 500	—	—	—	—	3 500
	机器设备	6 800	700 000	3 500	200 000	1 000	9 300
	小计	10 300	700 000	3 500	200 000	1 000	12 800
机修车间	厂房	3 500	—	—	—	—	3 500
	机器设备	7 500	—	—	—	—	7 500
	小计	11 000					11 000
模具车间	厂房	2 500	21 000	420	—	—	2 920
	机器设备	1 000	—	—	—	—	1 000
	小计	3 500	21 000	420			3 920
销售部	房屋	650	—	—	—	—	650
	办公设备	450	5 200	260	—	—	710
	小计	1 100	5 200	260			1 360
厂部	房屋	4 000	24 500	490	—	—	4 490
	办公设备	3 000	—	—	—	—	3 000
	汽车	2 600	180 000	1 800	—	—	4 400
	小计	9 600	204 500	2 290			11 890
合 计		35 500	—	6 470	—	1 000	40 970

表 2-14 显示，2021 年 8 月，通恒有限责任公司基本生产车间造价 70 万元的高炉竣工并投入使用，同时废弃能耗高、污染严重、原价为 20 万元的小高炉。会计准则关于“固定资产后续计量”的规定：当月增加的固定资产不计提折旧，从次月开始计提；当月减少的固定资产当月仍然要提取折旧，下月起停止计提折旧。

因此，基本生产车间 8 月份机器设备折旧额计算如下。

基本生产车间 8 月份机器设备折旧额 ＝7 月份折旧额 ＋7 月份增加的固定资产折旧额 －7 月份减少的固定资产折旧额 ＝6 800＋3 500－1 000＝9 300（元）

问题 3：如何编制折旧费分配表并进行会计处理？

折旧费分配表应根据审核后的固定资产折旧计算表编制。

【案例十一】接“案例十”的资料，根据表 2-14，编制折旧费分配表，如表 2-15 所示。

表 2-15　折旧费分配表

2021 年 8 月　　　　单位：元

应借科目		成本或费用项目	金额
制造费用	基本生产车间	折旧费	12 800
生产成本——辅助生产成本	机修车间	折旧费	11 000
	模具车间	折旧费	3 920
	小计		14 920
销售费用		折旧费	1 360
管理费用		折旧费	11 890
合　计			40 970

折旧费相应的会计处理应根据折旧费分配表进行。

【案例十二】接“案例十”“案例十一”的资料，通恒有限责任公司 2021 年 8 月折旧费分配的会计处理如下。

借：制造费用——基本生产车间　　12 800
　　生产成本——辅助生产成本——机修车间　　11 000
　　　　　　　　　　　　　　——模具车间　　3 920
　　销售费用　　1 360
　　管理费用　　11 890
　　贷：累计折旧　　40 970

问题 4：利息、税金和其他支出如何归集、分配并进行会计处理？

企业生产经营活动中发生的要素费用，除材料、燃料及动力、职工薪酬和固定资产折旧外，还包括利息、税金和其他支出等。

利息费用是指借款费用中除资本化以外的其他借款的利息支出，包括短期借款利息、应付票据利息、票据贴现利息减去银行存款的利息收入后的净额等。利息费用作为期间费用中的组成部分，不构成产品的生产成本。利息费用一般按季支付，季末结算或到期还本时付息。实际支付利息时应借记“财务费用”账户，贷记“银行存款”账户。

税金包括印花税、房产税、车船税和土地使用税，不构成产品的生产成本。企业在购买印花税票或支付印花税额时，借记“税金及附加”账户，贷记“银行存款”账户。房产税、车船税、土地使用税的缴纳应通过“应交税费”账户核算，计提应交税费时，借记“税金及附加”账户，贷记“应交税费”账户；缴纳税费时，借记“应交税费”账户，贷记“银行存款”账户。

其他支出包括固定资产修理费、差旅费、邮电费、保险费、劳动保护费、运输费、办公费、水电费、技术转让费、业务招待费、租赁费、印刷费、职工技术培训费及图书报刊资料、办公用品订购费等。这些支出有的计入产品成本，有的计入期间费用，企业应按照其发生的地点和用途进行分配，借记“管理费用”“制造费用”等账户，贷记“库存现金”“银行存款”等账户。凡属于基本生产车间发生的，例如，基本生产车间订阅的报刊费、差旅费等，应作为车间发生的间接成本，计入“制造费用”明细账的相关项目。凡属于辅助生产车间发生的，单独核算辅助生产的制造费用的，计入“制造费用”明细账；不单独核算制造费用的，则计入“辅助生产成本”明细账的相关项目。凡属于行政管理部门发生的，应计入“管理费用”明细账的相关项目。凡属于销售过程及销售机构发生的，应计入“销售费用”明细账的相关项目。

【案例十三】通恒有限责任公司出纳员传递至成本会计岗位的利息、税金及其他支出明细表，如表 2-16 所示。

表 2-16 利息、税金及其他支出明细表

2021 年 8 月　　单位：元

部门或用途	金额							
	利息	税金	差旅费	邮电费	招待费	办公费	其他	合计
基本生产车间	—	—	—	120	—	3 000	1 800	4 920
机修车间	—	—	—	100	—	2 000	1 600	3 700
模具车间	—	—	—	90	—	2 500	1 120	3 710
销售部	—	—	6 360	600	—	3 600	1 510	12 070
厂部	—	—	11 890	1 200	9 500	13 000	8 500	44 090
筹资	10 000	—	—	—	—	—	—	10 000
缴税	—	—	—	—	—	—	—	
合　计	10 000	—	18 250	2 110	9 500	24 100	14 530	78 490

根据审核后的利息、税金及其他支出明细表，编制利息、其他支出分配表，如表 2-17 所示。

表 2-17　利息、其他支出分配表

2021 年 8 月　　　　单位：元

应借科目		成本或费用项目	金额
制造费用	基本生产车间	邮电费、办公费、其他	4 920
生产成本——辅助生产成本	机修车间	邮电费、办公费、其他	3 700
	模具车间	邮电费、办公费、其他	3 710
	小计		7 410
销售费用		差旅费、邮电费、办公费、其他	12 070
管理费用		差旅费、邮电费、招待费、办公费、其他	44 090
财务费用		利息费用	10 000
合　计			78 490

根据利息、其他支出分配表，进行相关的会计处理。

【案例十四】接“案例十三”的资料，根据通恒有限责任公司 2021 年 8 月份利息、其他支出分配表，进行相关的会计处理如下。

借：制造费用——基本生产车间　　4 920
　　生产成本——辅助生产成本——机修车间　　3 700
　　　　　　　　　　　　　　——模具车间　　3 710
　　销售费用　　12 070
　　管理费用　　44 090
　　财务费用　　10 000
　　贷：银行存款　　　　78 490

课堂实训

【案例】某公司 2021 年 9 月份利息、其他支出明细表如表 2-18 所示。

表 2-18　利息、其他支出明细表

2021 年 9 月　　　　单位：元

部门或用途	金额						
	利息	差旅费	邮电费	招待费	办公费	其他	合计
基本生产车间	—	—	320	—	2 000	1 700	4 020
机修车间	—	—	50	—	1 200	1 200	2 450
模具车间	—	—	120	—	1 320	1 030	2 470
销售部	—	3 560	500	500	2 600	1 250	8 410
厂部	—	8 720	1 000	5 510	12 000	4 000	31 230
筹资	12 000	—	—	—	—	—	12 000
合　计	12 000	12 280	1 990	6 010	19 120	9 180	60 580

要求：（1）编制利息、其他支出分配表。

（2）进行相关的会计处理。

【案例解析】

（1）编制利息、其他支出分配表，如表 2-19 所示。

表 2-19 利息、其他支出分配表

2021 年 9 月 单位：元

应借科目		成本或费用项目	金额
制造费用	基本生产车间	邮电费、办公费、其他	4 020
生产成本——辅助生产成本	机修车间	邮电费、办公费、其他	2 450
	模具车间	邮电费、办公费、其他	2 470
	小计		4 920
销售费用		差旅费、邮电费、办公费、其他	8 410
管理费用		差旅费、邮电费、招待费、办公费、其他	31 230
财务费用		利息费用	12 000
合 计			60 580

（2）相关的会计处理。

借：制造费用——基本生产车间　　4 020

　　生产成本——辅助生产成本——机修车间　　2 450

　　　　　　　　　　　　　　——模具车间　　2 470

　　销售费用　　8 410

　　管理费用　　31 230

　　财务费用　　12 000

　　贷：银行存款　　　　60 580

项目三

综合费用的归集和分配

项目引领

综合费用是在材料费用、职工薪酬费用、外购动力费用、折旧费等要素费用归集和分配的基础上汇总得到的，是由多种要素费用构成的费用，包括辅助生产费用、制造费用、损失性费用等。综合费用的核算关系到一个企业产品生产成本的高低。如何对综合费用进行归集和分配呢？这正是本项目学习的内容——综合费用的归集和分配。

项目目标

知识目标：

（1）认知各项综合费用；

（2）理解各项综合费用归集和分配的方法；

（3）学会对各项综合费用进行归集与分配。

技能目标：

（1）能够进行辅助生产费用的归集和分配；

（2）能够进行制造费用的归集和分配；

（3）能够进行损失性费用的归集和分配；

（4）学会相关的账务处理。

任务一　辅助生产费用的归集和分配

任务导入

通恒有限责任公司除基本生产车间之外，还设置了供电、锅炉两个辅助生产车间。该公司辅助生产的服务对象为基本生产车间、辅助生产车间和其他部门。小明为该公司实习会计，对辅助生产成本的核算缺乏实际操作经验。针对该公司的生产情况，他应如何对该公司的辅助生产费用进行归集和分配呢？这正是本任务学习的内容——辅助生产费用的归集与分配。

任务要求

- 认知辅助生产费用；
- 能够进行辅助生产费用的归集与分配；
- 学会运用合适的分配方法正确分配辅助生产费用，并进行相应的账务处理。

知识准备

在制造企业中，除了基本生产车间外，往往还需要设置为企业提供辅助产品和劳务的生产部门，如供水、供电、运输、修理、供热、供汽等，称为“辅助生产车间”。它们的存在，使企业必须对其消耗和产出进行成本核算，以量化它们对基本生产车间产品及其他部门日常消耗的影响。

问题 1：如何理解辅助生产和辅助生产费用？

辅助生产是指为基本生产车间、企业行政管理部门等单位提供服务而进行的产品生产和劳务供应。辅助生产所生产的产品包括工具、模具、修理用备件等。劳务供应包括运输、修理、供水、供电、供热、供汽等。辅助生产提供的产品和劳务有时要对外销售，但这不是辅助生产的主要任务，其主要任务是为本单位生产管理服务。

辅助生产费用是指辅助生产车间在生产产品或提供劳务过程中，所耗用的材料费用、动力费用、职工薪酬及制造费用等，也称为辅助生产成本。

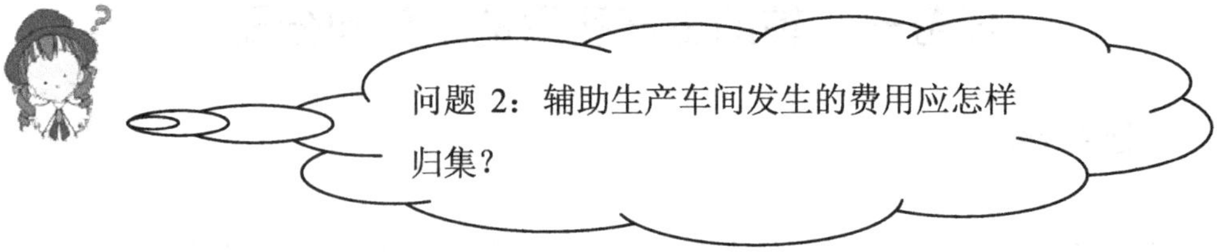

为了归集辅助生产车间为提供劳务或产品而发生的各项费用，企业应设置“生产成本——辅助生产成本”账户。该账户按车间及劳务或产品的种类设置明细账，明细账内按成本项目或费用项目设置专栏进行明细核算。

对于辅助生产车间发生的直接费用，应借记“生产成本——辅助生产成本——××辅助车间”账户。

对于辅助生产车间发生的各种间接费用，应分两种情况进行处理。

第一种情况是，如果辅助车间发生的间接费用较多，一般首先通过“制造费用——××辅助车间”账户借方进行归集，月末从该账户直接转入或分配转入“生产成本——辅助生产成本——××辅助车间”账户的借方及其所属明细账的“制造费用”成本项目。

第二种情况是，如果辅助生产车间规模较小、发生的间接费用较少，或者辅助生产车间生产单一产品或劳务，也不对外销售，为了简化核算工作，辅助车间发生的间接费用，可以直接借记“生产成本——辅助生产成本——××辅助车间”账户，不必通过“制造费用——××辅助车间”账户进行归集。本项目采用该种方式核算辅助生产成本。

【案例一】通恒有限责任公司 2021 年 8 月辅助生产机修车间和模具车间发生的费用，已在项目二要素费用的归集和分配中讲述，详见表 2-6、表 2-9、表 2-13、表 2-15 和表 2-17 的资料，将归集的辅助生产费用计入辅助生产成本明细账，如表 3-1 和表 3-2 所示。

表 3-1　辅助生产成本明细账

车间名称：机修车间　　　　单位：元

2021 年		凭证	摘要	费用项目					
月	日	号数		材料费	动力费	职工薪酬	折旧费	其他支出	合计
8	31	略	分配材料费（表 2-6）	1 000					1 000
	31		分配动力费（表 2-9）		750				750
	31		分配职工薪酬（表 2-13）			15 400			15 400
	31		分配折旧费（表 2-15）				11 000		11 000
	31		分配其他支出（表 2-17）					3 700	3 700
	31		本月合计	1 000	750	15 400	11 000	3 700	31 850
	31		月末转出	1 000	750	15 400	11 000	3 700	31 850

表 3-2　辅助生产成本明细账

车间名称：模具车间　　　　　　　　　　　　　　　　　　　单位：元

2021 年		凭证	摘要	费用项目					
月	日	号数		材料费	动力费	职工薪酬	折旧费	其他支出	合计
8	31	略	分配材料费（表 2-6）	20 000					20 000
	31		分配动力费（表 2-9）		1 500				1 500
	31		分配职工薪酬（表 2-13）			17 000			17 000
	31		分配折旧费（表 2-15）				3 920		3 920
	31		分配其他支出（表 2-17）					3 710	3 710
	31		本月合计	20 000	1 500	17 000	3 920	3 710	46 130
	31		月末转出	20 000	1 500	17 000	3 920	3 710	46 130

问题 3：辅助生产费用应如何分配？

辅助生产车间所发生的各项费用，全部归集到“生产成本——辅助生产成本”账户的借方，月份终了，应将“生产成本——辅助生产成本”账户借方所归集的费用，按照一定的方法和分配比例分配给各受益对象。

归集的辅助生产成本，在分配时应遵循“谁受益、谁负担，受益多少、负担多少”的原则，按受益单位所耗用的产品或劳务数量在各单位之间进行分配，并且力求分配方法合理、简便易行。

由于辅助生产车间既提供产品，又提供劳务，所以在其费用分配、转出时的程序也不一样，具体分为以下两种情况。

第一种情况是，如果辅助生产车间所提供的是产品（如工具、模具、修理用备件等），应在产品完工时，从“生产成本——辅助生产成本”账户的贷方，分别转入“周转材料——低值易耗品”账户（工具、模具等）、“原材料”账户（修理用备件等）的借方。“生产成本——辅助生产成本”账户一般无余额，若有余额，则余额在借方，表示未完工的辅助在产品。

【案例二】通恒有限责任公司 2021 年 8 月模具车间发生的各项费用已归集计入“生产成本——辅助生产成本”模具车间的明细账中，具体资料如表 3-2 所示。2021 年 8 月末生产的木模已全部完工并验收入库。月末结转完工木模成本时应做如下处理。

借：周转材料——低值易耗品——木模　　　　46 130

　　贷：生产成本——辅助生产成本——模具车间　　46 130

据此登记辅助生产成本明细账最后一行“月末转出”栏目，如表3-2所示。

第二种情况是，如果辅助生产车间所提供的是劳务（如供电、供水、机修等），则辅助生产所发生的费用必须在各受益单位之间，按照所耗劳务数量的比例进行分配。分配时，辅助生产费用应从“生产成本——辅助生产成本”账户的贷方转入“生产成本——基本生产成本”“制造费用”“管理费用”“销售费用”等账户的借方。分配后，“生产成本——辅助生产成本”账户余额为零。本任务主要介绍辅助生产车间提供劳务的分配方法。

问题4：辅助生产费用分配的方法有哪些？

辅助生产车间提供的产品或劳务，主要是为基本生产车间和企业管理部门服务的，但在某些辅助生产车间之间，也有相互提供产品和劳务的情况，如机修车间为运输车间提供修理服务，运输车间为机修车间提供运输服务等。这样，为了计算运输成本，就要计算确定机修成本；为了计算机修成本，就要计算确定运输成本。因此，为了正确计算辅助生产产品和劳务的成本，并且将辅助生产费用正确地计入基本生产成本和经营管理费用中，对于提供劳务的辅助生产车间，归集辅助生产费用的分配方法包括直接分配法、交互分配法、计划成本分配法、代数分配法和顺序分配法。

在实际工作中，应根据辅助生产车间相互提供劳务量的多少选择适当的分配方法。本任务主要介绍直接分配法、交互分配法和计划成本分配法。

1. 直接分配法

直接分配法是指将各辅助生产车间归集的辅助生产费用，直接分配给辅助生产车间以外的各受益对象的方法。其特点是：辅助生产车间内部相互提供产品、劳务，并不相互分配费用，而是将费用直接分配给辅助生产车间以外的各受益对象。计算过程如下。

第一步：计算辅助生产实际单位成本（费用分配率）。

$$\text{某辅助生产车间费用分配率}=\frac{\text{该辅助生产车间归集的费用总额}}{\text{该车间供应劳务总量}-\text{其他辅助车间的该劳务耗用量}}$$

第二步：计算各受益对象应负担的辅助生产费用。

某受益对象应负担的辅助生产费用=该受益对象耗用的劳务量×
提供该劳务的辅助生产车间费用分配率

【案例三】假定通恒有限责任公司设有供电、锅炉两个辅助生产车间，根据 2021 年 8 月“生产成本——辅助生产成本”明细账资料，本月供电车间直接发生的费用为 88 000 元，锅炉车间直接发生的费用为 30 000 元。各辅助车间提供的劳务数量资料如表 3-3 所示。

表 3-3　辅助车间提供的劳务数量资料

辅助生产车间名称	计量单位	使用车间、部门、产品和耗用数量						
		合计	生产产品耗用		车间部门一般耗用			
			A 产品	B 产品	锅炉车间	供电车间	基本车间	行政部门
供电车间	度	220 000	80 000	60 000	20 000		44 000	16 000
锅炉车间	吨	5 000	1 600	1 200		1 000	600	600

要求：根据直接分配法分配辅助生产费用，编制“辅助生产费用分配表”并完成相关的账务处理。

①供电车间分配情况如下。

$$供电车间分配率=\frac{88\ 000}{220\ 000-20\ 000}=0.44\ （元/度）$$

A 产品应负担电费=80 000×0.44=35 200（元）

B 产品应负担电费=60 000×0.44=26 400（元）

基本车间应负担电费=44 000×0.44=19 360（元）

行政部门应负担电费=16 000×0.44=7 040（元）

② 锅炉车间分配情况如下。

$$锅炉车间分配率=\frac{30\ 000}{5\ 000-1\ 000}=7.5\ （元/吨）$$

A 产品应负担锅炉费=1 600×7.5=12 000（元）

B 产品应负担锅炉费=1 200×7.5=9 000（元）

基本车间应负担锅炉费=600×7.5=4 500（元）

行政部门应负担锅炉费=600×7.5=4 500（元）

③ 编制“辅助生产费用分配表”，如表 3-4 所示。

④ 根据上述分配表完成相关的账务处理如下。

借：生产成本——基本生产成本——A 产品　　47 200

　　　　　　　　　　　　　　——B 产品　　35 400

　　制造费用　　23 860

　　管理费用　　11 540

贷：生产成本——辅助生产成本——供电车间　　88 000

　　　　　　　　　　　　　——锅炉车间　　30 000

表 3-4　辅助生产费用分配表（直接分配法）

企业名称：通恒有限责任公司　　　　2021 年 8 月

辅助生产车间名称			供电	锅炉	合计
归集的辅助生产费用			88 000 元	30 000 元	118 000 元
供应辅助生产车间以外的劳务量			200 000 度	4 000 吨	
辅助生产费用分配率			0.44 元/度	7.5 元/吨	
基本生产车间	A 产品	耗用数量	80 000 度	1 600 吨	
		分配金额	35 200 元	12 000 元	47 200 元
	B 产品	耗用数量	60 000 度	1 200 吨	
		分配金额	26 400 元	9 000 元	35 400 元
	一般耗用	耗用数量	44 000 度	600 吨	
		分配金额	19 360 元	4 500 元	23 860 元
行政管理部门		耗用数量	16 000 度	600 吨	
		分配金额	7 040 元	4 500 元	11 540 元
金额合计			88 000 元	30 000 元	118 000 元

采用直接分配法的优点是，由于各辅助生产车间费用只对辅助生产车间以外的受益对象分配一次，所以该方法简便易行。采用直接分配法的缺点是，由于辅助生产车间相互提供劳务不分配费用，所以计算结果不够准确，导致分配结果失真。这种方法适用于只有一个辅助生产车间，以及辅助生产车间相互不提供劳务或相互提供劳务不多的企业。

2. 交互分配法

交互分配法是指首先将辅助生产车间归集的费用在辅助生产车间之间进行一次交互分配，再将交互分配后的费用直接分配给辅助车间以外的受益对象。其特点是：费用的分配分为两个步骤进行，第一步交互（对内）分配，第二步对外分配。计算过程如下。

第一步：交互（对内）分配（在辅助生产车间之间进行费用分配）。计算公式如下：

$$交互分配率=\frac{某辅助生产车间归集的费用总额}{该辅助生产车间提供的劳务总量}$$

各辅助生产车间应负担的费用=该辅助生产车间耗用的劳务量×交互分配率

第二步：对外分配（对辅助生产车间以外的受益对象进行分配）。计算公式如下：

辅助生产车间交互分配后的实际费用=该辅助生产车间归集的费用总额+交互分配转入费用−交互分配转出费用

$$对外分配率=\frac{某辅助生产车间交互分配后的实际费用}{该辅助生产车间提供的劳务总量-提供给其他辅助生产车间的劳务数量}$$

各受益对象应负担费用=该受益对象耗用的劳务量×对外分配率

【案例四】假定通恒有限责任公司设有供电、锅炉两个辅助生产车间，根据2021年8月“生产成本——辅助生产成本”明细账资料，本月供电车间直接发生的费用为88 000元，锅炉车间直接发生的费用为30 000元。各辅助生产车间提供的劳务数量资料如表3-3所示。

要求：根据交互分配法分配辅助生产费用，编制“辅助生产费用分配表”并完成相关的账务处理。

第一步：交互分配。

①供电车间交互分配率= $\frac{88\ 000}{220\ 000}=0.4$（元/度）

锅炉车间应负担电费=20 000×0.4=8 000（元）

②锅炉车间交互分配率= $\frac{30\ 000}{5\ 000}=6$（元/吨）

供电车间应负担的锅炉费=1 000×6=6 000（元）

第二步：对外分配。

①供电车间交互分配后的实际费用=88 000+6 000−8 000=86 000（元）

供电车间对外分配率= $\frac{86\ 000}{220\ 000-20\ 000}=0.43$（元/度）

A产品应负担电费=80 000×0.43=34 400（元）

B产品应负担电费=60 000×0.43=25 800（元）

基本车间应负担电费=44 000×0.43=18 920（元）

行政部门应负担电费=16 000×0.43=6 880（元）

②锅炉车间交互分配后的实际费用=30 000+8 000−6 000=32 000（元）

锅炉车间对外分配率= $\frac{32\ 000}{5\ 000-1\ 000}=8$（元/吨）

A产品应负担锅炉费=1 600×8=12 800（元）

B产品应负担锅炉费=1 200×8=9 600（元）

基本车间应负担锅炉费=600×8=4 800（元）

行政部门应负担锅炉费=600×8=4 800（元）

编制“辅助生产费用分配表”，如表3-5所示。

表3-5　辅助生产费用分配表（交互分配法）

企业名称：通恒有限责任公司　　　　　　　　2021年8月

项目			交互分配			对外分配		
辅助生产车间名称			供电	锅炉	合计	供电	锅炉	合计
归集的辅助生产费用			88 000元	30 000元	118 000元	86 000元	32 000元	118 000元
供应劳务总量			220 000度	5 000吨		200 000度	4 000吨	
辅助生产费用分配率			0.4元/度	6元/吨		0.43元/度	8元/吨	
辅助生产车间	供电车间	耗用数量		1 000吨				
		分配金额		6 000元	6 000元			
	锅炉车间	耗用数量	20 000度					
		分配金额	8 000元		8 000元			
基本生产车间	A产品	耗用数量				80 000度	1 600吨	
		分配金额				34 400元	12 800元	47 200元
	B产品	耗用数量				60 000度	1 200吨	
		分配金额				25 800元	9 600元	35 400元
	一般耗用	耗用数量				44 000度	600吨	
		分配金额				18 920元	4 800元	23 720元
行政管理部门		耗用数量				16 000度	600吨	
		分配金额				6 880元	4 800元	11 680元
金额合计						86 000元	32 000元	118 000元

根据上述分配表完成相关的账务处理如下。

①交互分配。

借：生产成本——辅助生产成本——供电车间　　6 000

　　　　　　　　　　　　　——锅炉车间　　8 000

　贷：生产成本——辅助生产成本——供电车间　　8 000

　　　　　　　　　　　　　　——锅炉车间　　6 000

②对外分配。

借：生产成本——基本生产成本——A产品　　47 200

　　　　　　　　　　　　　——B产品　　35 400

　　制造费用　　23 720

　　管理费用　　11 680

　贷：生产成本——辅助生产成本——供电车间　　86 000

　　　　　　　　　　　　　　——锅炉车间　　32 000

由于交互分配法考虑了辅助车间内部相互提供的劳务的情况，并进行了交互分配，克服了直接分配法的不足，从而提高了分配结果的准确性。但是，在分配费用时，要计算交互分配和对外分配两个分配率，进行两次分配，增加了分配计算的工作量。这种方法适用于辅助生产车间较少的企业。

3. 计划成本分配法

计划成本分配法首先按各种劳务的计划单位成本和各受益对象（包括受益的辅助生产车间在内）实际耗用的劳务量来分配辅助生产费用，再将辅助生产车间的实际费用（包括辅助生产车间相互分配转入的费用）与按计划单位成本分配法转出的费用总额的差额，分配给辅助生产车间以外的各受益对象。但为了简化计算，一般将差额全部计入管理费用。计划成本分配法的特点：费用的分配分两个步骤进行，第一步计划分配；第二步差额的追加分配（在实际工作中则是将差异额直接计入管理费用）。

【案例五】通恒有限责任公司设有供电、锅炉两个辅助生产车间，根据 2021 年 8 月“生产成本——辅助生产成本”明细账资料，本月供电车间直接发生的费用为 88 000 元，锅炉车间直接发生的费用为 30 000 元。各辅助车间提供的劳务数量资料如表 3-3 所示。假定供电车间的计划分配率为 0.45 元/度，锅炉车间的计划分配率为 6.5 元/吨。

要求：根据计划成本分配法分配辅助生产费用，编制“辅助生产费用分配表”并完成相关的账务处理。

编制“辅助生产费用分配表”，如表 3-6 所示。

根据上述分配表完成相关的账务处理如下。

①计划分配。

借：生产成本——辅助生产成本——供电车间　　6 500
　　　　　　　　　　　　　　——锅炉车间　　9 000
　　　　　——基本生产成本——A 产品　　46 400
　　　　　　　　　　　　　——B 产品　　34 800
　　制造费用　　23 700
　　管理费用　　11 100
　　贷：生产成本——辅助生产成本——供电车间　　99 000
　　　　　　　　　　　　　　　　——锅炉车间　　32 500

②将辅助生产成本差异计入“管理费用”。

借：管理费用　　　　　　　　　　　　2 000

　　贷：生产成本——辅助生产成本——供电车间　　4 500

　　　　　　　　　　　　　　　　——锅炉车间　　6 500

表 3-6　辅助生产费用分配表（计划成本分配法）

企业名称：通恒有限责任公司　　　　　　2021 年 8 月

项目			供电	锅炉	合计
归集的辅助生产费用			88 000 元	30 000 元	118 000 元
供应劳务总量			220 000 度	5 000 吨	
计划分配率			0.45 元/度	6.5 元/吨	
辅助生产车间	供电车间	耗用数量		1 000 吨	
		分配金额		6 500 元	6 500 元
	锅炉车间	耗用数量	20 000 度		
		分配金额	9 000 元		9 000 元
基本生产车间	A 产品	耗用数量	80 000 度	1 600 吨	
		分配金额	36 000 元	10 400 元	46 400 元
	B 产品	耗用数量	60 000 度	1 200 吨	
		分配金额	27 000 元	7 800 元	34 800 元
	一般耗用	耗用数量	44 000 度	600 吨	
		分配金额	19 800 元	3 900 元	23 700 元
行政管理部门		耗用数量	16 000 度	600 吨	
		分配金额	7 200 元	3 900 元	11 100 元
计划分配金额合计			99 000 元	32 500 元	131 500 元
辅助生产实际成本			94 500 元	39 000 元	133 500 元
辅助生产成本差异			4 500 元	6 500 元	20 00 元

此案例中具体计算过程如下。

供电车间的实际成本=88 000+6 500=94 500（元）

供电车间的成本差异=94 500–99 000= –4 500（元）（节约差异）

锅炉车间的实际成本=30 000+9 000=39 000（元）

锅炉车间的成本差异=39 000–32 500=6 500（元）（超支差异）

注意：调整成本差异的会计分录，无论是超支差异还是节约差异，借方和贷方对应科目都相同，借记“管理费用”账户，贷记“生产成本——辅助生产成本——某辅助车间”账户，只是超支差异用蓝字金额表示，节约差异用红字金额表示。

采用计划成本分配法时，实际工作中各辅助生产成本也只分配一次，而且各辅助生产车间劳务的计划单位成本是早已确定的，不必单独计算分配率，从而简化了计算工作，加快了成本核算的速度。同时，通过辅助生产成本差异的计算，可以考核辅助生产车间计划的完成情况，有利于分清企业内部各单位的经济责任。这种分配方法一般适用于辅助生产车间的计划单位成本比较准确，成本核算的基础工作较好的企业。

4. 代数分配法

代数分配法是首先将辅助生产车间的费用分配率设为未知数，根据辅助生产车间交互提供劳务的关系建立多元一次方程组求解，再按各受益对象（包括受益的辅助生产车间在内）的受益量分配辅助生产费用的方法。代数分配法的特点：费用分配率需要通过解方程组计算，并且辅助生产车间之间也需要交互分配费用。

采用这种方法分配结果最准确，但在辅助生产车间较多的情况下未知数较多，计算工作较复杂。这种分配方法一般适用于已实现会计电算化的企业。

5. 顺序分配法

顺序分配法是指将各辅助生产车间按受益多少的顺序依次排列，受益少的排列在前面，先将费用分配出去，分配时只向排列在后的辅助生产车间分配费用；受益多的排列在后面，将本车间的辅助生产费用加上前面辅助车间分来的费用，一起向排列在后面的辅助生产车间和外部受益部门分配出去，但不能向排列在前面的辅助生产车间分配费用。例如，企业机修和运输两个辅助生产车间，机修车间耗用运费较少，而运输车间耗用机修费较多，这就可以按机修和运输的顺序排列，先分配机修费，再分配运费。

顺序分配法也称为梯形分配法。采用这种分配方法时，各辅助生产费用只分配一次，既分配给辅助生产以外的受益单位，又分配给排列在后面的其他辅助生产车间。这使得分配结果的准确性受到一定的影响，计算工作量有所增加。这种分配方法只适用于在各辅助生产车间之间相互受益程度有明显顺序的情况下使用。

课堂实训

【案例】某企业设有供电和机修两个辅助生产车间，本月供电车间供电 88 000 度。其中，机修车间用电 8 000 度，基本生产车间生产产品用电 60 000 度，基本生产车间照明用电 6 000 度，企业管理部门用电 14 000 度。本月机修车间修理总工时 8 480 小时。其中，供电车间 480 小时，基本生产车间 6 000 小时，企业管理部门 2 000 小时。根据辅助生产成本明细账，在交互分配前，供电车间待分配费用 29 120 元，机修车间待分配费用 26 880 元。

要求：按交互分配法分配辅助生产费用，填制辅助生产费用分配表（见表 3-7），并进行相关的账务处理（分配率保留两位小数）。

【案例解析】

（1）按交互分配法分配辅助生产费用，填制辅助生产费用分配表（见表3-7）。

表3-7　辅助生产费用分配表（交互分配法）

项目			交互分配			对外分配		
辅助生产车间名称			供电	机修	合计	供电	机修	合计
待分配费用			29 120 元	26 880 元	56 000 元	28 001.6 元	27 998.4 元	56 000 元
供应劳务量			88 000 度	8 480 小时		80 000 度	8 000 小时	
费用分配率			0.33 元/度	3.17 元/小时		0.35 元/度	3.5 元/小时	
应借“生产成本——辅助生产成本”账户	供电车间	耗用数量		480 小时				
		分配金额		1 521.6 元	1 521.6 元			
	机修车间	耗用数量	8 000 度					
		分配金额	2 640 元		2 640 元			
分配金额小计			2 640 元	1 521.6 元	4 161.6 元			
应借“生产成本——基本生产成本”账户	产品生产	耗用数量				60 000 度		
		分配金额				21 000 元		21 000 元
应借“制造费用”账户	车间耗用	耗用数量				6 000 度	6 000 小时	
		分配金额				2 100 元	21 000 元	23 100 元
应借“管理费用”账户	管理部门	耗用数量				14 000 度	2 000 小时	
		分配金额				4 901.6 元	6 998.4 元	11 900 元
分配金额合计						28 001.6 元	27 998.4 元	56 000 元

（2）根据上述分配表，相关的账务处理如下。

①交互分配。

借：生产成本——辅助生产成本——供电车间　1 521.6

　　　　　　　　　　　　　　——机修车间　2 640

　贷：生产成本——辅助生产成本——供电车间　2 640

　　　　　　　　　　　　　　　——机修车间　1 521.6

②对外分配。

借：生产成本——基本生产成本　21 000

　　制造费用　23 100

　　管理费用　11 900

　贷：生产成本——辅助生产成本——供电车间　28 001.6

　　　　　　　　　　　　　　　——机修车间　27 998.4

任务二　制造费用的归集和分配

任务导入

鸿达有限责任公司在产品生产过程中，除了发生直接用于产品生产的材料费、人工费外，车间内部还发生间接费用（制造费用），如设备折旧费、车间照明费等。这些费用的发生，与产品生产没有直接关系，不能直接计入产品成本。那么，对所发生的这些费用应如何进行归集和分配呢？这正是本任务学习的内容——制造费用的归集与分配。

任务要求

- 认知制造费用；
- 理解制造费用的核算程序；
- 学会归集和分配制造费用，并进行相应的账务处理。

知识准备

问题 1：如何理解制造费用？

制造费用是企业为生产产品和提供劳务而发生的，不能直接计入产品成本的各项间接费用。

制造费用主要包括以下三个部分。

（1）间接用于产品生产的费用。例如，车间发生的机物料消耗费，车间厂房的折旧费、修理费、租赁费和保险费，车间生产用的照明费、取暖费、运输费、劳动保护费，车间生产用固定资产季节性或大修理期间的停工损失费等。

（2）虽直接用于产品生产，但管理上不要求或不便于单独核算，未专设成本项目的费用。例如，机器设备的折旧费、租赁费、保险费，生产工具摊销费，设计制图费、检验费等。

（3）车间用于组织和管理生产的费用。例如，车间管理人员的职工薪酬，车间管理用房屋和设备的折旧费、租赁费和保险费，车间管理用具摊销费、车间管理用的照明费、水费、取暖费、差旅费和办公费等。

问题2：如何进行制造费用的归集？

制造费用的核算程序分为制造费用的归集和分配两个步骤。首先，对于发生的制造费用，应直接计入“制造费用”总账及所属明细账进行归集。其次，月末通过一定的程序，分配转入“生产成本”总账和所属明细账中的制造费用项目。

为了归集和分配制造费用，企业应设置“制造费用”账户，该账户一般按不同车间设置明细账，账内按费用项目设置专栏进行明细核算。制造费用发生时，借记“制造费用”账户，贷记“原材料”“应付职工薪酬”“应付账款”“累计折旧”“银行存款”“生产成本——辅助生产成本”等账户，并据此登记“制造费用”的总账和明细账。制造费用明细账的一般格式如表3-8所示。

表3-8　制造费用明细账

车间：一车间　　　　2021 年 8 月　　　　单位：元

2021年		凭证号数	摘要	费用项目							
月	日			工资及福利费	折旧费	办公费	低值易耗品摊销	机物料消耗	水费	电费	合计
8	1	略	购买办公品			1 300					1 300
	20		领用低值易耗品				5 000				5 000
	20		支付水费						800		800
	31		分配材料费					1 020			1 020
	31		分配工资	16 000							16 000
	31		计提福利费	2 240							2 240
	31		分配折旧费		2 650						2 650
	31		辅助费用分配							1 200	1 200
	31		本月合计	18 240	2 650	1 300	5 000	1 020	800	1 200	30 210
	31		分配转出	18 240	2 650	1 300	5 000	1 020	800	1 200	30 210

问题3：如何进行制造费用的分配？

制造费用归集汇总后，应于月末将其分配给各受益对象，分配时要求分配方法合理、简便易行，遵循“谁受益，谁负担”的原则。对于只生产一种产品或提供一种劳务的车间，制造费用是直接费用，应直接计入该种产品的成本而不需要分配；对于生产多种产品或提供多种劳务的车间，制造费用是间接费用，应采用既合理又较简便的分配方法，分配计入各种产品或劳务的成本。

制造费用分配标准包括生产工人工时、生产工人工资、机器工时、耗用原材料的数量或成本、直接成本、产品产量等。在季节性生产的企业中，还可采用按年度计划分配率法。企业可根据实际情况决定具体采用哪种分配标准，但一经确定，就不能随意变更。本任务主要介绍常用的三种方法，生产工人工时比例法、生产工人工资比例法和年度计划分配率法。

注意：由于各车间制造费用水平不同，制造费用应按各车间分别进行分配，不得将各车间的制造费用统一起来在整个企业范围内分配。

1. 生产工人工时比例法

生产工人工时比例法是指按照各种产品所耗生产工人实际工作时数的比例，分配制造费用的一种方法。计算公式如下：

$$制造费用分配率=\frac{制造费用总额}{\sum 各种产品生产工时数}$$

某种产品应分配的制造费用=该种产品生产工人工时×制造费用分配率

【案例六】鸿达有限责任公司一车间生产甲、乙两种产品，2021 年 8 月耗用的生产工时分别为 3 450 小时和 4 500 小时。本月制造费用合计 30 210 元，资料如表 3-8 所示。

该公司按生产工人工时比例法分配制造费用，过程如下。

①对制造费用进行分配，并编制制造费用分配表，如表 3-9 所示。

$$制造费用分配率=\frac{30\,210}{3\,450+4\,500}=3.8（元/小时）$$

甲产品应分配的制造费用=3 450×3.8=13 110（元）

乙产品应分配的制造费用=4 500×3.8=17 100（元）

表 3-9 制造费用分配表

一车间 2021 年 8 月

应借账户	生产工时/小时	分配率/（元·小时$^{-1}$）	分配金额/元
生产成本——基本生产成本——甲产品	3 450	3.8	13 110
生产成本——基本生产成本——乙产品	4 500		17 100
合计	3 950		30 210

②根据表 3-9 的资料，完成相关的账务处理。

借：生产成本——基本生产成本——甲产品　13 110
　　　　　　　　　　　　　　——乙产品　17 100
　贷：制造费用　　　　　　　　　　　　　30 210

③根据账务处理，登记制造费用总账和所属明细账（总账登记略，明细账登记如表3-8“分配转出”栏目所示）。

生产工人工时比例法将劳动生产率的高低与应分配的费用水平多少联系起来，分配结果也比较合理，在实际工作中应用较广泛，一般适用于车间内各产品生产过程的机械化程度相差不大的企业。采用这种分配方法时，平时应做好各种产品生产工时的记录和计算工作。

注意：在产品工时定额比较准确的条件下，制造费用也可以按定额工时比例分配，其分配方法及核算程序与上述方法大致相同。

2. 生产工人工资比例法

生产工人工资比例法是按照计入各种产品成本的生产工人工资的比例分配制造费用的方法。计算公式如下：

$$制造费用分配率=\frac{制造费用总额}{\sum 各种产品生产工人工资额}$$

某种产品应分配的制造费用=该种产品生产工人工资额×制造费用分配率

该种分配方法与生产工人工时比例法的原理基本相同。如果生产工人计时工资按照生产工人工时比例分配，那么按照生产工人工资比例分配的制造费用，实际上就是按照生产工人工时比例分配的制造费用。

若采用生产工人工资比例法分配制造费用，则生产工人工资数额可以从职工薪酬费用分配表上直接获得，所以核算工作很简便。但采用这种方法时，必须符合一个条件，即各种产品生产机械化程度相差不大，否则会影响分配结果的准确性。

注意：如果各种产品生产过程的机械化程度相差悬殊，则制造费用中的机器设备折旧及维护使用费用将大部分由机械化程度低、耗用生产工时多的产品负担，将造成产品负担成本的不准确，此时应采用机器工时比例法进行分配。这种分配方法及核算程序与生产工人工时比例法大致相同。

3. 年度计划分配率法

年度计划分配率法是按照年度开始前确定的全年适用的计划分配率分配制造费用的方法。无论各月实际发生的制造费用是多少，各月制造费用均按年度计划确定的计划分配率分配。各月按计划分配率计算分配的制造费用与实际归集的制造费用的差额，在年末一次性按照已分配数的比例进行调整。这种分配方法核算工作简便，特别适用于季节性生产的车间。年度计划分配率法计算分配程序及公式如下。

第一步：计算制造费用年度计划分配率。

$$制造费用年度计划分配率=\frac{年度制造费用计划总额}{\sum 某产品计划年产量\times单位产品定额工时}$$

第二步：根据年度计划分配率，计算某月某产品应分配的制造费用。

某月某产品应分配的制造费用=该月该产品实际产量定额总工时×制造费用年度计划分配率

第三步：年度终了时，对年末制造费用的差异额进行调整。

每月实际发生的制造费用与当月分配转出的制造费用往往存在差异，从而产生余额，月末余额不需要处理。如果出现年末余额，则一般应在年末调整计入 12 月份的产品成本。

$$某产品应负担的差额=制造费用全年差异额\times\frac{某产品全年按计划分配率负担的制造费用}{全年按计划分配率分配的制造费用总额}$$

【案例七】 某企业季节性生产车间全年制造费用计划为 312 000 元，全年计划各产品产量为甲产品 2 500 件，乙产品 900 件。单件产品的工时定额为甲产品 3 小时，乙产品 5 小时。该车间 4 月份实际产量为甲产品 150 件，乙产品 100 件。该月实际制造费用为 34 300 元。

要求：按年度计划分配率法分配该企业 4 月份的制造费用，并进行相关的账务处理。

①$制造费用年度计划分配率=\frac{312\ 000}{2\ 500\times3+900\times5}=26$（元 / 小时）

②分配制造费用如下。

甲产品应负担的制造费用=150×3×26=11 700（元）

乙产品应负担的制造费用=100×5×26=13 000（元）

③月末编制制造费用分配表，如表 3-10 所示。

表 3-10　制造费用分配表（年度计划分配率法）

××车间　　　　　　　　20××年 4 月

产品名称	实际产量定额工时/小时	分配率/（元・小时$^{-1}$）	分配金额/元
甲产品	450		11 700
乙产品	500	26	13 000
合计	950		24 700

④根据制造费用分配表进行相关的账务处理如下。

借：生产成本——基本生产成本——甲产品　　11 700

　　　　　　　　　　　　　　——乙产品　　13 000

　　贷：制造费用　　　　　　　　　　　　　　24 700

注意：上述企业4月份车间实际发生的制造费用为34 300元，按年度计划分配率分配转出的制造费用为24 700元。两者之间的差异在年度内不做调整，这就使“制造费用”账户可能有月末余额，而且既可能有借方余额，又可能有贷方余额，各月余额不必处理。年末余额是全年制造费用实际发生额与计划分配额的差额，应在年末调整计入12月份各种产品的成本，借记“生产成本——基本生产成本”账户，贷记“制造费用”账户。如果年度实际发生额大于计划分配额，用蓝字补记；如果年度实际发生额小于计划分配额，则用红字冲减。调整后，“制造费用”总账及其所属明细账应无余额。

【案例八】接“案例七”的资料，假定该车间年末全年制造费用总额为303 000元，全年按计划分配率已累计分配数为300 000元。其中，甲产品分配180 000元，乙产品分配120 000元。那么，年末“制造费用”账户借方余额为303 000–300 000=3 000（元），应按已分配比例补加产品成本。

$$甲产品应补加成本=3\,000\times\frac{180\,000}{300\,000}=1\,800（元）$$

$$乙产品应补加成本=3\,000\times\frac{120\,000}{300\,000}=1\,200（元）$$

账务处理如下。

借：生产成本——基本生产成本——甲产品　1 800

　　　　　　　　　　　　　　——乙产品　1 200

　　贷：制造费用　　　　　　　　　　　　　　3 000

经过年末调整后，“制造费用”总账及明细账均无余额。

思考：假如“案例八”中该车间年末全年制造费用总额为297 000元，全年按计划分配率已累计分配数为300 000元。其中，甲产品分配180 000元，乙产品分配120 000元。在年度计划分配率法下，年末应如何调整差额，如何进行账务处理？

采用年度计划分配率法，可以大大简化制造费用的日常分配核算工作，适用于季节性生产企业，有利于均衡产品成本水平。但采用该方法的企业，必须有较高的计划管理水平，否则年度制造费用的计划数与实际发生数脱离太大，会影响产品成本计算的准确性。

注意：无论采用上述哪种制造费用分配方法，都应根据分配计算的结果，编制制造费用分配表，并据以进行制造费用的总分类核算和明细分类核算。制造费用的分配，除了采用按年度计划分配率法的企业外，“制造费用”账户月末无余额。

课堂实训

【案例】2021 年 8 月，鸿达有限责任公司一车间发生费用如下：车间领用一般性消耗材料 2 200 元；车间管理人员工资 4 500 元，并按管理人员工资的 14%计提职工福利费；本车间计提固定资产折旧费 1 580 元；以现金支付采购人员的差旅费 800 元；以银行存款支付办公费共计 2 500 元（其中，行政部门负担 1 500 元，车间负担 1 000 元）；本月摊销报刊订阅费 600 元（其中，行政管理部门负担 480 元，车间负担 120 元）；辅助生产修理车间分配转入费用 7 000 元（其中，行政管理部门负担 800 元，基本车间负担 3 500 元，销售部门负担 2 700 元）。该车间本月完工甲产品、乙产品的生产工时分别为 6 500 小时和 3 500 小时。

要求：（1）根据上述资料，进行相关的账务处理。

（2）根据账务处理，登记制造费用明细账（见表 3-11）。

（3）采用生产工时比例法完成制造费用的分配，编制制造费用分配表（见表 3-12），并进行相关的账务处理。

【案例解析】

（1）根据所提供的资料，相关的账务处理如下。

①借：制造费用　　2 200

　　贷：原材料　　2 200

②借：制造费用　　4 500

　　贷：应付职工薪酬——工资　　4 500

③借：制造费用　　630

　　贷：应付职工薪酬——职工福利　　630

④借：制造费用　　1 580

　　贷：累计折旧　　1 580

⑤借：制造费用　　800

　　贷：库存现金　　800

⑥借：管理费用　　1 500
　　制造费用　　1 000
　　贷：银行存款　　　2 500
⑦借：管理费用　　480
　　制造费用　　120
　　贷：预付账款　　　600
⑧借：管理费用　　　　800
　　制造费用　　　　3 500
　　销售费用　　　　2 700
　　贷：生产成本——辅助生产成本——运输车间　　7 000

（2）根据相关的账务处理，登记制造费用明细账，如表3-11所示。

表3-11　制造费用明细账

车间：一车间　　　　2021 年 8 月　　　　单位：元

2021年		凭证号数	摘要	费用项目							
月	日			机物料消耗	职工薪酬	折旧费	差旅费	办公费	报刊费	修理费	合计
略	略	略	领用材料	2 200							2 200
			分配工资		4 500						4 500
			计提福利费		630						630
			计提折旧			1 580					1 580
			支付差旅费				800				800
			支付办公费					1 000			1 000
			摊销报刊费						120		120
			辅助费用转入							3 500	3 500
			合计	2 200	5 130	1 580	800	1 000	120	3 500	14 330
			分配制造费用	2 200	5 130	1 580	800	1 000	120	3 500	14 330

（3）分配制造费用如下。

$$制造费用分配率=\frac{14\ 330}{6\ 500+3\ 500}=1.433（元/小时）$$

甲产品应负担制造费用=6 500×1.433=9 314.5（元）

乙产品应负担制造费用=3 500×1.433=5 015.5（元）

根据上述计算结果，编制制造费用分配表，如表3-12所示。

表 3-12　制造费用分配表

2021 年 8 月

产品名称	生产工时/小时	分配率/（元・小时$^{-1}$）	分配金额/元
甲产品	6 500		9 314.5
乙产品	3 500	1.433	5 015.5
合计	10 000		14 330

根据制造费用分配表，进行相关的账务处理。

借：生产成本——基本生产成本——甲产品　　9 314.5

　　　　　　　　　　　　　　——乙产品　　5 015.5

　贷：制造费用　　　　　　　　　　　　　　14 330

任务三　损失性费用的归集和分配

任务导入

某公司铸造车间在生产过程中，质量检验员发现 100 件铸件硬度不够，10 件铸件出现裂纹。经技术部门鉴定，上述 100 件铸件因硬度不够已无法进行修复，予以报废，另有 10 件铸件因出现砂眼和气孔，需要返工补焊。加工车间由于设备检修暂时停工 15 天，对于这 110 件出现质量问题的铸件造成的损失及修理期间停工造成的损失，财会部门在进行产品生产成本核算时应如何处理？这正是本任务学习的内容——损失性费用的归集与分配。

任务要求

- 认知损失性费用；
- 理解废品损失和停工损失；
- 学会进行废品损失和停工损失的归集与分配。

知识准备

问题 1：如何理解损失性费用？

在生产过程中，除了常见的材料、职工薪酬等消耗外，还有其他一些消耗，例如，生产停工、产品报废或产品盘亏、毁损而造成的各种人力、物力、财力上的损失。从理论上讲，这些损失没有价值，不能形成产品的成本。但在实际生产过程中，为了促进企业加强经济核算，减少企业的损失，有些损失也应计入产品成本。损失性费用按是否计入产品成本，可分为生产损失和非生产损失两大类。

生产损失是指企业在产品生产过程中由于生产原因而发生的各种损失。例如，生产了不合格产品而造成的废品损失；由于机器设备发生故障被迫停工而造成的停工损失；由于对在产品管理不善而造成的在产品盘亏、毁损和变质损失等。

非生产性损失主要是由于企业经营管理或其他原因造成的损失。例如，坏账损失，材料、产成品的盘亏、毁损、变质损失，汇兑损失，投资损失，固定资产盘亏、毁损损失，非常损失等。非生产性损失由于与产品生产没有直接关系，所以不能计入产品制造成本。

生产损失中与产品成本相关的损失费用主要是废品损失和停工损失。一般情况下，企业中废品损失情况发生的几率远远高于停工损失，因此，成本核算工作中常见的生产损失核算主要是废品损失的核算。

废品是指不符合规定的技术标准，不能按照原定用途使用或者需要重新加工修理才能使用的在产品、半成品或产成品。废品按其修复的技术可能性和修复费用的经济合理性，分为可修复废品和不可修复废品两种。可修复废品是指在技术上能够修复，而且所耗修复费用在经济上合算的废品（两个条件需同时具备）。不可修复废品是指在技术上不能修复，或者虽可修复但所耗修复费用在经济上不合算的废品（两个条件只需具备其一即可）。

废品损失是指由于产生废品而发生的损失，包括不可修复废品的生产成本扣除残料价值和应由过失单位或个人赔款以后的净损失，以及可修复废品的修复费用。

注意：下列情况不属于废品损失范围。

①无须返修可以降价出售的不合格品，不作为废品损失处理，其降价损失反映销售收入的减少。

②产成品入库后，由于保管不善等原因而损坏变质的损失，不作为废品损失，应作为管理费用处理。

③企业因实行包退、包修、包换的损失，不作为废品损失，应作为销售费用处理。

问题 2：如何进行废品损失的核算？

废品损失的核算是指对发生的废品损失进行归集、结转和分配的核算，具体分为不单独核算废品损失和单独核算废品损失两种核算方式。

1. 不单独核算废品损失

在不单独核算废品损失的企业中，不可修复废品只扣除产量，而不结转成本；可修复废品的修复费用应直接计入“生产成本——基本生产成本”明细账的相关成本项目。废品的残值价值及责任人的赔款可直接冲减“生产成本——基本生产成本”明细账中的“直接材料”“直接人工”成本项目。该方法核算简便，适用于产品生产中不易产生废品、管理上不需要单独考核废品损失的企业。

2. 单独核算废品损失

在单独核算废品损失的企业中，应在会计科目中增设“废品损失”科目，并在成本项目中增设“废品损失”项目。

对于废品损失的发生和分配，可以单独设置废品损失总账，并按车间分产品设置明细账，明细账中按成本项目设专栏进行核算。该账户借方归集不可修复废品的生产成本（不可修复废品的生产成本从“生产成本——基本生产成本”账户转入“废品损失”账户）和可修复废品的修复费用；贷记废品残料回收价值和应收的赔款；该账户的差额即为应由本月生产的同种合格产品成本负担的废品净损失，应从“废品损失”账户贷方转入“生产成本——基本生产成本”账户的借方，该账户月末无余额。

【案例九】某企业相关费用分配表中列示，甲产品不可修复废品的定额成本资料如下：不可修复废品 5 件；每件材料费用定额 100 元，每件定额工时为 30 小时；每小时工资及福利费 3 元；制造费用 4 元；不可修复废品成本按定额成本计价，残料价值按计划成本计价共 160 元，作为辅助材料入库，应由过失人赔偿 120 元，废品净损失由当月同种产品成本负担。

要求：（1）计算甲产品不可修复废品的生产成本。

（2）计算甲产品不可修复废品的净损失。

（3）进行相关的账务处理。

具体计算过程如下。

（1）甲产品不可修复废品的生产成本=5×100+5×30×3+5×30×4=1 550（元）

（2）甲产品不可修复废品的净损失=1 550–160–120=1 270（元）

（3）相关的账务处理如下。

①将不可修复废品的生产成本从“生产成本——基本生产成本”账户的贷方转出。

借：废品损失——甲产品　　1 550
　　贷：生产成本——基本生产成本——甲产品　1 550

②回收废品残料时。

借：原材料　　160
　　贷：废品损失——甲产品　　160

③应收过失人赔偿款时。

借：其他应收款　　120
　　贷：废品损失——甲产品　　120

④结转废品净损失时。

借：生产成本——基本生产成本——甲产品　　1 270
　　贷：废品损失——甲产品　　1 270

【案例十】某企业相关费用分配表中列示，该企业在生产丙产品的过程中，产生了 8 件可修复废品。在返修过程中发生费用为：原材料 300 元，工资 250 元，职工福利费 35 元，制造费用 150 元。

要求：进行相关的账务处理。

①发生各种修复费用时。

借：废品损失——丙产品　　735
　　贷：原材料　　300
　　　　应付职工薪酬——工资　　250
　　　　　　　　　　——职工福利　　35
　　　　制造费用　　150

②月末结转废品净损失时。

借：生产成本——基本生产成本——丙产品　　735
　　贷：废品损失——丙产品　　735

思考：根据“案例九”“案例十”提供的资料，在不单独核算废品损失的企业应如何进行账务处理？

问题 3：如何进行停工损失的核算？

停工损失是指企业的生产车间或车间内某个班组在停工期间发生的各项费用，包括停工期间发生的材料费、职工薪酬费及应负担的制造费用，但由责任人或保险公司负担的赔偿，应从停工损失中扣除。为了简化核算，停工时间不满一个工作日的，一般不计算停工损失。

发生停工的原因很多，有计划内停工，例如，计划减产、季节性停产期间造成的停工等；计划外停工，例如，停工待料、电力中断、设备故障等事故造成的停工，以及非常损失造成的停工等。

停工损失一般应计入产品成本，但不是所有的停工损失都要计入产品成本。对于计划减产造成全厂连续停产 10 天以上，或企业主要生产车间连续停产一个月以上，以及由于自然灾害等引起的非正常停工损失，应计入“营业外支出”。

为了单独核算企业的停工损失，应在会计科目中增设“停工损失”科目，并应在成本项目中增设“停工损失”项目。

对于停工损失的发生和分配，可单独设置“停工损失”总分类账，再按车间分产品设置明细账。“停工损失”账户借记因停工发生的各项费用，贷记责任单位、责任人和保险公司的赔偿及结转的停工损失，月末将“停工损失”账户归集的净损失转出分配到产品成本或计入“营业外支出”，结转后该账户月末应无余额。若月末停工尚在继续中，生产停顿又无产成品入库，则停工损失也可不结转，并继续归集停工损失，待停工终止后一并结转。

停工损失的一般账务处理如下。

（1）发生停工损失时。

借：停工损失——××车间

　　贷：原材料

　　　　应付职工薪酬

　　　　制造费用

（2）结转应由过失单位或保险公司负担的赔偿款时。

借：其他应收款——×××

　　贷：停工损失——××车间

（3）按规定应计入“营业外支出”的停工损失。

借：营业外支出

贷：停工损失——××车间

（4）应计入产品成本的停工损失。

借：生产成本——基本生产成本——××产品

贷：停工损失——××车间

对于管理上不要求单独核算停工损失的企业，可以不设 “停工损失”账户和该成本项目。停工期间发生的属于停工损失的各项费用，直接计入“制造费用”和“营业外支出”等账户。

课堂实训

【案例】甲车间 3 月份完工 A 产品 300 件，加工过程中发现其中有不可修复废品 15 件，废品残值 200 元，应由责任人赔偿 400 元。合格品和废品共同发生的生产成本为 26 100 元（其中，直接材料 11 400 元，直接工资 6 500 元，制造费用 8 200 元）。耗用的生产工时为：合格品 1 750 小时，废品 250 小时，合计 2 000 小时。原材料系生产开始时一次投入。

要求：计算 A 产品废品损失成本（列式计算、完成表 3-13 废品损失计算表的填制并进行相关的账务处理）。

【案例解析】

（1）废品的生产成本计算如下。

直接材料分配率=11 400÷300=38（元/件）

废品应分配的直接材料费=15×38=570（元）

直接人工分配率=6 500÷（1 750+250）=3.25（元/小时）

废品应分配的直接人工费=250×3.25=812.5（元）

制造费用分配率=8 200÷（1 750+250）=4.1（元/小时）

废品应分配的制造费用=250×4.1=1 025（元）

废品的生产成本合计=570+812.5+1 025=2 407.5（元）

废品净损失=2 407.5–200–400=1 807.5（元）

表 3-13 废品损失计算表

2021 年 3 月

项目	直接材料	直接工资	制造费用	合计
费用总额	11 400 元	6 500 元	8 200 元	26 100 元
总产量及总工时	300 小时	2 000 小时	2 000 小时	
废品数量及耗用工时	15 件	250 小时	250 小时	
费用分配率	38 元/件	3.25 元/小时	4.1 元/小时	
废品生产成本	570 元	812.5 元	1 025 元	2 407.5 元
减：废品残值	200 元			200 元
应收赔偿款		400 元		400 元
废品净损失	370 元	412.5 元	1 025 元	1 807.5 元

（2）相关的账务处理如下。

①结转不可修复废品成本。

借：废品损失——A 产品 2 407.5

贷：生产成本——基本生产成本——A 产品 2 407.5

②结转废品残料价值。

借：原材料 200

贷：废品损失——A 产品 200

③应收过失人赔款。

借：其他应收款 400

贷：废品损失——A 产品 400

④结转废品净损失。

借：生产成本——基本生产成本——A 产品 1 807.5

贷：废品损失——A 产品 1 807.5

项目四

生产费用在完工产品与月末在产品之间的分配

项目引领

由于产品生产周期与会计核算期不一致，导致月末存在在产品，所以月末将各项费用计入各种产品成本之后，还应采用适当的分配方法将归集的生产费用在完工产品与月末在产品之间进行分配，以便正确计算完工产品成本和月末在产品成本。影响生产费用分配的因素较多，企业可根据自身情况选择合理的分配方法。本项目将引领学生学习生产费用在完工产品与月末在产品之间的各种分配方法。

项目目标

知识目标：

(1) 认知在产品；

(2) 理解生产费用在完工产品与在产品之间分配的方法；

(3) 学会运用适当的方法将生产费用在完工产品与在产品之间进行分配。

技能目标：

(1) 能够按各种方法进行分配，并能够把分配结果填入产品成本计算单；

(2) 能够进行完工产品成本结转的账务处理。

任务一　认知期末在产品与完工产成品成本之间的关系

任务导入

2021 年 8 月，小明在鸿达有限责任公司的成本会计岗位实习。2021 年 8 月末，他根据各部门汇总的有关产品成本资料，登记生产成本明细账，并结算出生产费用合计数。为正确、及时制订产品的销售价格，此时需要小明将生产费用在完工产品和月末在产品之间合理分配，并及时提供单件完工产品的成本。由于月末既有完工的产成品，又有未完工的在产品，小明该如何正确确定在产品数量？完工产品成本与月末在产品成本之间存在什么关系？

任务要求

- 认知在产品；
- 能够进行在产品收、发、结存的核算；
- 学会确定月末在产品的数量。

知识准备

问题 1：如何理解在产品？

企业的在产品是指没有完成全部生产过程，不能作为商品销售的产品。

在产品有广义和狭义之分。广义的在产品是指就整个企业而言的在产品，是指从产品生产投料开始，到最终制成产成品交付验收入库前的一切未完工产品，包括正在车间加工中的在制品、已完成一个或几个生产步骤但还需继续加工的半成品、尚未验收入库的产成品和等待返修的废品等。对外销售的自制半成品属于商品产品，不应列入在产品之内。狭义的在产品是指正在某一车间或某一生产步骤，尚未加工完毕的产品，包括正在生产车间加工的在产品、需要返修的废品。本项目所涉及的在产品是指狭义的在产品。

对在产品实物数量的确定主要通过对在产品收、发、结存的日常核算和对在产品的清查这两项工作实现。在产品数量的确定方法有两种，一是通过账面核算资料确定，要求企业设置“在产品收、发、结存账簿”（或“在产品台账”）；二是通过月末实地盘点方式确定月末在产品实际结存数量。在实际工作中，应将这两种方法结合使用，这样不但对正确计算产品成本，加强生产资料管理，以及保护企业财产有着重要的意义，而且对掌握生产进度，加强生产管理也有着重要的指导作用。

问题 2：如何进行在产品的收、发、结存核算？

为了进行在产品收、发、结存的日常核算，应分别按车间产品品种和在产品名称（如零件、部件的名称）设立“在产品台账”。该台账的设置有两种方式，一种方式是分车间，按产品品种和在产品名称设置，账内主要设置收入、转出、结存三个栏目，反映在产品的数量变动；另一种方式是根据生产工艺的特点和管理的需要，按在产品加工的工序设置，用于反映在产品在各工序间的转移和数量变动情况。

“在产品台账”一般由车间核算员登记，也可由班组核算员登记，车间核算员汇总。在产品台账如表 4-1 所示。

表 4-1　在产品台账

车间：　　　　　　　　　　　　　年　　月

产品名称：　　　　　　　　　　　　　　　　　　　　计量单位：

日期	摘　要	收　入		转　出			结　存		备注
		凭证号	数量	凭证号	合格品	废品	完工	未完工	
	合计								

各车间应认真做好在产品的收发、计量、验收和交接工作，并在此基础上，由车间核算员根据领料凭证、在产品内部转移凭证、产品检验和入库凭证等，及时登记“在产品台账”。月终汇总“在产品台账”的结存数，作为计算在产品成本和清查盘点的依据。

问题 3：如何进行在产品清查的核算？

通过取得在产品数量的准确资料，可以为正确计算完工产品和在产品成本提供资料，企业还应定期或不定期对在产品进行清查。清查的结果应编制在产品盘点表，并与“在产品台账”的账面核算资料进行核对。如果账实不符，则应认真查明原因。对于因责任人造成的责任、自然损耗或意外灾害造成的账实差异，应编制在产品盘盈、盘亏报告表，会计人员应根据审核无误的在产品盘盈、盘亏报告表对盘盈、盘亏和毁损的在产品进行账务处理。

在产品清查核算的账务处理是通过“待处理财产损溢——待处理流动资产损溢”账户进行的。

1. 盘盈的会计处理

（1）清查中发现在产品盘盈时。

借：生产成本——基本生产成本（在产品实际成本或定额成本）

　　贷：待处理财产损溢——待处理流动资产损溢

（2）经批准进行处理时。

借：待处理财产损溢——待处理流动资产损溢

　　贷：管理费用

2. 盘亏和毁损的会计处理

（1）清查中发现在产品盘亏、毁损时。

借：待处理财产损溢——待处理流动资产损溢

　　贷：生产成本——基本生产成本

（2）经批准后分原因进行处理。

借：原材料（收回的残值）

　　其他应收款（责任人赔偿部分）

　　营业外支出（意外灾害净损失部分）

　　管理费用（应计入“管理费用”部分）

　　贷：待处理财产损溢——待处理流动资产损溢

问题 4：月末在产品成本与完工产品成本之间存在什么关系？

通过各项费用要素的归集和分配，基本生产车间为生产产品而发生的各种生产费用，已经归集计入各种产品的“生产成本——基本生产成本”账户及其明细账中。

这些在本期发生的费用，并不一定是本期完工产品的成本。如果产品全部完工，所归集的生产费用，就是该种完工产品的成本；如果期末既有完工产品又有在产品，就需要将本期发生的生产费用，加上期初在产品成本，在完工产品与期末在产品之间，采用适当的方法进行分配，以求得本期完工产品成本；如果产品全部未完工，所归集的生产费用，就是在产品成本。

本期发生的生产费用，期初、期末在产品成本，以及本期完工产品成本这四项费用的关系可以用下列公式表示：

期初在产品成本+本期生产费用=本期完工产品成本+期末在产品成本

从公式可以看出，在已知前两项的情况下，公式主要取决于本期完工产品成本和期末在产品成本的计算，特别是期末在产品成本的计算（如在产品的数量、在产品的单位成本等）。

根据上述公式，则有：

本期完工产品成本 = 期初在产品成本 + 本期生产费用 − 期末在产品成本

计算完工产品和期末在产品成本，是成本计算的最后阶段，也是成本计算中重要而复杂的一个环节。如果不能正确计算完工产品成本与期末在产品成本，就难以考核、评价成本计划的完成情况，同时还会影响产品销售利润计算的准确性。

【案例一】通恒有限责任公司 2021 年 6 月份生产止回阀 250 个，发生的生产费用如下：直接材料费用 48 000 元，直接人工费用 28 000 元，制造费用 25 000 元，合计 101 000 元。

要求：月末止回阀全部完工，计算止回阀的完工产品成本。

本案例中，月末产品已经全部完工，没有月末在产品，所以本月累计生产费用就是本月完工产品总成本。生产成本明细账如表 4-2 所示。

表 4-2　生产成本明细账

产品名称：止回阀　　　　2021 年 6 月　　　　完工产品产量：250 件　　　　单位：元

成本项目	直接材料	直接人工	制造费用	合计
月初在产品成本	—	—	—	—
本月生产费用	48 000	28 000	25 000	101 000
生产费用合计	48 000	28 000	25 000	101 000
完工产品成本	48 000	28 000	25 000	101 000
完工产品单位成本	192	112	100	404
月末在产品成本	—	—	—	—

思考：假如“案例一”中，月末止回阀全部没有完工，则表 4-2 应如何填制呢？

课堂实训

【案例】通恒有限责任公司生产的闸阀需经过两道工序加工完成，2021 年 6 月末各工序在产品资料如下：第一道工序 200 件；第二道工序 300 件；第一道工序完工入库半成品 160 件(其中,60 件半成品准备对外销售,其余将转入第二道工序继续加工)；第二道工序本月完工产成品 180 件（其中，有 50 件尽管已完工，但尚未办理入库手续）。

要求：请根据在产品的定义，计算狭义在产品和广义在产品的数量。

【案例解析】

（1）狭义在产品包括正在生产车间加工的在产品和需要返修的废品。因此，狭义在产品数量=200+300=500（件）。

（2）广义在产品包括正在车间加工中的在制品、已完成一个或几个生产步骤但还需继续加工的半成品、尚未验收入库的产成品和等待返修的废品等。对外销售的自制半成品属于商品产品，不应列入在产品之内。因此，广义在产品的数量=200+300+（160−60）+50=650（件）。

任务二　在产品成本计算的一般方法

任务导入

要素费用在各种产品之间进行分配后，为考核和分析某种产品成本的执行情况，还需将归集到某种产品的生产费用，在该种产品的月末完工产品和在产品之间进行分配，计算出各种完工产品的实际成本。应如何进行分配呢？本任务主要带领同学们一起去解决在产品成本计算的一般方法。

任务要求

- 认知影响在产品成本计算的因素；
- 学会应用在产品成本计算的四种一般方法；
- 学会进行完工产品成本结转的账务处理。

知识准备

问题 1：产品生产费用分配要考虑哪些因素？

为了正确计算本期完工产品成本和期末在产品成本，需要将归集在产品成本明细账上的累计生产费用，在完工产品和期末在产品之间进行分配。因为企业在产品结构复杂，种类和加工工序较多，完工程度各异，所以在产品成本的计算是一个比较复杂的问题。企业在进行分配时主要应考虑的因素包括月末在产品数量的多少、各月在产品数量变化的大小、各项费用在成本中所占比重、企业成本定额管理基础工作的好坏等。

问题 2：如何应用在产品成本计算的一般方法？

根据企业的管理要求和条件，应选择合理又简便的分配方法进行计算。常用的分配方法一般包括不计算在产品成本法、在产品成本按固定成本计价法（按年初成本计价法）、在产品成本按完工产品成本计价法、在产品成本按所耗原材料费用计价法、约当产量法、定额成本法、定额比例法。本任务主要介绍前四种方法。

1. 不计算在产品成本法

不计算在产品成本法是指将某种产品当月归集的全部生产费用都计入当月完工产品成本，不计算月末在产品成本。

不计算在产品成本法适用于在产品生产周期较短，月末没有在产品，或月末在产品数量很少、价值较低的企业或车间，对月末在产品的成本可以忽略不计。例如，食品行业、自来水厂、采掘企业。其特点是月初、月末在产品成本均为零，完工产品成本等于当月生产成本。

【案例二】某公司 2021 年 6 月份生产甲产品 500 个，月末完工 485 个，未完工 15 个。本月发生生产费用共计 118 825 元。其中，直接材料费用 82 450 元，直接人工 26 675 元，制造费用 9 700 元。

要求：采用不计算在产品成本法分配生产成本。

此案例中，月末完工产品485个，在产品15个，月末在产品数量很少。如果上月月末在产品数量也很少，那么月初、月末在产品数量的差异就更小，不计算月末在产品成本对完工产品成本的准确性、真实性影响不大。因此，为了简化产品成本计算工作，可以不计算月末在产品成本，而将本月归集的全部生产费用全部计入本月完工产品的总成本中。具体计算如表4-3所示。

表4-3　产品成本计算单

完工产品产量：485个

产品名称：甲产品　　2021年6月　　月末在产品量：15个

单位：元

成本项目	直接材料	直接人工	制造费用	合计
月初在产品成本	—	—	—	—
本月生产费用	82 450	26 675	9 700	118 825
生产费用合计	82 450	26 675	9 700	118 825
完工产品成本	82 450	26 675	9 700	118 825
完工产品单位成本	170	55	20	245
月末在产品成本	—	—	—	—

2. 在产品成本按固定成本计价法（按年初成本计价法）

在产品成本按固定成本计价法是指各月月初、月末在产品成本均按年初在产品成本计价，本月归集的生产费用就是本月完工产品成本。

在产品成本按固定成本计价法适用于各月末在产品数量较少，或者在产品数量虽多，但各月之间数量变化不大的产品。例如，炼铁企业、化工企业。这种方法的特点是月初、月末在产品成本相等且等于年初在产品的成本，本月完工产品成本等于本月生产费用合计。

采用这种方法时，无论1～11月份在产品数量是否发生变化，都固定地将上年12月末（本年1月初）的在产品成本作为各月的月末在产品成本，时间一长，在产品成本可能与实际成本相差较大，从而影响成本计算的准确性。因此，年终时，企业必须根据实际盘点的在产品数量，采用其他方法重新调整计算确定年末在产品成本，并将其作为下一年度各月的月初、月末在产品成本。

【案例三】某公司2021年6月份生产乙产品503个，月末完工485个，未完工18个。乙产品6月份生产费用资料如表4-4所示。

要求：假设该产品每月月末在产品数量相差不大，根据资料分配完工产品和月末在产品成本。

表 4-4　乙产品 6 月份生产费用资料

单位：元

成本项目	直接材料	直接人工	制造费用	合计
月初在产品成本	3 200	1 825	1 400	6 425
本月生产费用	82 450	26 675	9 700	118 825

此案例中，月末在产品数量较少且每月月末在产品数量相差不大，可按年初固定成本计价。此时，月初在产品即上月月末在产品也按年初固定成本计价。因此，月末在产品成本等于月初在产品成本，本月生产费用也就等于本月完工产品成本。具体计算如表 4-5 所示。

表 4-5　产品成本计算单

完工产品产量：485 个

产品名称：乙产品　　2021 年 6 月　　月末在产品量：18 个

单位：元

成本项目	直接材料	直接人工	制造费用	合计
月初在产品成本	3 200	1 825	1 400	6 425
本月生产费用	82 450	26 675	9 700	118 825
生产费用合计	85 650	28 500	11 100	125 250
完工产品成本	82 450	26 675	9 700	118 825
完工产品单位成本	170	55	20	245
月末在产品成本	3 200	1 825	1 400	6 425

3. 在产品成本按完工产品成本计价法

在产品成本按完工产品成本计价法是指将月末在产品视同完工产品，将各项生产费用的累计数按完工产品和在产品数量的比例进行分配，以确定月末完工产品成本和在产品成本。

在产品成本按完工产品成本计价法适用于月末在产品已基本加工完成，或者虽已加工完成但尚未验收入库的产品。这种方法的特点是单件在产品所负担的各项费用与单件完工产品所负担的各项费用完全相同。

【案例四】某公司 2021 年 6 月份生产丙产品 500 个，月末完工 400 个，尚未完工的 100 个产品已基本加工完毕但尚未验收入库。丙产品 6 月份生产费用资料如表 4-6 所示。

要求：根据资料采用按完工产品成本计价法进行分配，并填制产品成本计算单，如表 4-7 所示。

表 4-6　丙产品 6 月份生产费用资料

单位：元

成本项目	直接材料	直接人工	制造费用	合计
月初在产品成本	3 200	1 825	1 400	6 425
本月生产费用	96 800	78 175	58 600	233 575

因为在产品已经基本加工完成，单件在产品负担的各项生产费用与单件完工产品所负担的各项费用相差不大，所以分配时可将在产品视同完工产品，直接按照两者产量的比例对各项费用进行分配，以计算确定在产品成本和完工产品成本。具体计算过程如下。

直接材料分配率= $\frac{3\,200+96\,800}{400+100}=200$（元/个）

完工产品应分配直接材料费用=400×200=80 000（元）

月末在产品应分配直接材料费用=100×200=20 000（元）

直接人工分配率= $\frac{1825+78175}{400+100}=160$（元/个）

完工产品应分配直接人工费用=400×160=64 000（元）

月末在产品应分配直接人工费用=100×160=16 000（元）

制造费用分配率= $\frac{1\,400+58\,600}{400+100}=120$（元/个）

完工产品应分配制造费用=400×120=48 000（元）

月末在产品应分配制造费用=100×120=12 000（元）

表 4-7 产品成本计算单

完工产品产量：400 个

产品名称：丙产品　　2021 年 6 月　　月末在产品量：100 个

单位：元

成本项目	直接材料	直接人工	制造费用	合计
月初在产品成本	3 200	1 825	1 400	6 425
本月生产费用	96 800	78 175	58 600	233 575
生产费用合计	100 000	80 000	60 000	240 000
完工产品成本（400 件）	80 000	64 000	48 000	192 000
完工产品单位成本	200	160	120	480
月末在产品成本（100 件）	20 000	16 000	12 000	48 000

4. 在产品成本按所耗原材料费用计价法

在产品成本按所耗原材料费用计价法是指月末在产品只计算其所耗用的直接材料成本，直接人工成本和制造费用成本全部由当月完工产品负担。也就是说，产品的直接材料成本（月初在产品的直接材料成本与当月发生的直接材料成本之和）需要在完工产品与月末在产品之间进行分配，而生产产品当月发生的加工费用等全部由完工产品成本负担。这种方法减少了直接人工成本和制造费用在完工产品和月末在产品之间的分配工作。

在产品成本按所耗原材料费用计价法适用于各月末在产品数量较多，各月末在产品数量变化较大，且直接材料成本在成本中所占比重较大的产品。例如，纺织、造纸、酿酒行业。这种方法的特点是月末在产品成本中只包含其所耗的直接材料成本，本月发生的直接人工成本和制造费用全部计入完工产品成本。

【案例五】某公司 2021 年 6 月份生产丁产品，该产品直接材料成本占产品成本比重较大，原材料于生产开始时一次投入。丁产品 6 月份生产费用资料如表 4-8 所示，本月产品产量 500 个，月末完工 400 个，未完工 100 个。

要求：根据资料，采用按所耗原材料费用计价法进行分配并填制产品成本计算单，如表 4-9 所示。

表 4-8　丁产品 6 月份生产费用资料

单位：元

成本项目	直接材料	直接人工	制造费用	合计
月初在产品成本	3 200			
本月生产费用	96 800	7 200	5 600	109 600

从本月投入的生产费用中可以看出，直接材料成本占产品成本比重相当大，约占 88%左右，直接人工和制造费用合计才占 12%，月末在产品不计算人工费用和制造费用，对准确计算完工产品成本影响不大。因此，为简化核算工作，月末在产品成本中的人工费用和制造费用可以忽略不计，在产品成本只计算其耗用的直接材料成本。具体计算如下。

直接材料分配率=（3 200+96 800）÷（400+100）=200（元/个）

完工产品应分配直接材料费用=400×200=80 000（元）

月末在产品应分配直接材料费用=100×200=20 000（元）

月末在产品成本=20 000（元）

完工产品成本=80 000+7 200+5 600=92 800（元）

表 4-9　产品成本计算单

完工产品产量：400 个

产品名称：丁产品　　　　2021 年 6 月　　　　月末在产品量：100 个

单位：元

成本项目	直接材料	直接人工	制造费用	合计
月初在产品成本	3 200			3 200
本月生产费用	96 800	7 200	5 600	109 600
生产费用合计	100 000	7 200	5 600	112 800
完工产品成本	80 000	7 200	5 600	92 800
完工产品单位成本	200	18	14	232
月末在产品成本	20 000			20 000

问题 3：对完工产品成本结转应如何进行账务处理？

月末生产成本在完工产品与月末在产品之间进行纵向分配后，计算出完工产品的实际成本。在完工产品经产成品仓库验收入库时，借记“库存商品”账户，贷记“生产成本——基本生产成本”账户。同时，根据结转本期完工产品成本的会计凭证登记生产成本总账和所属产品成本的明细账（在“企业财务会计”中已讲述，这里不再重复）。

课堂实训

【案例】某企业 8 月份生产 A 产品。该产品直接材料成本占产品成本比重较大，原材料于生产开始时一次投入。A 产品月初在产品成本为 5 620 元。本月共生产 A 产品 500 台，月末完工 450 台，未完工产品 50 台。本月发生生产费用为直接材料 86 570 元，直接人工 8 400 元，制造费用 4 200 元。

要求：采用在产品成本按所耗原材料费用计价法，计算完工产品成本、月末在产品成本，并编制完成产品成本计算单（见表 4-10）。

【案例解析】

（1）在产品成本按所耗原材料费用计价法，计算完工产品成本、月末在产品成本如下。

直接材料分配率=（5 620+86 570）÷（450+50）=184.38（元/台）

完工产品应分配直接材料费用=450×184.38=82 971（元）

月末在产品应分配直接材料费用=50×184.38=9 219（元）

月末在产品成本=9 219（元）

完工产品成本=82 971+8 400+4 200=95 571（元）

（2）编制产品成本计算单，如表 4-10 所示。

表 4-10　产品成本计算单

完工产品产量：450 台

产品名称：A 产品　　2021 年 8 月　　月末在产品产量：50 台

单位：元

成本项目	直接材料	直接人工	制造费用	合计
月初在产品成本	5 620			5 620
本月生产费用	86 570	8 400	4 200	99 170

续表

成本项目	直接材料	直接人工	制造费用	合计
生产费用合计	92 190	8 400	4 200	104 790
完工产品成本	82 971	8 400	4 200	95 571
完工产品单位成本	184.38	18.67	9.33	212.38
月末在产品成本	9 219			9 219

任务三　在产品成本计算的主要方法

任务导入

任务二中介绍了成本分配的四种一般方法，但在实际生产中，产品的种类和加工工序较多，产品结构比较复杂，月末在产品与完工产品的完工程度往往不一致，企业定额管理基础也存在差别。对于这些情况，企业又该采用怎样的方法进行完工产品和在产品之间的成本分配呢？同学们除理解任务二中介绍的四种一般方法外，还有必要进一步学会运用约当产量法、定额成本法和定额比例法这三种主要方法。

任务要求

- 学会应用约当产量法；
- 学会应用定额成本法；
- 学会应用定额比例法。

知识准备

问题1：如何理解约当产量和约当产量法？

单件完工产品和单件在产品的生产成本往往不同，这是由于完工产品和在产品的完工程度不一致造成的。完工产品经过全部生产过程的加工，其完工程度为100%；而在产品是指尚未加工完成的、仍处于加工过程中的产品，就是说还需要继续加工，其完工程度一定小于100%。假定月末在产品的完工程度为50%，则两件在产品的生产成本相当于一件完工产品的生产成本。这样，将在产品数量按完工程度折算，按折算出的近似完工产品的数量去分配计算月末在产品的成本比较合理。这种折算出的数量在成本会计中称为约当产量。

约当产量是指将月末在产品的数量按其完工程度折算为相当于完工产品的数量。

月末在产品约当产量=月末在产品数量×完工程度

约当产量法是指将本期产品生产费用按照完工产品数量和月末在产品约当产量的比例进行分配，计算出完工产品成本和月末在产品成本的方法。计算公式如下：

$$\text{某项费用分配率}=\frac{\text{月初在产品该项费用}+\text{本月该项生产费用}}{\text{完工产品产量}+\text{在产品约当产量}}$$

完工产品应负担该项费用=完工产品数量×该项费用分配率

月末在产品应负担该项费用=月末在产品约当产量×该项费用分配率

约当产量法适用范围较广，尤其适用于月末在产品数量较大、各月末在产品变化较大且产品成本中各个成本项目的比重相差不大的在产品。

问题 2：如何应用约当产量法？

约当产量法分配的关键在于计算月末在产品的约当产量，而计算约当产量的关键则是合理确定在产品的完工程度。在产品完工程度的确定比较复杂，一般情况下，在产品完工程度的确定要考虑产品的成本项目。其中，直接材料项目与原材料的投料方式有关，其他费用项目（燃料及动力、直接人工和制造费用）与产品的加工进度有关。因此，运用约当产量法计算在产品成本时，必须区分成本项目，分别计算分配原材料费用和分配加工费用的在产品约当产量。

1. 直接材料项目在产品约当产量按投料程度计算

月末在产品负担的直接材料费用与投料方式有密切的关系，投料方式的不同会导致在产品中含有的材料费用不同。因此，分配直接材料费用时，在产品的完工程度常以投料方式确定的投料程度来计算。投料程度是指在产品已投材料与完工产品应投材料的百分比。在产品生产过程中，因材料的投入方式不同，所以其在产品投料程度的确定方法也不同。一般分为以下四种情况。

（1）在生产开始时一次投入全部所需材料。

在这种投料方式下，单件在产品无论处于哪道工序，其包含的材料费用与单件完工产品所包含的材料费用完全相同。因此，无论在产品完工程度如何，在产品投料程度均为100%。此时，月末在产品的约当产量=月末在产品的数量。

【案例六】某产品本月完工 300 件，月末在产品 100 件，原材料在生产开始时一次性投入。材料费用共计 9 000 元，在约当产量法下分配完工产品和月末在产品负担的材料费用。

由于该产品材料费用在生产开始时一次投入，所以在产品的投料程度为100%，在产品的约当产量就等于在产品的数量。具体分配的计算过程如下。

直接材料分配率=$\frac{9\ 000}{300+100}=22.5$（元/件）

完工产品应分配直接材料费用=300×22.5=6 750（元）

月末在产品应分配直接材料费用=100×22.5=2 250（元）

（2）在每道工序开始时一次投入该工序所需的全部材料。

在这种投料方式下，原材料是分工序一次性投入，每道工序的月末在产品应负担的材料费用为该工序截止时的累计投料额，即前面各道工序累计投料定额加本道工序投料的100%，月末在产品可按投料程度折合为完工产品。

某道工序的投料程度=$\frac{\text{前面各道工序累计投料定额}+\text{本道工序投料定额}\times 100\%}{\text{完工产品投料定额}}\times 100\%$

某工序月末在产品约当产量=该道工序月末在产品数量×某道工序的投料程度

【案例七】各道工序在产品件数、材料定额如表4-11所示。

表4-11　各道工序在产品件数、材料定额

工序	在产品件数/件	材料定额/千克
第一道工序	30	40
第二道工序	50	60
第三道工序	80	100
合计	160	200

要求：计算原材料在各道工序开始时一次性投入情况下的约当产量。

第一步：计算各道工序投料程度。

$$\text{第一道工序投料程度}=\frac{40\times 100\%}{200}\times 100\%=20\%$$

$$\text{第二道工序投料程度}=\frac{40+60\times 100\%}{200}\times 100\%=50\%$$

$$\text{第三道工序投料程度}=\frac{40+60+100\times 100\%}{200}\times 100\%=100\%$$

第二步：计算各道工序在产品约当产量。

第一道工序在产品约当产量=30×20%=6（件）

第二道工序在产品约当产量=50×50%=25（件）

第三道工序在产品约当产量=80×100%=80（件）

月末在产品约当产量=6+25+80=111（件）

（3）在各道工序中陆续均匀投料。

在这种投料方式下，原材料随着生产过程分工序陆续均匀投入，每道工序在产品应负担的材料费用为该工序截止时的累计投料额，即前面各道工序累计投料定额加本道工序投料 50%，并据此计算各道工序月末在产品的约当产量。

$$某道工序的投料程度=\frac{前面各道工序累计投料定额+本道工序投料定额\times 50\%}{完工产品投料定额}\times 100\%$$

某道工序月末在产品约当产量=该道工序月末在产品数量×某道工序的投料程度

【案例八】接“案例七”的资料，若原材料在各道工序陆续均匀投料，请计算月末在产品的约当产量。

第一步：计算各道工序投料程度。

$$第一道工序投料程度=\frac{40\times 50\%}{200}\times 100\%=10\%$$

$$第二道工序投料程度=\frac{40+60\times 50\%}{200}\times 100\%=35\%$$

$$第三道工序投料程度=\frac{40+60+100\times 50\%}{200}\times 100\%=75\%$$

第二步：计算各道工序在产品约当产量。

第一道工序在产品约当产量=30×10%=3（件）

第二道工序在产品约当产量=50×35%=17.5（件）

第三道工序在产品约当产量=80×75%=60（件）

月末在产品约当产量=3+17.5+60=80.5（件）

（4）原材料在整个生产过程中陆续均匀投入，且投入量与加工进度基本一致。

在这种投料方式下，原材料随着生产过程陆续均匀投入，且投入量与加工进度基本一致，所以材料项目在产品的完工程度与加工费用项目在产品的完工程度一致。

2. 其他成本项目在产品约当产量按完工率计算

其他成本项目主要是指直接人工费和制造费用。作为加工费用，这些费用的发生通常与产品的完工程度有着密切的关系，即费用随着生产工艺过程的进行而不断增加，产品完工程度越高，投入的费用越多。因此，分配时应按产品的完工程度（完工率）来计算在产品约当产量。完工率的确定有以下两种方法。

方法一：若企业生产进度比较均衡，则月末在产品在各工序加工数量相差不多，前后工序加工程度可互相抵补。为简化核算，月末在产品的完工率通常按 50%确定。其计算公式为：

期末在产品约当产量=期末在产品数量×完工率（通常为 50%）

方法二：若各道工序在产品数量及加工程度相差悬殊，则必须根据各道工序在产品的累计工时定额占完工产品工时定额数的比率，分别计算各道工序的在产品完工率。其计算公式为：

$$某道工序完工率=\frac{前面各道工序累计工时定额+本道工序工时定额\times 50\%}{完工产品工时定额}\times 100\%$$

上述公式中，“前面各道工序累计工时定额”，因其上一道工序已加工完成，所以前面各道工序的工时定额都按照 100%计算；“本道工序工时定额”因期末在产品各道工序加工程度不均衡，每道工序上的在产品完工程度不同，有的已近完成，有的则刚刚开始加工，为简化计算，一般取其平均值，对各道工序内的在产品均按本道工序单位工时定额的 50%计算。

【案例九】假定某产品经三道工序加工完成，单位完工产品工时定额 180 小时，各道工序单位工时定额为：第一道工序 90 小时；第二道工序 72 小时；第三道工序 18 小时。在产品数量为 300 件。其中，第一道工序 140 件，第二道工序 100 件，第三道工序 60 件。

要求：计算月末在产品的约当产量。

第一步：计算各道工序完工率。

$$第一道工序完工率=\frac{90\times 50\%}{180}\times 100\% = 25\%$$

$$第二道工序完工率=\frac{90+72\times 50\%}{180}\times 100\% = 70\%$$

$$第三道工序完工率=\frac{90+72+18\times 50\%}{180}\times 100\% = 95\%$$

第二步：计算各道工序在产品约当产量。

第一道工序在产品约当产量=140×25%=35（件）

第二道工序在产品约当产量=100×70%=70（件）

第三道工序在产品约当产量=60×95%=57（件）

月末在产品约当产量=35+70+57=162（件）

【案例十】某企业 2021 年 6 月份生产甲产品，采用约当产量法分配生产费用。该产品需经过三道工序连续加工而成，直接材料分工序在每道工序开始时一次投入，甲产品本月完工 140 件，在产品 640 件，材料定额、工时定额及期末在产品数量如表 4-12 所示，月初在产品成本和本月生产费用如表 4-13（各工序内平均完工程度按 50%计算）所示。

表 4-12　材料定额、工时定额及期末在产品数量

工序	材料消耗定额/元	工时定额/小时	在产品数量/件
1	16	20	150
2	24	40	240
3	40	40	250
合计	80	100	640

表 4-13　月初在产品成本和本月生产费用

单位：元

成本项目	直接材料	直接人工	制造费用	合计
月初在产品成本	10 220	2 156	970	13 346
本月费用	27 850	14 982	9 403	52 235
合计	38 070	17 138	10 373	65 581

要求：根据以上资料采用约当产量法计算月末在产品的约当产量，产品成本计算单如表 4-14 所示。

表 4-14　产品成本计算单

产品名称：甲产品　　　　2021 年 6 月

项目	直接材料	直接人工	制造费用	合计
月初在产品成本/元	10 220	2 156	970	13 346
本月费用/元	27 850	14 982	9 403	52 235
合计/元	38 070	17 138	10 373	65 581
月末在产品约当产量/件	400	311	311	
完工产品产量/件	140	140	140	
约当生产总量/件	540	451	451	
费用分配率/（元·件$^{-1}$）	70.5	38	23	
完工产品成本/元	9 870	5 320	3 220	18 410
月末在产品成本/元	28 200	11 818	7 153	47 171

表 4-14 中相关计算过程如下。

（1）材料项目各道工序投料程度。

$$第一道工序投料程度=\frac{16}{80}\times 100\% = 20\%$$

$$第二道工序投料程度=\frac{16+24}{80}\times 100\% = 50\%$$

$$第三道工序投料程度=\frac{16+24+40}{80}\times 100\% = 100\%$$

材料项目月末在产品约当产量$=150\times 20\%+240\times 50\%+250\times 100\% = 400$（件）

（2）其他项目各道工序完工率。

$$第一道工序完工率=\frac{20\times50\%}{100}\times100\%=10\%$$

$$第二道工序完工率=\frac{20+40\times50\%}{100}\times100\%=40\%$$

$$第三道工序完工率=\frac{20+40+40\times50\%}{100}\times100\%=80\%$$

其他项目月末在产品约当产量=$150\times10\%+240\times40\%+250\times80\%=311$（件）

（3）材料和其他项目的分配率。

直接材料分配率=$\frac{38\,070}{140+400}=70.5$（元/件）

完工产品应分配的直接材料费=$140\times70.5=9\,870$（元）

在产品应分配的直接材料费=$400\times70.5=28\,200$（元）

直接人工分配率=$\frac{17\,138}{140+311}=38$（元/件）

完工产品应分配的直接材料费=$140\times38=5\,320$（元）

在产品应分配的直接材料费=$311\times38=11\,818$（元）

制造费用分配率=$\frac{10\,373}{140+311}=23$（元/件）

完工产品应分配的直接材料费=$140\times23=3\,220$（元）

在产品应分配的直接材料费=$311\times23=7\,153$（元）

问题 3：如何应用定额成本法？

定额成本法是指根据月末在产品数量和事先制订的在产品单位定额成本计算月末在产品成本后，将月末在产品成本从本月生产费用累计数中扣除，再得出本月完工产品成本的方法。计算公式如下：

月末在产品直接材料定额成本=月末在产品数量×单位在产品材料成本定额

=月末在产品数量×单位材料消耗定额×材料计划单价

月末在产品直接人工定额成本=月末在产品数量×单位在产品工资定额

=月末在产品数量×单位工时定额×单位工时工资定额

月末在产品制造费用定额成本=月末在产品数量×单位在产品制造费用定额

=月末在产品数量×单位工时定额×单位工时制造费用定额

月末在产品定额成本=月末在产品直接材料定额成本+月末在产品直接人工定额成本+月末在产品制造费用定额成本

注意：企业定额资料中如果没有专门的在产品定额，则可以采用单位产成品的定额数据，按照在产品的完工程度（或投料程度）进行折算。

完工产品成本=月初在产品定额成本+本月发生生产费用−月末在产品定额成本

采用这种方法时，要求企业必须具备完整、合理的定额资料。这种方法具体适用于定额管理基础较好，各项消耗定额或费用定额比较准确、稳定，各月末在产品结存数量变化不大的产品。

注意：采用这种方法时，应将每期生产费用脱离定额的节约差异或超支差异全部计入当期完工产品成本。

【案例十一】某企业乙产品的月末在产品按定额成本法计算。2021 年 6 月末完工产品产量 1 000 件，月末在产品数量 100 件。原材料在生产开始时一次性投入，在产品单件材料定额成本为 200 元，单件工时定额为 40 小时，每小时工资 5 元，每小时制造费用定额 2 元。月初在产品和本月发生的生产费用为直接材料 100 000 元，直接人工 84 000 元，制造费用 36 000 元。产品成本计算单如表 4-15 所示。

表 4-15　产品成本计算单

2021 年 6 月

产品名称：乙产品　　完工产品：1 000 件

投料方式：生产开始时一次性投入　　月末在产品：100 件

单位：元

成本项目	直接材料	直接人工	制造费用	合计
累计生产费用①	100 000	84 000	36 000	220 000
月末在产品成本②	100×200=20 000	100×40×5=20 000	100×40×2=8 000	48 000
完工产品成本③=①−②	80 000	64 000	28 000	172 000
产成品单位成本③÷1000	80	64	28	172

在产品按定额成本计算法要求企业各月月末在产品数量变动不大，如果各月月末在产品数量变动较大，则不宜采用。这是因为，虽然单位在产品脱离定额的差异不大，但是月初在产品脱离定额的差异与月末在产品脱离定额的差异总额之间的差额会较大，若将这些差额全部由完工产品负担，就会影响完工产品成本计算的准确性。因此，在各月月末在产品数量波动较大时，还可以采用另一种分配方法——定额比例法。

问题 4：如何应用定额比例法？

定额比例法是指产品的生产费用在完工产品与月末在产品之间按照两者的定额

消耗量或定额费用比例分配，来计算完工产品成本和月末在产品成本的方法。其中，原材料费用按原材料的定额消耗量或定额费用比例分配；职工薪酬等加工费用按定额工时比例或定额费用比例分配。计算公式如下：

（1）分配直接材料费用。

$$直接材料费用分配率=\frac{月初在产品实际材料费用+本月实际材料费用}{完工产品定额消耗量（定额材料费用）+月末在产品定额消耗量（定额材料费用）}$$

$$完工产品实际材料费用=完工产品定额消耗量（定额材料费用）\times 直接材料费用分配率$$

$$月末在产品实际材料费用=月末在产品定额消耗量（定额材料费用）\times 直接材料费用分配率$$

（2）分配直接材料以外的其他费用（如直接人工、制造费用等）。

$$直接人工分配率=\frac{月初在产品实际直接人工+本月实际直接人工}{完工产品定额工时（定额费用）+月末在产品定额工时（定额费用）}$$

$$完工产品实际直接人工费用=完工产品定额工时（定额费用）\times 直接人工分配率$$

$$月末在产品实际直接人工费用=月末在产品定额工时（定额费用）\times 直接人工分配率$$

采用这种方法时，产品实际成本脱离定额成本的差异，由完工产品和月末在产品共同负担，这样就能够解决按定额成本计算法中在产品不负担脱离定额差异的问题，提高了产品成本计算的准确性。该方法适用于企业定额管理基础较好，各项消耗定额或费用定额比较准确、稳定，但各月末在产品数量变动较大的产品。

【案例十二】某企业生产A产品，2021年6月有关成本计算资料如表4-16、表4-17所示。

表4-16　月初在产品成本和本月生产费用

单位：元

项目	直接材料	直接人工	制造费用	合计
月初在产品成本	1 120	950	830	2 900
本月发生费用	8 890	7 660	6 632	23 182

表4-17　材料定额消耗量和定额工时

项目	材料定额消耗量/千克	定额工时/小时
本月完工产品	5 800	3 760
月末在产品	3 300	1 980

要求：采用定额比例法计算完工产品和月末在产品成本。

分析上述资料可知，直接材料的分配应按完工产品和月末在产品的定额消耗量比例分配，其他项目应按定额工时比例分配。计算过程如下。

（1）直接材料分配率 $=\dfrac{1\ 120+8\ 890}{5\ 800+3\ 300}=1.1$（元/千克）

完工产品应负担的材料费用=5 800×1.1=6 380（元）

月末在产品应负担的材料费用=3 300×1.1=3 630（元）

（2）直接人工分配率 $=\dfrac{950+7\ 660}{3\ 700+1\ 980}=1.5$（元/工时）

完工产品应负担的人工费用=3 760×1.5=5 640（元）

月末在产品应负担的人工费用=1 980×1.5=2 970（元）

（3）制造费用分配率 $=\dfrac{830+6\ 632}{3\ 760+1\ 980}=1.3$（元/工时）

完工产品应负担的制造费用=3 760×1.3=4 888（元）

月末在产品应负担的制造费用=1 980×1.3=2 574（元）

完工产品成本=6 380+5 640+4 888=16 908（元）

月末在产品成本=3 630+2 970+2 574=9 174（元）

至此，生产成本在完工产品与在产品之间的纵向分配的核算已经结束。在完工产品成本计算出来后，应将其成本从“生产成本——基本生产成本”账户的贷方转入“库存商品”账户的借方。“生产成本——基本生产成本”账户的月末余额，即为基本生产车间在产品的成本。

注意：进行完工产品和月末在产品之间的分配方法可以归纳为两类。

一类方法是首先确定月末在产品成本，再从本月生产费用之和中减去月末在产品成本，倒挤出完工产品成本。例如，不计算在产品成本法、在产品成本按固定成本计价法、在产品成本按所耗原材料费用计价法、定额成本法。由此得出：

本月完工产品成本=月初在产品成本+本月生产费用−月末在产品成本

另一类方法是将本月生产费用之和按照一定比例在完工产品和月末在产品之间进行分配，同时求得完工产品成本和月末在产品成本。例如，在产品成本按完工产品成本计价法、约当产量法、定额比例法。

课堂实训

【案例一】 A 产品材料费用定额为 45 元，材料在生产开始时一次投入。该产品各项消耗定额比较准确、稳定，各月在产品数量变化不大，月末在产品按定额成本计价。该种产品各道工序的工时定额和 8 月末在产品数量如表 4-18 所示。

表4-18　工时定额及8月末在产品数量

产品名称	所在工序号	本工序工时定额/元	在产品数量/件
A产品	1	5	200
	2	20	125
	合计	25	325

每道工序在产品的累计工时定额按上道工序累计工时定额加上本工序工时定额的50%计算。每小时费用定额为直接人工5元，制造费用1元。

该产品8月初在产品和9月份生产费用累计数为直接材料20 000元，直接人工费45 000元，制造费用6 000元，共计71 000元。

要求：（1）计算月末在产品定额成本。

（2）计算完工产品成本。

【案例解析】

第一步：计算月末在产品定额成本。

（1）月末在产品定额材料费=325×45=14 625（元）

（2）月末在产品加工费计算如下。

月末在产品定额工时=200×5×50%+125×（5+20×50%）=2 375（小时）

月末在产品定额人工费用=2 375×5=11 875（元）

月末在产品定额制造费用=2 375×1=2 375（元）

（3）月末在产品定额成本=14 625+11 875+2 375=28 875（元）

第二步：倒挤出完工产品成本。

完工产品成本=71 000–28 875=42 125（元）

【案例二】某企业生产乙产品，月初在产品成本为直接材料3 850元，直接人工1 650元，制造费用1 100元。本月发生费用为直接材料22 550元，直接人工费8 250元，制造费用5 500元。本月完工产品2 000件，单位产品原材料费用定额为11元，单件产品工时定额为6.875小时。月末在产品500件。该产品材料系一次投入，在产品完工程度为80%。

要求：采用定额比例法计算完工产品成本、月末在产品成本及完工产品单位成本，并编制完成产品成本计算单（见表4-19）。

表 4-19 产品成本计算单

产品名称：乙产品 × 年 × 月 完工产品产量：2 000 件

成本项目		直接材料	直接人工	制造费用	合计
月初在产品成本		3 850 元	1 650 元	1 100 元	6 600 元
本月生产费用		22 550 元	8 250 元	5 500 元	36 300 元
生产费用合计		26 400 元	9 900 元	6 600 元	42 900 元
费用分配率		0.9	0.6 元/小时	0.4 元/小时	
完工产品成本	定额	22 000 元	13 750 小时	13 750 小时	
	实际	21 120 元	8 250 元	5 500 元	34 870 元
月末在产品成本	定额	5 500 元	2 750 小时	2 750 小时	
	实际	5 280 元	1 650 元	1 100 元	8 030 元

【案例解析】

第一步：计算完工产品和月末在产品的定额资料。

（1）完工产品。

原材料定额费用=2 000×11=22 000（元）

定额工时=2 000×6.875=13 750（小时）

（2）在产品。

原材料定额费用=500×11=5 500（元）

定额工时=500×80%×6.875=2 750（小时）

第二步：计算费用分配率。

直接材料费用分配率=（3 850+22 550）÷（22 000+5 500）=0.96

完工产品应分配直接材料费用=22 000×0.96=21 120（元）

月末在产品应分配直接材料费用=5 500×0.96=5 280（元）

直接人工费用分配率=（1 650+8 250）÷（13 750+2 750）=0.6（元/小时）

完工产品应分配直接人工费用=13 750×0.6=8 250（元）

月末在产品应分配直接人工费用=2 750×0.6=1 650（元）

制造费用分配率=（1 100+5 500）÷（13 750+2 750）=0.4（元/小时）

完工产品应分配制造费用=13 750×0.4=5 500（元）

月末在产品应分配制造费用=2 750×0.4=1 100（元）

完工产品成本=21 120+8 250+5 500=34 870（元）

月末在产品成本=5 280+1 650+1 100=8 030（元）

第三步：编制完成产品成本计算单，如表 4-19 所示。

项目五

品种法的应用

项目引领

对于以盈利为目的的企业来说，产品成本是管理者最为关心的要素之一。产品成本的计算，也就成为了财务人员向企业管理者提供财务信息的重要环节。不同的企业，生产过程有不同的特点，成本管理也有不同的要求。因此，对于生产工艺特点和组织特点不同的企业，只有选择不同的成本计算方法，才能准确地计算产品成本。本项目将带领同学们学习产品成本核算的最基本方法——品种法。

项目目标

知识目标：

（1）认知制造企业的生产类型；

（2）理解生产特点和管理要求对产品成本计算的影响；

（3）认知品种法；

（4）理解品种法的成本核算程序。

技能目标：

（1）能够应用品种法进行各种费用的归集和分配，并做相应的账务处理；

（2）能够应用品种法计算各种产品完工总成本和单位成本。

任务一　认识产品成本计算方法

任务导入

计算产品成本是为成本管理提供资料，应该满足成本管理对于成本资料的要求。而产品成本又是在生产过程中形成的，成本管理需要哪些成本资料，在很大程度上受生产特点的影响。因此，每一个企业都应根据自身的生产特点和管理要求确定具体的成本计算方法。

任务要求

- 认知制造企业的生产类型；
- 理解生产特点和管理要求对产品成本计算的影响；
- 理解各成本计算方法的特点、运用范围。

知识准备

问题 1：生产组织不同的制造企业对产品成本计算有何不同的要求？

制造企业的生产按照生产组织划分，可以分为大量生产、成批生产和单件生产三种类型。

大量生产是指不断地重复生产一种或者若干种产品的生产。例如，面粉、食糖和化肥等的生产。这种生产企业管理上只要求按照产品的品种计算成本。

成批生产又可按批量大小分为大批生产和小批生产两种类型。

大批生产的企业生产的产品批量大，往往在一定时期内不断地重复生产一种或若干种产品，因此往往也同大量生产一样只要求按照产品品种计算成本。

小批生产的企业生产的产品批量小，一批产品一般可以同时完工，因此有可能按照产品的批别归集生产费用，计算各批产品的成本。同时，从管理的要求来看，为了分析考核各批产品的成本水平，也有必要按产品批别计算产品成本。例如，服装生产等。

单件生产的企业生产产品时是按件组织生产的，因此有必要按照产品件计算成本。单件生产也可以认为是小批生产。因此，也可以按批别计算产品成本。例如，造船和重型机械制造等。

问题2：工艺过程不同的制造企业对产品成本计算有何不同的要求？

制造企业的生产按照工艺过程划分，可以分为单步骤生产和多步骤生产两种类型。

单步骤生产的工艺过程比较简单，不可能或者不需要划分为几个生产步骤，因此也就不可能或者不需要按照生产步骤计算产品成本，而只要求按照产品的品种计算成本。例如，发电、采煤生产等。

多步骤生产的工艺过程比较复杂，由若干个可以间断的、分散在不同地点进行的生产步骤所组成。为了计算各个生产步骤的成本，加强各个生产步骤的成本管理，不但要求按照产品的品种或批别计算成本，而且还要求按照生产步骤计算成本。例如，钢铁生产，机械制造等。但是，如果企业的规模较小，管理上又不要求按照生产步骤考核生产耗费、计算产品成本，则可以不按照生产步骤计算成本，而只按照产品品种或批别计算成本。

问题3：产品成本计算方法有哪些？

生产的特点和管理的要求对于产品成本计算的影响主要表现在成本计算对象的确定上。

成本计算对象，是指归集生产耗费、计算产品成本的承担物。为了正确计算产品成本首先就要确定成本计算对象，也就是要解决为谁计算成本的问题，是为一定品种的产品计算成本，还是为某一批别的产品计算成本，或是为某一生产步骤的产品计算成本。这要结合生产特点和管理要求，首先把成本计算对象确定下来，然后才能按成本计算对象来分配和归集生产耗费，计算产品成本。

生产类型不同，管理要求不同，成本计算对象也就不完全一样。在产品成本计算过程中，结合企业的生产类型和管理要求，可以有三种不同的成本计算对象，由此产生以产品成本计算对象为标志的三种不同的产品成本计算方法。

（1）按照产品的品种（不分批别、不分步骤）计算产品成本。这种以产品品种为成本计算对象的产品成本计算方法，称为品种法。

（2）按照产品的批别（分批别、不分步骤）计算产品成本。这种以产品批别为成本计算对象的产品成本计算方法，称为分批法。

（3）按照产品的生产步骤（不分批别、分步骤）计算产品成本。这种以产品生产步骤为成本计算对象的产品成本计算方法，称为分步法。

产品成本计算方法的适用范围如表 5-1 所示。

表 5-1　产品成本计算方法的适用范围

产品成本计算方法	生产组织	生产工艺过程和管理的要求
品种法	大量大批生产	单步骤生产或管理上不要求分步骤计算成本的多步骤生产
分批法	小批单件生产	单步骤生产或管理上不要求分步骤计算成本的多步骤生产
分步法	大量大批生产	管理上要求分步骤计算成本的多步骤生产

在实际工作中，除了上述三种基本方法外，还采用一些其他的成本计算方法。

在产品的品种、规格繁多的制造企业中，为了简化成本计算工作，还可以采用一种简便的产品成本计算方法——分类法；在定额管理工作有一定基础的制造企业中，为了配合和加强生产费用和产品成本的定额管理，还可以用一种将符合定额的成本和脱离定额的差异分别核算的产品本计算方法——定额成本法。

任务二　应用品种法核算产品成本

任务导入

无锡捷凯轴承公司设有一个基本生产车间和两个辅助生产车间，大量生产 101 轴承、102 轴承两种产品。辅助生产车间分别提供机修和供电，工艺过程属于单步骤生产。根据生产特点和管理要求，确定采用品种法计算产品成本。那么，该公司将如何正确计算产品成本呢？

任务要求

- 认知品种法；
- 学会品种法中各种费用归集和分配的方法及相应的账务处理；
- 能够应用品种法正确计算各品种产品完工总成本和单位成本。

知识准备

问题 1：如何理解品种法？

产品成本计算的品种法，是以产品品种为成本计算对象，归集生产费用、计算产品成本的一种方法。

品种法的特点：（1）直接以产品品种为成本计算对象；（2）由于大量大批的生产是不间断的连续生产，无法按照产品的生产周期来归集生产费用，计算产品成本，因而只能定期按月计算完工产品成本，即成本计算期与会计周期一致；（3）月末如有完工产品和在产品，则需将生产费用在完工产品与在产品之间进行分配。

品种法既适用于单步骤、大量大批生产的企业，例如，发电、供水、采掘等企业；也适用于生产规模较小、不要求计算半成品成本的大批量、多步骤生产类型的企业，例如，糖果、饼干、水泥、小型造纸等企业。另外，企业内的供水、供电、供气等辅助生产车间计算提供给基本生产车间与其他辅助生产车间使用的水、电、气的劳务成本，也适用品种法。

问题 2：品种法产品成本核算程序有哪些步骤？

品种法是产品成本计算的基本方法，其他方法是在品种法的基础上演变而来的。品种法的核算程序就是产品成本核算的基本程序，具体核算方法如下。

（1）按产品品种设置基本生产成本明细账，按成本项目（直接材料、直接人工、制造费用）设专栏。

（2）编制各种费用分配表，据此登记“基本生产成本明细账”“辅助生产成本明细账”“制造费用明细账”。

（3）将“辅助生产成本明细账”归集的费用，按各种产品和各部门的受益数量，编制辅助生产费用分配表，分配辅助生产费用，登记“基本生产成本明细账”“制造费用明细账”。

（4）将“制造费用明细账”归集的费用，编制制造费用分配表，分配制造费用，登记相关“基本生产成本明细账”。

（5）将“基本生产成本明细账”中归集的费用，采用适当的方法在完工产品与在产品之间进行分配，计算完工产品成本和在产品成本。

（6）根据各个“基本生产成本明细账”中计算出来的本月完工产品成本，编制完工产品成本汇总计算表，结转完工入库产品成本。

品种法核算程序如图 5-1 所示。

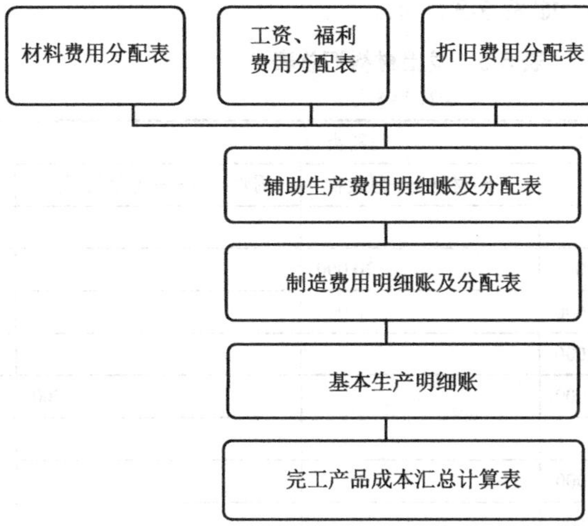

图 5-1 品种法核算程序

问题 3：如何应用品种法核算产品成本？

前述项目二至项目四已经介绍了各种费用的归集与分配，下面结合实例来讲解品种法的成本核算过程。

【案例】无锡捷凯轴承公司生产车间主要生产 101 轴承、102 轴承两种产品。该企业有两个辅助生产车间（机修车间和供电车间）。企业成本核算采用品种法，月末完工产品和在产品之间的费用分配采用约当产量法，两种产品的原材料都在生产开始时一次投入，加工费用发生比较均衡，月末在产品完工程度均为 50%。

该公司 2021 年 8 月生产 101 轴承和 102 轴承两种产品，本月有关成本计算资料如下。

（1）101 轴承和 102 轴承两种产品的月初在产品成本如表 5-2 所示。

表 5-2 101 轴承和 102 轴承两种产品的月初在产品成本

2021 年 8 月　　单位：元

摘 要	直接材料	直接人工	制造费用	合计
101 轴承月初在产品成本	328 000	64 939	7 365	400 304
102 轴承月初在产品成本	247 480	32 816	6 702	286 998

（2）本月生产数量为：101 轴承本月完工 1 000 件，月末在产品 200 件，实际生产工时 200 000 小时；102 轴承本月完工 400 件，月末在产品 80 件，实际生产工时 100 000 小时。

（3）本月发生生产费用如下。

①本月发出材料汇总表，如表 5-3 所示。

表 5-3　发出材料汇总表

2021 年 8 月　　单位：元

领料部门和用途	材料类别			合计
	原材料	周转材料——包装物	周转材料——低值易耗品	
生产车间耗用				
101 轴承	1 600 000	20 000		1 620 000
102 轴承	1 200 000	8 000		1 208 000
101、102 轴承共同耗用	56 000			56 000
车间一般耗用	4 000		200	4 200
辅助生产车间耗用				
供电车间耗用	2 000			2 000
机修车间耗用	2 400			2 400
厂部管理部门耗用	2 400		800	3 200
合　　计	2 866 800	28 000	1 000	2 895 800

备注：生产 101 轴承、102 轴承两种产品共同耗用的材料，按 101 轴承、102 轴承两种产品直接耗用原材料的比例进行分配。

②本月职工薪酬汇总表，如表 5-4 所示。

③本月计提五险、工会经费、职工教育经费，如表 5-5 所示。

④本月应计提固定资产折旧费 44 110 元。

其中，基本生产车间折旧 20 110 元；供电车间折旧 4 000 元；机修车间折旧 8 000 元；厂部管理部门折旧 12 000 元。

⑤本月以现金支付的费用为 5 760 元。

其中，生产车间负担的办公费 520 元，市内交通费 530 元；供电车间负担的市内交通费 290 元；机修车间负担的外部加工费 1 200 元；厂部管理部门负担的办公费 2 800 元，材料市内机修费 420 元。

⑥本月以银行存款支付的费用为 29 400 元。

其中，基本生产车间负担的办公费 2 000 元，水费 4 000 元，差旅费 2 800 元，设计制图费 5 200 元；供电车间负担的水费 1 000 元，外部修理费 3 600 元；机修车间负担的办公费 800 元；厂部管理部门负担的办公费 6 000 元，水费 2 400 元，招待费 400 元，市话费 1 200 元。

要求：

（1）按品种设置基本生产成本明细账和成本计算单，按车间设置辅助生产成本明细账和制造费用明细账。

（2）分配材料费用。

（3）分配工资及福利费用。

（4）分配五险、工会经费、职工教育经费。

（5）计提固定资产折旧费用。

（6）归集、分配其他费用。

（7）归集、分配辅助生产费用。

（8）归集、分配制造费用。

（9）在完工产品与在产品之间分配生产费用。

（10）编制完工产品成本汇总表。

表 5-4 职工薪酬汇总表

2021 年 8 月　　单位：元

人员类别	应付工资总额	应计提福利费	合计
基本生产车间			
产品生产工人	840 000	117 600	957 600
车间管理人员	40 000	5 600	45 600
辅助生产车间			
供电车间	16 000	2 240	18 240
机修车间	14 000	1 960	15 960
厂部管理人员	80 000	11 200	91 200
合　计	990 000	138 600	1 128 600

表 5-5 五险、工会经费、职工教育经费计提表

2021 年 8 月　　单位：元

项　目	基本生产车间		辅助生产车间		厂部管理人员	合计
	生产工人	管理人员	供电车间	机修车间		
应付职工薪酬总额	840 000	40 000	16 000	14 000	80 000	990 000
医疗保险费用（8.5%）	71 400	3 400	1 360	1 190	6 800	84 150
失业保险费用（1%）	8 400	400	160	140	800	9 900
养老保险费用（21%）	176 400	8 400	3 360	2 940	16 800	207 900
工伤保险费用（0. 4%）	3 360	160	64	56	320	3 960
生育保险费用（0.7%）	5 880	280	112	98	560	6 930
工会经费（2%）	16 800	800	320	280	1 600	19 800
职工教育经费（1.5%）	12 600	600	240	210	1 200	14 850
合　计	294 840	14 040	5 616	4 914	28 080	347 490

应用品种法核算成本过程如下。

（1）按品种设置基本生产成本明细账（见表5-18、表5-19）和成本计算单（见表5-22、表5-23），按车间设置辅助生产成本明细账（见表5-11、表5-12）和制造费用明细账（见表5-16）。

（2）分配材料费用。

在材料费用归集过程中，生产101轴承、102轴承两种产品共同耗用的材料按101轴承、102轴承两种产品直接耗用原材料的比例进行分配，分配结果如表5-6所示。

表5-6 材料费用分配表

2021年8月

会计科目	明细科目	分配标准/元	分配率	分配共耗材料/元	直接耗用材料/元 原材料	周转材料——包装物	周转材料——低值易耗	合计/元
生产成本——基本生产成本	101轴承	1 600 000	0.02	32 000	1 600 000	20 000		1 652 000
	102轴承	1 200 000		24 000	1 200 000	8 000		1 232 000
	小计	2 800 000		56 000	2 800 000	28 000		2 884 000
生产成本——辅助生产成本	供电车间				2 000			2 000
	机修车间				2 400			2 400
	小计				4 400			4 400
制造费用	基本生产车间				4 000		200	4 200
管理费用	修理费				2 400		800	3 200
合　计				56 000	2 810 800	28 000	1 000	2 895 800

根据表5-6，编制发出材料的会计分录如下。

借：生产成本——基本生产成本——101轴承　　1 652 000

　　　　　　　　　　　　　　——102轴承　　1 232 000

　　　　　　——辅助生产成本——供电车间　　2 000

　　　　　　　　　　　　　　——机修车间　　2 400

　　制造费用——基本生产车间　　4 200

　　管理费用——修理费　　3 200

　　贷：原材料　　2 866 800

　　　　周转材料——包装物　　28 000

　　　　　　　　——低值易耗品　　1 000

（3）分配工资及福利费。

101 轴承、102 轴承两种产品应分配的工资及福利费按 101 轴承、102 轴承两种产品的实际生产工时比例进行分配，分配结果如表 5-7 所示。

表 5-7 职工薪酬费用分配表

2021 年 8 月

分配对象		工资			福利费	
会计科目	明细科目	分配标准/元	分配率	分配额/元	分配率	分配额/元
生产成本——基本生产成本	101 轴承	200 000	2.80	560 000	0.392	78 400
	102 轴承	100 000		280 000		39 200
	小计	300 000		840 000		117 600
生产成本——辅助生产成本	供电车间			16 000		2 240
	机修车间			14 000		1 960
	小计			30 000		4 200
制造费用	基本生产车间			40 000		5 600
管理费用	工资、福利费			80 000		11 200
合　计				990 000		138 600

根据表 5-7，编制应付职工薪酬分配业务的会计分录如下。

借：生产成本——基本生产成本——101 轴承　　560 000
　　　　　　　　　　　　　　——102 轴承　　280 000
　　　　　　——辅助生产成本——供电车间　　16 000
　　　　　　　　　　　　　　——机修车间　　14 000
　　制造费用——基本生产车间　　40 000
　　管理费用——工资　　80 000
　　贷：应付职工薪酬——工资　　990 000

借：生产成本——基本生产成本——101 轴承　　78 400
　　　　　　　　　　　　　　——102 轴承　　39 200
　　　　　　——辅助生产成本——供电车间　　2 240
　　　　　　　　　　　　　　——机修车间　　1 960
　　制造费用——基本生产车间　　5 600
　　管理费用——福利费　　11 200
　　贷：应付职工薪酬——福利费　　138 600

（4）分配五险、工会经费、职工教育经费。

101 轴承、102 轴承两种产品应分配的五险、工会经费、职工教育经费，按 101

轴承、102轴承两种产品的实际生产工时比例进行分配，分配结果如表5-8所示。

表5-8 五险、工会经费、职工教育经费分配表

2021年8月　　单位：元

项目	基本生产车间			辅助生产车间		管理费用	合计
	生产成本——基本生产成本		制造费用	辅助生产成本——供电	辅助生产成本——机修		
	101轴承	102轴承					
医疗保险费用（8.5%）	47 600	23 800	3 400	1 360	1 190	6 800	84 150
失业保险费用（1%）	5 600	2 800	400	160	140	800	9 900
养老保险费用（21%）	117 600	58 800	8 400	3 360	2 940	16 800	207 900
工伤保险费用(0.4%)	2 240	1 120	160	64	56	320	3 960
生育保险费用（0.7%）	3 920	1 960	280	112	98	560	6 930
工会经费（2%）	11 200	5 600	800	320	280	1 600	19 800
职工教育经费（1.5%）	8 400	4 200	600	240	210	1 200	14 850
合　计	196 560	98 280	14 040	5 616	4 914	28 080	347 490

根据表5-8，编制有关会计分录如下。

借：生产成本——基本生产成本——101轴承　　196 560
　　　　　　　　　　　　　——102轴承　　98 280
　　　　　——辅助生产成本——供电车间　　5 616
　　　　　　　　　　　　　——机修车间　　4 914
　　制造费用——基本生产车间　　14 040
　　管理费用——五险、工会、职教经费　　28 080
　　贷：应付职工薪酬——五险　　312 840
　　　　　　　　　　——工会经费　　19 800
　　　　　　　　　　——职工教育经费　　14 850

（5）计提固定资产折旧费用。

折旧费用计算表如表5-9所示。

表5-9 折旧费用计算表

2021年8月　　单位：元

会计科目	明细科目	费用项目	分配金额
制造费用	基本生产车间	折旧费	20 110
生产成本——辅助生产成本	供电车间	折旧费	4 000
	机修车间	折旧费	8 000
管理费用		折旧费	12 000
合　计			44 110

根据表 5-9，编制计提固定资产折旧的会计分录如下。

借：制造费用——基本生产车间　　20 110
　　生产成本——辅助生产车间——供电车间　　4 000
　　　　　　　　　　　　　　——机修车间　　8 000
　　管理费用——折旧费　　12 000
　　贷：累计折旧　　44 110

（6）归集、分配其他费用。

本月以现金支付的费用为 5 760 元。其中，生产车间负担的办公费 520 元，市内交通费 530 元；供电车间负担的市内交通费 290 元；机修车间负担的外部加工费 1 200 元；厂部管理部门负担的办公费 2 800 元，材料市内机修费 420 元。

本月以银行存款支付的费用为 29 400 元。其中，基本生产车间负担的办公费 2 000 元，水费 4 000 元，差旅费 2 800 元，设计制图费 5 200 元；供电车间负担的水费 1 000 元，外部修理费 3 600 元；机修车间负担的办公费 800 元；厂部管理部门负担的办公费 6 000 元，水费 2 400 元，招待费 400 元，市话费 1 200 元。

分配本月现金和银行存款支付费用，分配结果如表 5-10 所示。

表 5-10　其他费用分配表

2021 年 8 月　　　　单位：元

会计科目	明细科目	现金支付	银行存款支付	合 计
制造费用	基本生产车间	1 050	14 000	15 050
生产成本——辅助生产成本	供电车间	290	4 600	4 890
	机修车间	1 200	800	2 000
管理费用		3 220	10 000	13 220
合　　计		5 760	29 400	35 160

根据表 5-10，编制会计分录如下。

借：制造费用——基本生产车间　　15 050
　　生产成本——辅助生产车间——供电车间　　4 890
　　　　　　　　　　　　　　——机修车间　　2 000
　　管理费用——其他费用　　13 220
　　贷：库存现金　　5 760
　　　　银行存款　　29 400

（7）归集、分配辅助生产费用。

将各辅助生产车间发生的各项费用，分别计入该车间辅助生产成本明细账。本案例供电和机修车间提供单一产品或服务，未单独设置制造费用明细账，车间发生的间接费用直接计入各车间辅助生产成本明细账。

根据辅助生产成本明细账（见表5-11、表5-12）归集的待分配辅助生产费用和辅助生产车间本月劳务供应量，采用计划成本分配法分配辅助生产费用（见表5-14），并据以登记相关生产成本明细账、成本计算单和相关费用明细账。

本月供电和机修车间提供的劳务量如表5-13所示。

表5-11　辅助生产成本明细账

车间名称：供电车间　　单位：元

2021年		凭证字号	摘　要	直接材料	直接人工	制造费用	合计
月	日						
8	31	略	材料费用分配表	2 000			2 000
略	略	略	工资福利费分配表		18 240		18 240
			五险、工会经费、职工教育经费		5 616		5 616
			计提折旧费			4 000	4 000
			其他费用			4 890	4 890
			本月合计	2 000	23 856	8 890	34 746
			结转各受益部门	2 000	23 856	8 890	34 746

表5-12　辅助生产成本明细账

车间名称：机修车间　　单位：元

2021年		凭证字号	摘　要	直接材料	直接人工	制造费用	合计
月	日						
8	31	略	材料费用分配表	2 400			2 400
略	略	略	工资福利费分配表		15 960		15 960
			五险、工会经费、职工教育经费		4 914		4 914
			计提折旧费			8 000	8 000
			其他费用			2 000	2 000
			本月合计	2 400	20 874	10 000	33 274
			结转各受益部门	2 400	20 874	10 000	33 274

表5-13　供电和机修车间劳务量表

2021年8月

受益部门	供电车间/度	机修工时/小时
供电车间		800
机修车间	6 000	
基本生产车间	66 000	6 000
其中，产品生产	54 000	
一般耗用	12 000	6 000
厂部管理部门	20 000	2 200
合　　计	92 000	9 000

表 5-14　辅助生产费用分配表

2021 年 8 月

受益部门		供电（单位成本 0.40 元）		机修（单位成本 4.00 元）	
		用电度数/度	计划成本/元	机修工时/小时	计划成本/元
供电车间				800	3 200
机修车间		6 000	2 400		
生产成本——基本生产成本	产品生产	54 000	21 600		
	一般耗费	12 000	4 800	6 000	24 000
厂部管理部门		20 000	8 000	2 200	8 800
合　计		92 000	36 800	9 000	36 000
实际成本			37 946		35 674
成本差异			1 146		–326

备注：供电车间实际成本=34 746 +3 200=37 946（元）;

机修车间实际成本=33 274 +2 400 =35 674（元）。

每度电计划成本为 0.40 元，每小时机修计划成本为 4.00 元。成本差异全部由管理费用负担。按车间生产 101 轴承、102 轴承两种产品的生产工时比例分配（其中，101 轴承的生产工时为 200 000 小时；102 轴承的生产工时为 100 000 小时）。分配计入产品成本计算单中“直接材料”成本项目，分配结果如表 5-15 所示。

表 5-15　产品生产电力费用分配表

2021 年 8 月

产　品	生产工时/小时	分配率	分配金额/元
101 轴承	200 000	0.072	14 400
102 轴承	100 000		7 200
合　计	300 000		21 600

根据表 5-14 和表 5-15，编制会计分录如下。

借：生产成本——基本生产成本——101 轴承　　14 400

　　　　　　　　　　　　　——102 轴承　　7 200

　　　　　——辅助生产成本——供电车间　　3 200

　　　　　　　　　　　　　——机修车间　　2 400

　　制造费用——基本生产车间　　28 800

　　管理费用　　16 800

　　贷：生产成本——辅助生产成本——供电车间　　36 800

　　　　　　　　　　　　　　　——机修车间　　36 000

结转辅助生产成本差异，为了简化成本计算工作，成本差异全部计入“管理费用”。

借：管理费用　　　　　　　　　　　　　　　　　　820

　　贷：生产成本——辅助生产成本——供电车间　　　　　　1 146

　　　　　　　　　　　　　　　　——机修车间　　　　　　326

（8）归集、分配制造费用。

根据基本生产车间制造费用明细账（见表5-16）归集的制造费用总额，编制制造费用分配表，并登记基本生产成本明细账（见表5-18、表5-19）和产品成本计算单（见表5-22、表5-23）。

表5-16　制造费用明细账

车间名称：基本生产车间　　　　　　　　　　　　　　　　单位：元

2021年 月	2021年 日	凭证	摘　要	材料费	人工费	折旧费	水电费	修理费	其他	合计
8	31	略	材料费用分配表	4 200						4 200
			工资福利费分配表		45 600					45 600
			五险、工会经费、职工教育经费		14 040					14 040
			折旧费用计算表			20 110				20 110
			其他费用分配表						15 050	15 050
			辅助生产分配表				4 800	24 000		28 800
			本月合计	4 200	59 640	20 110	4 800	24 000	15 050	127 800
			结转制造费用	4 200	59 640	20 110	4 800	24 000	15 050	127 800

按101轴承、102轴承两种产品的生产工时比例分配制造费用，分配结果如表5-17所示。

表5-17　制造费用分配表

2021年8月

产　品	生产工时/小时	分配率	分配金额/元
101轴承	200 000	0.426	85 200
102轴承	100 000		42 600
合　计	300 000		127 800

根据表5-17，编制会计分录如下。

借：生产成本——基本生产成本——101轴承　　　　85 200

　　　　　　　　　　　　　　——102轴承　　　　42 600

　　贷：制造费用——基本生产车间　　　　　　　　　　127 800

（9）在完工产品与在产品之间分配生产费用。

根据各产品成本计算单归集的生产费用合计数和相关生产数量记录，在完工产品和月末在产品之间分配生产费用。

该企业本月 101 轴承产品完工入库 1 000 件，月末在产品 200 件；102 轴承产品完工入库 400 件，月末在产品 80 件。按约当产量法分别计算 101 轴承、102 轴承两种产品的完工产品成本和月末在产品成本。月末在产品约当产量计算情况如表 5-20 和表 5-21 所示。

根据 101 轴承、102 轴承两种产品的月末在产品约当产量，采用约当产量法在 101 轴承、102 轴承两种产品的完工产品与月末在产品之间分配生产费用。编制产品成本计算单，如表 5-22、表 5-23 所示。

表 5-18 基本生产成本明细账

产品名称： 101 轴承　　单位：元

2021 年		凭证字号	摘 要	直接材料	直接人工	制造费用	合计
月	日						
8	1	略	月初在产品成本	328 000	64 939	7 365	400 304
8	31	略	材料费用分配表	1 652 000			1 652 000
			工资福利费分配表		638 400		638 400
			五险、工会经费、职工教育经费		196 560		196 560
			生产用电分配表	14 400			14 400
			制造费用分配表			85 200	85 200
			本月生产费用合计	1 666 400	834 960	85 200	2 586 560
			本月累计	1 994 400	899 899	92 565	2 986 864
			结转完工入库产品成本	1 662 000	818 090	84 150	2 564 240
			月末在产品成本	332 400	81 809	8 415	422 624

表 5-19 基本生产成本明细账

产品名称： 102 轴承　　单位：元

2021 年		凭证字号	摘 要	直接材料	直接人工	制造费用	合计
月	日						
8	1	略	月初在产品成本	247 480	32 816	6 702	286 998
8	31	略	材料费用分配表	1 232 000			1 232 000
			工资福利费分配表		319 200		319 200
			五险、工会经费、职工教育经费		98 280		98 280
			生产用电分配表	7 200			7 200
			制造费用分配表			42 600	42 600
			本月生产费用合计	1 239 200	417 480	42 600	1 699 280
			本月累计	1 486 680	450 296	49 302	1 986 278
			结转完工入库产品成本	1 238 900	409 360	44 820	1 693 080
			月末在产品成本	247 780	40 936	4 482	293 198

表 5-20　在产品约当产量计算表

产品名称：101 轴承　　　　2021 年 8 月

成本项目	在产品数量/件	投料程度（加工程度）	约当产量/件
直接材料	200	100%	200
直接人工	200	50%	100
制造费用	200	50%	100

表 5-21　在产品约当产量计算表

产品名称：102 轴承　　　　2021 年 8 月

成本项目	在产品数量/件	投料程度（加工程度）	约当产量/件
直接材料	80	100%	80
直接人工	80	50%	40
制造费用	80	50%	40

表 5-22　产品成本计算单

产品名称：101 轴承　　　　2021 年 8 月

摘　要	直接材料	直接人工	制造费用	合　计
月初在产品成本/元	328 000	64 939	7 365	400 304
本月发生生产费用/元	1 666 400	834 960	85 200	2 586 560
生产费用合计/元	1 994 400	899 899	92 565	2 986 864
完工产品数量/件	1 000	1 000	1 000	
在产品约当量/件	200	100	100	
总约当产量/件	1 200	1 100	1 100	
分配率（单位成本）/（元·件$^{-1}$）	1 662	818.09	84.15	2 564.24
完工产品总成本/元	1 662 000	818 090	84 150	2 564 240
月末在产品成本/元	332 400	81 809	8 415	422 624

表 5-23　产品成本计算单

产品名称：102 轴承　　　　2021 年 8 月

摘　要	直接材料	直接人工	制造费用	合　计
月初在产品成本/元	247 480	32 816	6 702	286 998
本月发生生产费用/元	1 239 200	417 480	42 600	1 699 280
生产费用合计/元	1 486 680	450 296	49 302	1 986 278
完工产品数量/件	400	400	400	
在产品约当量/件	80	40	40	
总约当产量/件	480	440	440	
分配率（单位成本）/（元·件$^{-1}$）	3 097.25	1 023.40	112.05	4 232.70
完工产品总成本/元	1 238 900	409 360	44 820	1 693 080
月末在产品成本/元	247 780	40 936	4 482	293 198

（10）编制完工产品成本汇总表。

根据表 5-22、表 5-23 中的分配结果，编制完工产品成本汇总表（见表 5-24），并据此结转完工产品成本。

表 5-24　完工产品成本汇总表

2021 年 8 月　　单位：元

成本项目	101 轴承（1 000 件）		102 轴承（400 件）	
	总成本	单位成本	总成本	单位成本
直接材料	1 662 000	1 662	1 238 900	3 097.25
直接人工	818 090	818.09	409 360	1 023.40
制造费用	84 150	84.15	44 820	112.05
合　计	2 564 240	2 564.24	1 693 080	4 232.70

根据完工产品成本汇总表、成本计算单及成品入库单，结转完工入库产品的生产成本。编制会计分录如下。

借：库存商品——101 轴承　　2 564 240

　　　　　　——102 轴承　　1 693 080

　贷：生产成本——基本生产成本——101 轴承　　2 564 240

　　　　　　　　　　　　　　——102 轴承　　1 693 080

课堂实训

【案例】无锡市中诚压缩机厂主要生产 GD110 和 GD130 两种空调压缩机。该企业设有一个基本生产车间、两个辅助生产车间（供电车间和机修车间）。企业成本核算采用品种法，月末完工产品和在产品之间的费用分配采用约当产量法，两种产品的原材料都在生产开始时一次性投入，加工费用发生比较均衡，月末在产品完工程度均为 50%。

无锡市中诚压缩机厂 2021 年 10 月生产 GD110 和 GD130 两种产品，本月有关成本计算资料如下。

（1）月初在产品成本。

GD110 和 GD130 产品月初在产品成本资料如表 5-25 所示。

（2）本月生产数量。

GD110 产品本月完工 2 500 件，月末在产品 500 件，实际生产工时 500 000 小时；GD130 产品本月完工 1 000 件，月末在产品 200 件，实际生产工时 250 000 小时。

表 5-25　GD110 和 GD130 产品月初在产品成本资料表

2021 年 10 月　　　　单位：元

摘　要	直接材料	直接人工	制造费用	合计
GD110 产品月初在产品成本	820 000	162 347.50	18 412.50	1 000 760
GD130 产品月初在产品成本	618 700	82 040	16 755	717 495

（3）本月发生生产费用。

①本月发生材料费用分配表如表 5-26 所示。

表 5-26　材料费用分配表

2021 年 10 月

会计科目	明细科目	分配标准/元	分配率	分配共耗材料/元	直接耗用材料/元			合计/元
					原材料	周转材料——包装物	周转材料——低值易耗	
生产成本——基本生产成本	GD110	4 000 000	0.02	80 000	4 000 000	50 000		4 130 000
	GD130	3 000 000		60 000	3 000 000	20 000		3 080 000
	小计	7 000 000		140 000	7 000 000	70 000		7 210 000
生产成本——辅助生产成本	供电车间				5 000			5 000
	机修车间				6 000			6 000
	小计				11 000			11 000
制造费用	基本生产车间				10 000		500	10 500
管理费用	修理费				6 000		2 000	8 000
合　计				140 000	7 027 000	70 000	2 500	7 239 500

备注：生产 GD110、GD130 两种产品共同耗用的材料，按 GD110、GD130 两种产品直接耗用原材料的比例进行分配。

②本月职工薪酬费用分配表如表 5-27 所示。

表 5-27　职工薪酬费用分配表

2021 年 10 月

分配对象		工资			福利费	
会计科目	明细科目	分配标准/元	分配率	分配额/元	分配率	分配额/元
生产成本——基本生产成本	GD110	500 000	2.8	1 400 000	0.392	196 000
	GD130	250 000		700 000		98 000
	小计	750 000		2 100 000		294 000
生产成本——辅助生产成本	供电车间			40 000		5 600
	机修车间			35 000		4 900
	小计			75 000		10 500
制造费用	基本生产车间			100 000		14 000
管理费用	工资、福利费			200 000		28 000
合　计				2 475 000		346 500

备注：GD110、GD130两种产品应分配的工资及职工福利费，按GD110、GD130两种产品的实际生产工时比例进行分配。

③本月五险、工会经费、职工教育经费分配表如表5-28所示。

表5-28　五险、工会经费、职工教育经费分配表

2021年10月　　单位：元

项　目	基本生产车间			辅助生产车间		管理费用	合计
	生产成本——基本生产成本		制造费用	辅助生产成本——供电	辅助生产成本——机修		
	GD110	GD130					
医疗保险费用（8.5%）	119 000	59 500	8 500	3 400	2 975	17 000	210 375
失业保险费用（1%）	14 000	7 000	1 000	400	350	2 000	24 750
养老保险费用（21%）	294 000	147 000	21 000	8 400	7 350	42 000	519 750
工伤保险费用（0.4%）	5 600	2 800	400	160	140	800	9 900
生育保险费用（0.7%）	9 800	4 900	700	280	245	1 400	17 325
工会经费（2%）	28 000	14 000	2 000	800	700	4 000	49 500
职工教育经费（1.5%）	21 000	10 500	1 500	600	525	3 000	37 125
合　计	491 400	245 700	35 100	14 040	12 285	70 200	868 725

备注：GD110、GD130两种产品应分配的五险、工会经费、职工教育经费，按GD110、GD130两种产品的实际生产工时比例进行分配。

④本月计提固定资产折旧费用分配如表5-29所示。

表5-29　折旧费用计算表

2021年10月　　单位：元

会计科目	明细科目	费用项目	分配金额
制造费用	基本生产车间	折旧费	50 275
生产成本——辅助生产成本	供电车间	折旧费	10 000
	机修车间	折旧费	20 000
管理费用		折旧费	30 000
合　计			110 275

⑤本月归集、分配其他费用分配如表5-30所示。

表5-30　其他费用分配表

2021年10月　　单位：元

会计科目	明细科目	现金支付	银行存款支付	合 计
制造费用	基本生产车间	2 625	35 000	37 625
生产成本——辅助生产成本	供电车间	725	11 500	12 225
	机修车间	3 000	2 000	5 000
管理费用		8 050	25 000	33 050
合　计		14 400	73 500	87 900

⑥本月辅助生产费用分配表如表5-31所示。

表5-31　辅助生产费用分配表

2021年10月

受益部门		供电（单位成本0.40元）		机修（单位成本4.00元）	
		用电度数/度	计划成本/元	机修工时/小时	计划成本/元
供电车间				2 000	8 000
机修车间		15 000	6 000		
生产成本——基本生产成本	GD110	90 000	36 000		
	GD130	45 000	18 000		
	一般耗费	30 000	12 000	15 000	60 000
厂部管理部门		50 000	20 000	5 500	22 000
合　计		230 000	92 000	22 500	90 000
实际成本			94 865		89 185
成本差异			2 865		–915

⑦本月制造费用分配表如表5-32所示。

表5-32　制造费用分配表

2021年10月

产　品	生产工时/小时	分配率	分配金额/元
GD110	500 000	0.426	213 000
GD130	250 000		106 500
合　计	750 000		319 500

要求：

（1）登记基本生产明细账（见表5-33、表5-34）。

（2）采用约当产量法完成生产费用在完工产品和期末在产品之间的分配（列示成本计算过程和算式）。

（3）编制产品成本计算单（见表5-35、表5-36）和完工产品成本汇总表（见表5-37），并编制结转完工产品成本的会计分录。

表5-33　基本生产成本明细账

产品名称：GD110产品　　　　单位：元

2021年		凭证	摘　要	直接材料	直接人工	制造费用	合计
月	日						
10	1	略	月初在产品成本				
10	31	略	材料费用分配表				
			工资福利费分配表				

续表

2021年		凭证	摘　要	直接材料	直接人工	制造费用	合计
月	日						
			五险、工会经费、职工教育经费				
			生产用电分配表				
			制造费用分配表				
			本月生产费用合计				
			本月累计				
			结转完工入库产品成本				
			月末在产品成本				

表5-34　基本生产成本明细账

产品名称：GD130产品　　　　单位：元

2021年		凭证字号	摘　要	直接材料	直接人工	制造费用	合计
月	日						
10	1	略	月初在产品成本				
10	31	略	材料费用分配表				
			工资福利费分配表				
			五险、工会、职教经费				
			生产用电分配表				
			制造费用分配表				
			本月生产费用合计				
			本月累计				
			结转完工入库产品成本				
			月末在产品成本				

表5-35　产品成本计算单

产品名称：GD110产品　　　　2021年10月　　　　单位：元

摘　要	直接材料	直接人工	制造费用	合　计
月初在产品成本				
本月发生生产费用				
生产费用合计				
完工产品数量				
在产品约当量				
总约当产量				
分配率（单位成本）				
完工产品总成本				
月末在产品成本				

表 5-36　产品成本计算单

产品名称：GD130 产品　　　　2021 年 10 月　　　　单位：元

摘　要	直接材料	直接人工	制造费用	合　计
月初在产品成本				
本月发生生产费用				
生产费用合计				
完工产品数量				
在产品约当量				
总约当产量				
分配率（单位成本）				
完工产品总成本				
月末在产品成本				

表 5-37　完工产品成本汇总表

2021 年 10 月　　　　单位：元

成本项目	GD110 产品（　　件）		GD130 产品（　　件）	
	总成本	单位成本	总成本	单位成本
直接材料				
直接人工				
制造费用				
合　计				

【案例解析】

（1）根据各种费用分配表，登记基本生产明细账（见表 5-38、表 5-39）。

表 5-38　基本生产成本明细账

产品名称：GD110 产品　　　　单位：元

2021 年		凭证	摘　要	直接材料	直接人工	制造费用	合计
月	日						
10	1	略	月初在产品成本	820 000	162 347.5	18 412.5	1 000 760
10	31	略	材料费用分配表	4 130 000			4 130 000
			工资福利费分配表		1 596 000		1 596 000
			五险、工会经费、职工教育经费		491 400		491 400
			生产用电分配表	36 000			36 000
			制造费用分配表			213 000	213 000
			本月生产费用合计	4 166 000	2 087 400	213 000	6 466 400
			本月累计	4 986 000	2 249 747.5	231 412.5	7 467 160
			结转完工入库产品成本	4 155 000	2 045 225	210 375	6 410 600
			月末在产品成本	831 000	204 522.5	21 037.5	1 056 560

表 5-39　基本生产成本明细账

产品名称：　GD130 产品　　　　　　　　　　　　　　　　　　　　　　　　单位：元

2021 年		凭证	摘　要	直接材料	直接人工	制造费用	合计
月	日	字号					
10	1	略	月初在产品成本	618 700	82 040	16 755	717 495
10	31	略	材料费用分配表	3 080 000			3 080 000
			工资福利费分配表		798 000		798 000
			五险、工会经费、职工教育经费		245 700		245 700
			生产用电分配表	18 000			18 000
			制造费用分配表			106 500	106 500
			本月生产费用合计	3 098 000	1 043 700	106 500	4 248 695
			本月累计	3 716 700	1 125 740	123 255	4 965 695
			结转完工入库产品成本	3 097 250	1 023 400	112 050	4 232 700
			月末在产品成本	619 450	102 340	11 205	732 995

（2）计算完工产品和月末在产品成本。

①GD110 完工产品和在产品成本计算。

直接材料项目：

在产品约当产量=500（件）

完工产品直接材料成本=4 986 000 ÷（2 500+500）× 2 500 = 4 155 000（元）

在产品直接材料成本=4 986 000–4 155 000=831 000（元）

直接人工项目：

在产品约当产量=500×50%=250（件）

完工产品直接材料成本=2 249 747.5÷（2 500+250）×2 500=2 045 225（元）

在产品直接材料成本=2 249 747.5–2 045 225=204 522.5（元）

制造费用项目：

在产品约当产量=500×50%=250（件）

完工产品直接材料成本=231 412.5÷（2 500+250）×2 500=210 375（元）

在产品直接材料成本=231 412.5–210 375=21 037.5（元）

②GD130 完工产品和在产品成本计算。

直接材料项目：

在产品约当产量=200（件）

完工产品直接材料成本=3 716 700 ÷（2 000+200）× 1 000 = 3 097 250（元）

在产品直接材料成本=3 716 700–3 097 250=619 450（元）

直接人工项目：

在产品约当产量=200×50%=100（件）

完工产品直接材料成本=1 125 740 ÷（1 000+100）× 1 000=1 023 400（元）

在产品直接材料成本=1 125 740–1 023 400=102 340（元）

制造费用项目：

在产品约当产量=200×50%=100（件）

完工产品直接材料成本=123 255÷（1 000+100）×1 000=112 050（元）

在产品直接材料成本=123 255–112 050=11 205（元）

（3）根据上述计算结果，编制产品成本计算单（见表 5-40、表 5-41）和完工产品成本汇总表（见表 5-42）。

表 5-40　产品成本计算单

产品名称：GD110 产品　　2021 年 10 月　　单位：元

摘　要	直接材料	直接人工	制造费用	合　计
月初在产品成本	820 000	162 347.5	18 412.5	1 000 760
本月发生生产费用	4 166 000	2 087 400	213 000	6 466 400
生产费用合计	4 986 000	2 249 747.5	231 412.5	7 467 160
完工产品数量	2 500	2 500	2 500	
在产品约当量	500	250	250	
总约当产量	3 000	2 750	2 750	
分配率（单位成本）	1 662	818.09	84.15	2 564.24
完工产品总成本	4 155 000	2 045 225	210 375	6 410 600
月末在产品成本	831 000	204 522.5	21 037.5	1 056 560

表 5-41　产品成本计算单

产品名称：GD130 产品　　2021 年 10 月　　单位：元

摘　要	直接材料	直接人工	制造费用	合　计
月初在产品成本	618 700	82 040	16 755	717 495
本月发生生产费用	3 098 000	1 043 700	106 500	4 248 200
生产费用合计	3 716 700	1 125 740	123 255	4 965 695
完工产品数量	1 000	1 000	1 000	
在产品约当量	200	100	100	
总约当产量	1 200	1 100	1 100	
分配率（单位成本）	3 097.25	1 023.4	112.05	
完工产品总成本	3 097 250	1 023 400	112 050	4 232 700
月末在产品成本	619 450	102 340	11 205	732 995

表 5-42　完工产品成本汇总表

2021 年 10 月　　　　单位：元

成本项目	GD110 产品（2 500 件）		GD130 产品（1 000 件）	
	总成本	单位成本	总成本	单位成本
直接材料	4 155 000	1 662	3 097 250	3 097.25
直接人工	2 045 225	818.09	1 023 400	1 023.4
制造费用	210 375	84.15	112 050	112.05
合　计	6 410 600	2 564.24	4 232 700	4 232.7

根据表 5-42，结转完工入库产品的生产成本。编制会计分录如下。

借：库存商品——GD110 产品　　6 410 600

　　　　　　——GD130 产品　　4 232 700

　贷：生产成本——基本生产成本——GD110 产品　　6 410 600

　　　　　　　　　　　　　　　——GD130 产品　　4 232 700

项目六

分批法的应用

项目引领

企业按照产品的品种计算产品成本，这种以产品品种为成本计算对象的成本计算方法，称为品种法。如果企业按照产品的批别计算产品成本，又该如何进行成本计算呢？这正是本项目学习的内容——分批法的应用。

项目目标

知识目标：

（1）认知分批法；

（2）理解分批法的特点和适用范围；

（3）学会运用一般分批法和简化分批法。

技能目标：

（1）能够应用分批法进行各种费用归集和分配，并做相应的账务处理；

（2）能够应用一般分批法和简化分批法计算各种产品的完工总成本和单位成本。

任务一　认识分批法

任务导入

张莉是会计专业的毕业生，现被聘为嘉丽服装厂的会计，在财务部产品成本核算岗位工作。张莉在校期间系统地学习了会计专业的各门课程，对于胜任产品成本核算岗位充满信心。但她现在还是面临一些问题。例如，对于嘉丽服装厂，应该采用什么方法进行成本核算？这正是本任务需要解决的问题——认识分批法。

任务要求

- 认知分批法的含义和特点；
- 能够理解分批法的成本核算流程。

知识准备

问题 1：如何理解分批法？

分批法是按照产品批别或订单作为成本计算对象来归集生产费用，计算产品成本的一种方法。由于产品批别往往与订单一致，所以分批法也称为订单法。

分批法的主要特点表现在以下三个方面。

（1）以产品的批别或订单为成本计算对象。

产品批别往往与订单一致。但是如果一张订单中有多种产品，为便于管理和核算各种产品成本，则需要按产品品种划分批别；如果订单中一批产品数量较大且要求分批交货，则可分为若干批别组织生产；如果不同客户的订单有相同产品，交货期也相近，则可合并为一批组织生产并核算成本；如果一张订单中只规定一件产品，但这件产品属于大型复杂的产品，价值较高，生产周期较长（如大型船舶的制造），也可以按产品的组成部分分批组织生产并核算成本。由于各批别产品往往耗用相同的原材料和半成品，所以在填列领料单、记录生产工时和进行在产品转移核算时，都应分清批别，防止“串批”。

（2）成本计算期不定期进行，通常与产品生产周期相一致，与会计报告期不一致。

采用分批法时，产品的组织生产与成本计算单的开设都是按产品批别或订单进行的，各批别产品在产品全部完工的情况下才进行成本的计算。有的产品生产工期较短，当月投产，当月完工，一般情况下没有在产品。有的产品生产工期较长，生产需要几个月，甚至几年才能完工，产品完工前的月份均表现为在产品，产品成本计算是不定期的，随各批别的生产周期而异，因此成本计算期与产品生产周期基本一致，而与会计核算的报告期不一致。

（3）生产费用一般不需要在完工产品与月末在产品之间进行分配。

采用分批法计算成本时，生产费用一般不需要在完工产品与月末在产品之间进行分配。当某批别的产品全部完工时，该批别产品成本明细账所归集的生产费用总额即为其完工产成品的总成本。用完工产成品的总成本除以其产量，即为单位产品成本。若月末某批别产品全部未完工，则其成本明细账所归集的生产费用即为该批别产品的月末在产品成本，递延至下一个月份，继续进行生产费用的归集与核算，直到其全部完工，确定并结转完工产成品的总成本。但是，如果出现同批别产品跨月陆续完工时，则需采用一定的方法计算完工产品成本。在跨月完工产品不多的情况下，为了简化成本核算工作，完工产品成本可按计划单位成本、定额单位或最近一期相同产品的实际单位成本计算。产品成本计算单中所归集的全部费用，减去完工产品的计划成本或定额成本，即为该批别产品的月末在产品成本，待产品全部完工时再计算该批别产品的全部总成本。如果批内产品跨月完工较多，则应采用适当的方法（如约当产量法）分配计算成本，以提高成本计算的准确性。

分批法适用于单件小批且管理上不要求分步计算成本的复杂生产企业或车间。例如，船舶制造、重型机器制造、专用工具、模具和专用设备、精密仪器、服装、印刷、家具制造及新产品试制等。在某些单步骤简单生产的情况下，如果企业的生产是按单件小批组织、管理上又要求分批计算产品成本，则可以采用分批法计算各批产品成本。例如，某些特殊或精密铸件的熔铸等。

产品生产周期长短不同，其间接费用的分配可以采用“当月分配法”和“累计分配法”。由此产生了一般分批法（典型分批法）和简化分批法两种不同的分批成本计算法。

问题 2：分批法的成本核算流程是什么？

分批法成本核算流程图如图 6-1 表示。

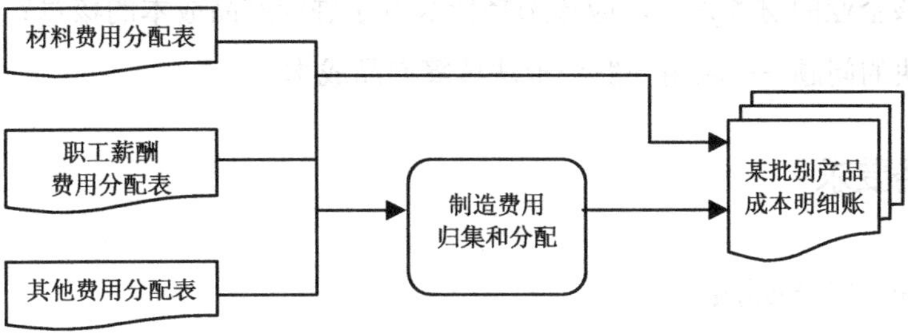

图 6-1　分批法成本核算流程图

从如图 6-1 可以看出，分批法的成本核算流程如下。

（1）按批别设置产品成本明细账，按成本项目分设专栏。

在生产开始时，财务部门应根据每一批别产品的生产任务通知单开设产品成本明细账，并划分直接材料、直接人工和制造费用等成本项目。

（2）归集和分配各项生产费用。

将各批别产品的直接费用，直接计入该批别产品成本明细账的“直接材料”或“直接人工”成本项目中；将发生的间接费用按照一定的标准在各批别产品之间进行分配后，计入相关各批别产品成本明细账的“制造费用”成本项目中。

（3）计算并结转完工产成品成本。

分批法的产品成本计算期按产品生产周期确定，即在同一批别产品全部完工时，按其成本明细账归集的全部生产费用作为完工产成品总成本结转。

在实际工作中，小批生产的企业存在批内产品提前跨月完工的情况，所以需要采用一定的方法计算完工产品成本。若跨月完工不多，则可按计划单位成本、定额单位成本或近期相同产品的实际单位成本等估算完工产成品成本，从该批产品成本明细账中转出完工产成品成本后的余额，即为月末在产品成本。若批内跨月完工产品数量较多时，则应采用适当方法计算完工产品成本。

任务二　应用一般分批法核算产品成本

任务导入

王阳下岗后，基于自己对服装行业的了解开设了一个服装厂，该厂设置了一个基本生产车间，生产甲、乙、丙三种产品。企业根据客户订单进行小批量生产，财务部工作人员要根据企业的生产组织形式和生产工艺过程确定成本核算的方法。如果你作为该企业的财务人员，应该选择什么方法进行产品成本的核算？这正是本任务需要解决的问题——应用一般分批法核算产品成本。

任务要求

- 认知一般分批法；
- 能够运用一般分批法进行成本核算。

知识准备

问题1：如何理解一般分批法？

一般分批法是采用当月分配率来分配间接计入费用的分批法，即分批计算在产品成本的分批法。

一般分批法特点与分批法的特点一致，主要体现在三个方面：以产品的批别或订单为成本计算对象；成本计算期通常与产品生产周期相一致，与会计报告期不一致；生产费用一般不需要在完工产品与月末在产品之间进行分配。一般分批法同样适用于单件小批且管理上不要求分步计算成本的复杂生产企业或车间。

问题2：如何应用一般分批法计算产品成本？

采用一般分批法计算产品成本时，其计算程序如下。

（1）按照产品的批别或订单设置成本明细账，并划分直接材料、直接人工和制造费用等成本项目。

（2）归集与分配生产费用。根据各项费用发生的原始凭证，汇总编制各种费用分配表，并将各批别产品直接发生的直接材料和直接人工费用，按批别或订单分别计入各批别产品的基本生产成本明细账中；将间接费用按照一定的标准在各批别之间进行分配后，再计入各批别产品成本明细账中。

（3）计算各批别完工产品成本。分批法的产品成本计算期按产品周期确定，即在某批别产品全部完工时，按其成本明细账的全部生产费用结转作为完工产成品总成本；若跨期完工产品数量不多，可按计划单位成本或定额单位成本等估算出完工产成品成本，从该批产品成本明细账中转出完工产成品成本后的余额，即为月末在产品成本。

【案例一】宜华制衣有限责任公司，2021 年 10 月产品产量记录、月初在产品成本和本月发生的生产费用，如表 6-1、表 6-2、表 6-3 所示。

表 6-1 产品产量记录

2021 年 10 月

产品名称	产品批别	投产量/件	投产日期	完工日期及产量
内衣	1001	120	9 月 8 日	10 月 23 日完工 80 件
背心	1002	100	10 月 3 日	全部未完工
汗衫	1003	80	10 月 9 日	10 月 27 全部完工
说明	内衣，批别 1001，原材料开工时一次投入，生产费用采用约当产量法在完工产品和月末在产品之间进行分配，月末在产品完工程度为 50%。 背心，批别 1002，本月全部未完工。 汗衫，批别 1003，本月全部完工			

表 6-2 月初在产品成本

2021 年 10 月 单位：元

产品名称	产品批别	直接材料	直接人工	制造费用	合计
内衣	1001	2 400	300	360	3 060

表 6-3 本月发生的生产费用

2021 年 10 月 单位：元

产品名称	产品批别	直接材料	直接人工	制造费用	合计
内衣	1001		520	1 040	1 560
背心	1002	1 196	341	170	1 707
汗衫	1003	2 240	1 200	800	4 240

根据以上各项资料，采用一般分批法，计算并登记各批别产品基本生产成本明细账，并计算完工产品成本和月末在产品成本。

各批产品基本生产成本明细账如表 6-4、表 6-5、表 6-6 所示。

其中，（1）直接材料约当总产量=80+40×100%=120（件）

直接人工约当总产量=80+40×50%=100（件）

制造费用约当总产量=80+40×50%=100（件）

（2）直接材料分配率=2 400÷120=20（元/件）

直接人工分配率=820÷100=8.20（元/件）

制造费用分配率=1 400÷100=14（元/件）

（3）完工产品直接材料=20×80=1 600（元）

完工产品直接人工=8.20×80=656（元）

完工产品制造费用=14×80=1 120（元）

表 6-4　基本生产成本明细账

产品批别：1001　　　　投产日期：9月8日

产品名称：内衣　　　　产品批量：120件　　　　完工日期：10月23日

2021年		摘要	直接材料	直接人工	制造费用	合计
月	日					
10	1	月初在产品成本/元	2 400	300	360	3 060
10	31	本月生产费用/元		520	1 040	1 560
10	31	生产费用合计/元	2 400	820	1 400	4 620
		完工产品产量/件	80	80	80	
		在产品约当产量/件	40	20	20	
		产量合计/件	120	100	100	
10	31	费用分配率/（元·件$^{-1}$）	20	8.20	14	
10	31	结转完工产品（80件）	1 600	656	1 120	3 376
10	31	单位成本/（元·件$^{-1}$）	20	8.2	14	42.2
10	31	月末在产品成本/元	800	164	280	1 244

表 6-5　基本生产成本明细账

产品批别：1002　　　　投产日期：10月3日

产品名称：背心　　　　产品批量：100件　　　　完工日期：10月25日

2021年		摘要	直接材料	直接人工	制造费用	合计
月	日					
10	31	本月发生费用/元	1 196	341	170	1 707
10	31	月末在产品成本/元	1 196	341	170	1 707

表 6-6　基本生产成本明细账

产品批别：1003　　　　投产日期：10月9日

产品名称：汗衫　　　　产品批量：80件　　　　完工日期：10月27日

2021年		摘要	直接材料	直接人工	制造费用	合计
月	日					
10	31	本月发生费用/元	2 240	1 200	800	4 240
10	31	本月生产费用合计/元	2 240	1 200	800	4 240
10	31	转出完工产品（80件）	2 240	1 200	800	4 240
10	31	单位成本/（元·件$^{-1}$）	28	15	10	53

课堂实训

【案例】某企业进行产品生产，原材料在开始生产时一次性投料，在产品完工程度为 50%，月末采用约当产量法在完工产品与在产品之间分配成本。该企业 2021 年 3 月份发生的相关成本费用及相关成本资料如下。

（1）3 月份生产情况如表 6-7 所示。

表 6-7　3 月份生产情况

单位：台

产品名称	批别	计划产量	投产日期	完工日期	3 月份完工	3 月份在产品
甲产品	201	30	2 月 25 日	3 月 25 日	30	
乙产品	301	20	3 月 1 日	4 月 15 日	15	5
丙产品	302	15	3 月 20 日	5 月 20 日		15

（2）3 月初在产品成本如表 6-8 所示。

表 6-8　3 月初在产品成本

单位：元

产品名称	批别	直接材料	直接人工	制造费用	合计
甲产品	201	31 500	3 600	900	36 000

（3）3 月份发生成本见表 6-9。

表 6-9　3 月份发生成本

单位：元

产品名称	批别	直接材料	直接人工	制造费用	合计
甲产品	201		18 000	9 000	27 000
乙产品	301	39 000	15 050	7 350	61 400
丙产品	302	25 000	8 000	4 000	37 000
合计		64 000	41 050	20 350	125 400

要求：

（1）根据以上资料，设置各批别产品基本生产成本明细账。

（2）采用分批法计算本月完工产品成本。

（3）根据各批别产品成本明细账，编制产成品成本汇总表。

（4）根据产成品成本汇总表进行相关的会计处理。

【案例解析】

（1）根据上述资料，设置各批别产品基本生产成本明细账并采用分批法计算本月完工产品成本，如表6-10、表6-11、表6-12所示。

表6-10 基本生产成本明细账

产品批别：201　　　　投产日期：2月25日

产品名称：甲产品　　　　产品批量：30台　　　　完工日期：3月25日

2021年		摘要	直接材料	直接人工	制造费用	合计
月	日					
2	28	本月发生费用/元	31 500	3 600	900	36 000
3	31	本月发生费用/元		18 000	9 000	27 000
3	31	生产费用累计/元	31 500	21 600	9 900	63 000
3	31	转出完工产品（30台）	31 500	21 600	9 900	63 000
3	31	完工产品单位成本/（元·台$^{-1}$）	1 050	720	330	2 100

表6-11 基本生产成本明细账

产品批别：301　　　　投产日期：3月1日

产品名称：乙产品　　　　产品批量：20台　　　　完工日期：3月27日

2021年		摘要	直接材料	直接人工	制造费用	合计
月	日					
3	31	本月发生费用/元	39 000	15 050	7 350	61 400
3	31	约当总产量/台	20	17.5	17.5	
3	31	单位成本/（元·台$^{-1}$）	1 950	860	420	3230
3	31	转出完工产品（15台）	29 250	12 900	6 300	48 450
3	31	月末在产品成本/元	9 750	2 150	1 050	12 950

直接材料约当总产量=15+5×100%=20（台）

直接人工约当总产量=15+5×50%=17.5（台）

制造费用约当总产量=15+5×50%=17.5（台）

表6-12 基本生产成本明细账

产品批别：302　　　　投产日期：3月20日

产品名称：丙产品　　　　产品批量：15台　　　　完工日期：3月30日

2021年		摘要	直接材料	直接人工	制造费用	合计
月	日					
3	31	本月发生费用/元	25 000	8 000	4 000	37 000

（2）编制产成品成本汇总表，如表6-13所示。

（3）根据产成品成本汇总表进行相关的会计处理如下。

借：库存商品——甲产品　　63 000

　　　　　　——乙产品　　48 450

贷：生产成本——基本生产成本——甲产品　　63 000

　　　　　　　　　　　　　　　——乙产品　　48 450

表 6-13　产成品成本汇总表

2021 年 3 月

成本项目	甲产品 30 台		乙产品 15 台	
	总成本/元	单位成本/(元·台$^{-1}$)	总成本/元	单位成本/(元·台$^{-1}$)
直接材料	31 500	1 050	29 250	1 950
直接人工	21 600	720	12 900	860
制造费用	9 900	330	6 300	420
合计	63 000	2 100	48 450	3 230

任务三　应用简化分批法核算产品成本

任务导入

李平是某公司财务部门的成本核算人员，该公司产品成本采用按批量进行计算。由于每个月投产批量较多，且月末未完工产品也较多，所以李平觉得如果用一般分批法计算很烦琐。那么，是否有更简便的方法进行成本核算呢？这正是本任务需要解决的问题——应用简化分批法核算产品成本。

任务要求

- 认知简化分批法；
- 学会运用简化分批法进行成本核算。

知识准备

问题 1：如何理解简化分批法？

简化分批法，又称为累计间接费用分配法，是一种只分批核算完工产品成本，对在产品成本不分批核算的分批法。

简化分批法的特点有以下三点。

第一，必须设置基本生产成本二级账。基本生产成本二级账除按规定的成本项目设专栏外，还需要增设生产工时专栏。基本生产成本二级账的作用在于，按月登记所有批别产品的累计生产费用和累计生产工时。因此，该二级账中不但要按成本项目登记所有批别产品的月初在产品费用、本月生产费用和累计生产费用，而且还要登记所有批别产品的月初在产品生产工时、本月生产工时和累计生产工时。

第二，简化了间接计入费用的分配。每月发生的间接计入的费用，不是按月在各批别产品之间进行分配，而是首先在基本生产成本二级账中累计起来，在有完工产品的月份的月末才按各批完工产品的累计生产工时和累计间接计入费用分配率，计算完工产品应分摊的间接计入费用，进而计算完工产品成本和应保留在该二级账中的月末在产品成本。计算公式为：

$$\text{全部产品某项累计间接计入费用分配率}=\frac{\text{全部产品该项累计间接计入费用}}{\text{全部产品累计生产工时}}$$

$$\text{某批完工产品应分摊的某项间接计入费用}=\text{该批完工产品累计生产工时}\times\text{全部产品该项累计间接计入费用分配率}$$

注意：对于未完工的在产品则不分配间接计入费用，其费用仍以总数额反映在基本生产成本二级账中。

第三，各批别产品基本生产成本明细账中平时只反映直接费用和生产工时，只有在产品完工时，完工产品成本才包括直接费用、生产工时和分摊的间接计入费用。

在实际应用简化分批法时，应注意必须具备两个条件：一个是各月份间接计入费用水平较一致；另一个是同一月份投产批量多，且月末未完工产品也较多。

问题 2：如何应用简化分批法核算产品成本？

采用简化分批法计算产品成本时，其计算程序如下。

（1）按产品批别或订单设置基本生产成本明细账（或产品成本计算单），并登记月初在产品的直接费用和生产工时。

（2）设置基本生产成本二级账，并登记月初在产品的累计项目费用和累计生产工时。

（3）归集当月发生的生产费用和生产工时。在基本生产成本明细账中，只登记直接费用和生产工时，不登记间接费用；在该二级账中既要登记各批别产品的累计直接费用和累计生产工时，同时也要登记各批别产品共同发生的累计间接费用。

（4）月末，根据基本生产成本二级账中汇总的全部产品各项目的累计间接计入费用和全部产品的累计生产工时，计算全部产品各项累计间接计入费用分配率。

（5）根据各批别完工产品的累计生产工时，计算并分摊各批别完工产品应负担的各项间接计入费用，并计算完工产品的总成本和单位成本，未完工产品不分摊间接计入费用。

将各批别完工产品成本在基本生产成本二级账和基本生产成本明细账中进行平行登记，将各批别当月完工产品汇总编制产品成本汇总表，据以作为编制完工入库产品记账凭证的原始依据。

【案例二】胜利五金工厂属小批生产企业，产品批别多，生产周期长，每月经常有大量未完工的产品批数。为了简化核算工作，采用简化的分批法计算成本。该厂2021年5月份相关成本资料如下。

（1）月初在产品成本：直接材料11 000元（其中，051批别5 500元；062批别3 400元；063批别2 100元）；直接人工2 640元；制造费用3 150元。

（2）月初在产品累计耗用3 720工时（其中，051批别2 000工时；062批别620工时；063批别1 100工时）。

（3）5月份的产品批别、发生的工时和直接材料如表6-14所示。

表6-14　5月份的产品批别、发生的工时和直接材料

产品名称	批别	批量/台	投产日期	完工日期	本月发生	
					工时/小时	直接材料/元
A产品	051	15	4月5日	5月25日	600	3 500
B产品	062	8	4月10日	5月30日（6台）	800	7 000
C产品	063	5	4月15日	6月5日	1 800	4 500

（4）本月发生直接人工22 040元，制造费用27 320元。

简化的分批法计算成本的过程如下。

（1）设置基本生产成本二级账，如表6-15所示。

全部产品各项累计间接计入费用分配率计算如下。

$$\text{累计直接人工费用分配率}=\frac{\text{累计直接人工费用}}{\text{全部产品累计生产工时}}=\frac{24\,680}{6\,920}=3.57\text{（元/小时）}$$

$$累计制造费用分配率=\frac{累计制造费用}{全部产品累计生产工时}=\frac{30\,470}{6\,920}=4.40（元/小时）$$

表 6-15　基本生产成本二级账

（各批别全部产品总成本）

2021 年		摘要	直接材料	生产工时	直接人工	制造费用	合计（元）
月	日						
4	30	本月发生费用	11 000 元	3 720 小时	2 640 元	3 150 元	16 790 元
5	31	本月发生费用	15 000 元	3 200 小时	22 040 元	27 320 元	64 360 元
5	31	生产费用累计	26 000 元	6 920 小时	24 680 元	30 470 元	81 150 元
5	31	累计间接费用分配率			3.57 元/小时	4.40 元/小时	
5	31	转出完工产品	17 210.53 元	3 600 小时	12 852 元	15 840 元	45 902.53 元
5	31	月末在产品成本	8 789.47 元	3 320 小时	11 828 元	14 630 元	35 247.47 元

（2）该企业各批产品基本生产成本明细账见表 6-16、表 6-17、表 6-18。

表 6-16　基本生产成本明细账

产品批别：051　　　　　　　　　　　　　　　　　　　　投产日期：4 月 5 日

产品名称：A 产品　　　　　　　　批量：15 台　　　　　　完工日期：5 月 25 日

2021 年		摘要	直接材料	生产工时	直接人工	制造费用	合计
月	日						
4	30	本月发生费用	5 500 元	2 000 小时			
5	31	本月发生费用	3 500 元	600 小时			
5	31	生产费用累计	9 000 元	2 600 小时			
5	31	累计间接费用分配率			3.57 元/小时	4.40 元/小时	
5	31	转出完工产品（15 台）	9 000 元	2 600 小时	9 282 元	11 440 元	29 722 元
5	31	完工产品单位成本	600 元/台		618.80 元/台	762.67 元/台	1 981.47 元/台

表 6-17　基本生产成本明细账

产品批别：062　　　　　　　　　　　　　　　　　　　　投产日期：4 月 5 日

产品名称：B 产品　　　　　　　　批量：8 台　　　　　　完工日期：5 月 28 日

2021 年		摘要	直接材料	生产工时	直接人工	制造费用	合计
月	日						
4	30	本月发生费用	3 400 元	620 小时			
5	31	本月发生费用	7 000 元	800 小时			
5	31	生产费用累计	10 400 元	1 420 小时			
5	31	累计间接费用分配率			3.57 元/小时	4.40 元/小时	
5	31	转出完工产品（6 台）	8 210.53 元	1 000 小时	3 570 元	4 400 元	16 180.53 元
5	31	完工产品单位成本	1 368.42 元/台		595 元/台	733.33 元/台	2 696.75 元/台
5	31	月末在产品成本	2 189.47 元	420 小时			

注：完工 6 台 B 产品的生产工时为 1 000 小时，直接材料按约当产量法分配，

在产品投料程度为80%。

表6-18　基本生产成本明细账

产品批别：063　　投产日期：4月15日

产品名称：C产品　　批量：5台　　完工日期：5月29日

2021年		摘要	直接材料/元	生产工时/小时	直接人工/元	制造费用/元	合计/元
月	日						
4	30	本月发生费用	2 100	1 100			
5	31	本月发生费用	4 500	1 800			

注意：简化分批法的一般特点与一般分批法相同，但在账户结构和分配间接计入费用和程序上有所不同。

（1）简化分批法的一个显著特点是必须设立基本生产成本二级账。

设立基本生产成本二级账的目的是反映所有批别全部产品的累计生产费用（包括累计直接费用和累计间接计入费用）及累计生产工时。月末，各批别在产品的各月累计直接计入费用之和及累计生产工时之和，应与基本生产成本二级账中对应项目核对相符；各批别完工产品的累计生产费用之和及累计生产工时之和，也应与基本生产成本二级账中对应项目核对相符。而其他成本计算法可以不设基本生产成本二级账。

（2）各项间接计入费用累计分配率，既是在各批别完工产品之间分配间接计入费用的依据，也是在完工批别与月末在产品批别之间，以及某批产品的完工产品与月末在产品之间分配间接计入费用的依据。

（3）简化分批法适用于各月间接计入费用水平相差不多的情况，否则会影响成本计算的准确性。例如，前几个月的间接计入费用水平较高，本月间接计入费用水平较低，某批产品本月投产，当月完工时按累计间接计入费用分配率分配计算时，该批完工产品成本就会发生不应有的偏高。

课堂实训

【案例】鸿运公司小批量生产多种产品，产品批别多且生产周期较长，为了简化产品成本的计算工作，采用简化的分批法计算成本。鸿运公司产品批制明细表如表6-19所示。

要求：（1）设置基本生产成本二级账。

（2）设置产品基本生产成本明细账。

表6-19　鸿运公司产品批别明细表

2021年5月

批别	产品名称	投产日期	批量	完工日期	完工产品数量/件	在产品数量/件	本月实际生产工时/小时
0101	A产品	3月19日	10	5月21日	10	0	20 000
0102	B产品	4月6日	10	5月26日	8	2	15 000
0103	C产品	4月11日	15		0	15	25 000

【案例解析】

（1）设置鸿运公司基本生产成本二级账，如表6-20所示。

表6-20　鸿运公司基本生产成本二级账

（各批别全部产品总成本）

2021		摘要	直接材料	生产工时	直接人工	制造费用	合计
月	日						
4	30	在产品成本	400 000元	80 000小时	120 000元	180 000元	700 000元
5	31	本月发生生产耗费	81 000元	60 000小时	180 000元	180 000元	441 000元
5	31	累计生产耗费	481 000元	140 000小时	300 000元	360 000元	1 141 000元
5	31	累计间接计入耗费分配率			2.14元/件	2.57元/件	
5	31	本月完工产品成本	380 400元	93 000小时	199 020元	239 010元	818 430元
5	31	月末在产品成本	100 600元	57 000小时	100 980元	120 990元	322 570元

（2）设置产品基本生产成本明细账，如表6-21、表6-22、表6-23所示。

表6-21　基本生产成本明细账

产品批别：0101　　　　　　　　　　　　投产日期：3月19日

产品名称：A产品　　　　批量：10件　　　　完工日期：5月21日

2021		摘要	直接材料	生产工时	直接人工	制造费用	合计
月	日						
3	31	本月发生生产耗费	130 000元	30 000小时			
4	30	本月发生生产耗费	70 000元	15 000小时			
4	30	累计生产耗费	200 000元	45 000小时			
5	31	本月发生生产耗费	50 000元	20 000小时			
5	31	累计生产耗费	250 000元	65 000小时			
5	31	累计间接计入耗费分配率			2.14元/件	2.57元/件	
5	31	本月完工产品成本	250 000元	65 000小时	139 100元	167 050元	556 150元
5	31	本月完工产品单位成本	25 000元/件		13 910元/件	16 705元/件	55 615元/件

表 6-22 基本生产成本明细账

产品批别：0102　　投产日期：4 月 6 日

产品名称：B 产品　　批量：10 件（本月完工 8 件）　　完工日期：5 月 26 日

2021		摘要	直接材料	生产工时	直接人工	制造费用	合计
月	日						
4	30	本月发生生产耗费	150 000 元	15 000 小时			
5	31	本月发生生产耗费	13 000 元	15 000 小时			
5	31	累计生产耗费	163 000 元	30 000 小时			
5	31	累计间接计入耗费分配率			2.14 元/件	2.57 元/件	
5	31	本月完工产品成本	130 400 元	28 000 小时	59 920 元	71 960 元	262 280 元
5	31	本月完工产品单位成本	16 300 元/件		7 490 元/件	8 995 元/件	32 785 元/件
5	31	月末在产品成本	32 600 元	2 000 小时			

表 6-23 基本生产成本明细账

产品批别：0103　　投产日期：4 月 11 日

产品名称：C 产品　　批量：15 件　　完工日期：5 月 28 日

2021		摘要	直接材料/元	生产工时/小时	直接人工/元	制造费用/元	合计/元
月	日						
4	30	本月发生生产耗费	50 000	20 000			
5	31	本月发生生产耗费	18 000	25 000			
5	31	累计生产耗费	68 000	45 000			

项目七

分步法的应用

项目引领

企业按照生产工艺特点和组织特点的不同，可以采用不同的成本核算方法。钢铁企业的生产步骤分为炼铁、炼钢、轧钢等；纺织企业的生产步骤分为纺纱、织布等；造纸企业的生产步骤分为制浆、制纸、包装等；机械企业的生产步骤分为铸造、加工、装配等。对于这些企业而言，本书前述的品种法和分批法已不能满足其成本计算的要求。这就要求同学们进一步学习成本核算的方法——分步法，并学会运用逐步结转分步法和平行结转分步法来核算这些企业的产品成本。

项目目标

知识目标：

（1）认识分步法的特点和适用范围；

（2）理解逐步结转分步法和平行结转分步法的区别；

（3）学会运用逐步结转分步法和平行结转分步法进行成本核算。

技能目标：

（1）能够用逐步结转分步法进行成本核算；

（2）能够用平行结转分步法进行成本核算。

任务一　认知分步法

任务导入

赵林、钱兵、孙芳和李雨分别负责热电厂、服装厂、棉纺厂和鞋厂的成本会计工作。赵林所在的热电厂采用品种法核算电的成本。钱兵所在的服装厂采用分批法核算服装的成本。孙芳和李雨是否可以采用品种法和分批法计算棉纺厂和鞋厂的成本呢？如果不可以，又应该选用什么样的成本计算方法呢？这正是本任务需要进一步学习的内容——认知分步法的特点和适用范围。

任务要求

- 认知分步法的概念和适用范围；
- 理解分步法的基本特点。

知识准备

问题 1：如何理解分步法？

在一些多步骤复杂生产的企业中，生产工艺过程由若干个在技术上可以间断的生产步骤组成，每个生产步骤生产出的半成品，既可以用于下一生产步骤继续进行加工或装配，也可以销售给外单位使用。为了适应这种生产特点，不但要按照产品品种计算半成品成本和最终产成品成本，而且还要按照生产步骤计算各步骤成本，以便与分级管理相结合，开展各步骤的成本管理，加强企业的全面经济核算。

分步法是以各生产步骤（阶段）某月份生产的半成品和最后生产步骤（阶段）生产的产成品作为成本计算对象，归集生产费用，计算产品总成本和单位成本的一种成本计算方法。

分步法主要适用于管理上要求分步骤计算的大量大批多步骤生产的企业。例如，钢铁企业、纺织企业、造纸企业、机械企业等。

问题 2：分步法的基本特点有哪些？

分步法的基本特点有以下四个方面。

1. 以各步骤的半成品或产成品作为成本计算对象

分步法以产品的生产步骤和产品品种作为成本计算对象，其成本明细账按每个加工步骤的半成品或产成品设置。在实际工作中，产品成本计算的分步与产品实际的生产步骤的划分并不一定完全一致。因此，在计算产品成本时，可以只对管理上有必要分步计算成本的生产步骤单独设立产品成本明细账，单独计算成本；而管理上不要求单独计算成本的生产步骤，则可以与其他生产步骤合并设立产品成本明细账，合并计算成本。

2. 以会计报告期（日历月份）作为成本计算期

在大量大批生产的企业里，原材料连续投入，产品连续不断地转移到下一生产步骤，生产过程中始终有一定数量的在产品，成本计算一般在月末进行。因此，成本计算是定期的，成本计算期与产品的生产周期不一致，但与会计报告期一致。

3. 需要将生产费用在完工产品和在产品之间分配

在大量大批的多步骤生产中，由于生产过程较长，而且往往都是跨月陆续完工的，所以在月末计算成本时各步骤都有在产品。因此，要采用适当的方法，将生产费用在完工产品与在产品之间进行分配。

4. 需要处理各步骤之间的成本结转问题

由于产品生产分步骤进行，上一步骤生产的半成品是下一步骤的加工对象，所以，为了计算各种产品的成本，应考虑各个步骤之间的成本结转问题。

分步法按是否计算各步骤半成品的成本划分，可分为逐步结转分步法和平行结转分步法。逐步结转分步法按照半成品转入下一步骤明细账的反映方式不同，又可以分为分项结转法和综合结转法。

任务二　应用逐步结转分步法——分项结转法

任务导入

虹星棉纺股份有限公司属于大量大批多步骤连续式生产企业，各步骤的半成品既可以继续投入下一步骤生产，又可以对外销售。如果继续投入下一步骤生产，则棉纱车间制成的棉纱筒转入棉纱车间半成品库；棉布车间领用棉纱制成的纯棉坯布转入成品库。各车间的工艺流程图如图 7-1 所示，对于该公司而言，该如何计算棉纱、棉布的成本呢？

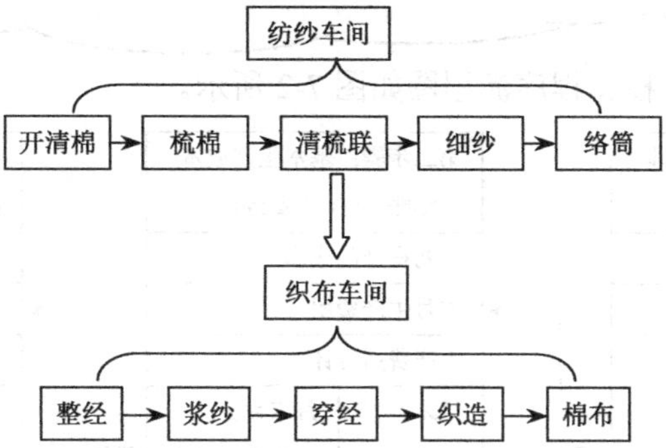

图 7-1　各车间工艺流程图

任务要求

- 认知逐步结转分步法；
- 理解逐步结转分步法的成本核算程序；
- 学会用分项结转法核算产品成本。

知识准备

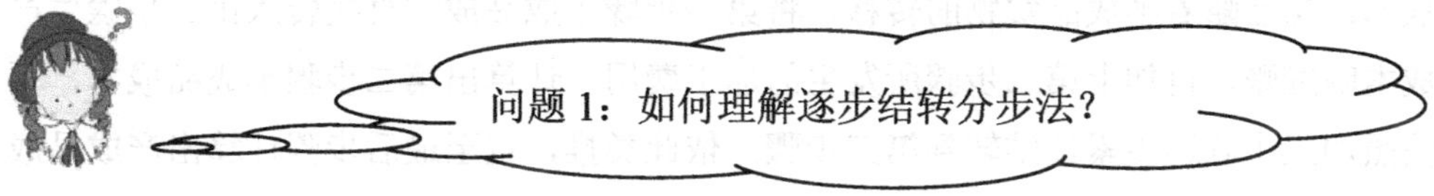

逐步结转分步法是按照产品的生产顺序，逐步计算并结转半成品成本，前一步骤的半成品成本随着半成品实物的转移而结转到下一步骤的产品成本中，直到最后步骤累计计算出产成品成本的一种成本计算方法。该方法的显著特点是能够提供各步骤完整的半成品成本资料，因此，又称为计算半成品成本法。例如，钢铁企业可分为炼铁、炼钢、轧钢等生产步骤，其半成品生铁、钢锭、产成品钢材都需要计算成本；再如，纺织企业可分为纺纱、织布等生产步骤，其半成品棉纱和产成品棉布也都需要计算成本，这些企业适合采用逐步结转分步法计算产品成本。

逐步结转分步法适用于半成品能够对外销售、半成品具有独立经济意义、半成品种类不多且管理上需要提供各生产步骤半成品成本资料的大量大批多步骤连续生产的企业。企业为了计算外售半成品的成本，全面地考核和分析产品成本计划的执行情况，或者进行同行业成本的评比等情况时，都需要计算其半成品的成本。

问题2：逐步结转分步法的核算程序是什么？

逐步结转分步法核算程序流程图如图7-2所示。

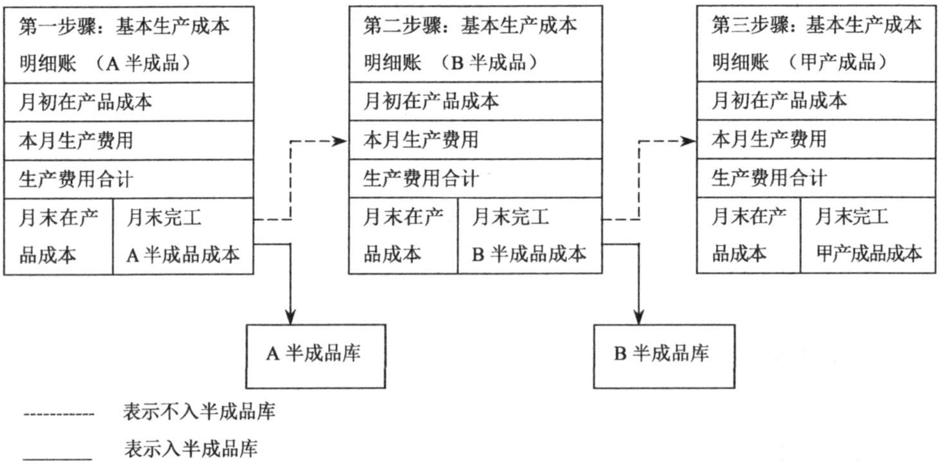

图7-2 逐步结转分步法核算程序流程图

逐步结转分步法的核算程序取决于半成品实物的流转程序。半成品实物的流转程序分为两种情况。

一种情况是不设半成品仓库而直接在各步骤间转移。首先计算第一步骤半成品成本，然后随着半成品实物的转移，将第一步骤半成品成本直接转入第二步骤生产成本明细账，再加上第二步骤所发生的加工费用，计算出第二步骤半成品成本，再按照加工步骤逐步累计结转到第三步骤，依此类推，直至最后步骤计算出产成品成本为止。在半成品完工后，如果不通过半成品库收发，而为下一步骤直接领用，则半成品成本应在各步骤的生产成本明细账之间直接结转，不设置“自制半成品”账户，不必做结转半成品入库的会计凭证。

另一种情况是通过半成品仓库收发而间接在各步骤间转移。半成品完工后，不被下一步骤直接领用，而要通过半成品库收发，则应设置“自制半成品”账户进行核算。在半成品验收入库时，借记“自制半成品”账户，贷记“基本生产成本”账户；在下一步骤领用时，借记“基本生产成本”账户，贷记“自制半成品”账户；再根据半成品领用的会计凭证，将下一步骤领用的自制半成品成本转入该步骤生产成本明细账。

逐步结转分步法实际上就是品种法的多次连续应用。各步骤半成品视同该步骤的完工产品，在产品为狭义的在产品，采用品种法计算该步骤半成品成本，半成品成本随实物的转移而转移。如此逐步结转，累计结转到最后步骤计算出产成品成本。

问题 3：如何应用分项结转法核算产品成本？

分项结转法是将各生产步骤所耗半成品，按照成本项目分项转入各步骤生产成本明细账的各个成本项目中。如果半成品通过自制半成品库收发，那么，在自制半成品明细账中登记半成品成本时，也要按照成本项目分别登记。例如，领用上一步骤半成品成本 8 000 元（其中，直接材料 5 000 元，人工费用 2 000 元，制造费用 1 000 元），分别按直接材料、直接人工、制造费用成本项目登记到下一步骤基本生产成本明细账中，直至最终计算出按原始成本项目反映的产成品成本。

分项结转，既可以按照半成品的实际单位成本结转，又可以首先按照半成品的计划单位成本结转，然后按成本项目分项调整成本差异。后一种做法的计算工作量较大，因此，一般采用按实际成本分项结转的方法。

采用分项结转法结转半成品成本，可以直接、正确地提供按原始成本项目反映的企业产品成本资料，便于企业从整体的角度考核和分析产品计划的执行情况。但分成本项目结转比较烦琐，特别是在半成品通过仓库收发时，分项结转半成品成本的核算工作量较大，而且在各加工步骤完工产品成本中看不出该产品所耗用的上一加工步骤半成品成本是多少、本步骤加工成本是多少，不便于对各加工步骤完工产品的成本进行分析和考核。例如，钢铁工业企业的炼钢步骤所产半成品钢锭的成本，如果分项转入轧钢步骤生产成本明细账各个成本项目，那么在其完工转出的产成品钢材成本中就看不出所耗钢锭成本有多少、本步骤的轧钢成本有多少，不便于进行轧钢步骤的成本管理。

因此，分项结转法一般适用于只要求按原始成本项目计算产品成本、对各加工步骤成本管理要求不高的企业。

【案例一】虹星棉纺有限责任公司 2021 年 6 月份生产棉布，该产品的生产顺序经过纺纱和织布两个加工步骤。第一个步骤一次投入原材料后生产棉纱，织布车间领用棉纱加工成的棉布转入产成品库。发出自制半成品棉纱的计价采用全月一次加权平均法。各生产车间的生产费用在完工产品和在产品之间分配时采用约当产量法。各车间在产品完工程度均按 50%计算。其相关资料如表 7-1、表 7-2 所示（计算结果保留小数点后两位）。

表 7-1 产量资料

2021 年 6 月

项 目	月初在产品	本月投入	本月完工	月末在产品
纺纱车间/吨	30	390	380	40
织布车间/米	200 000	1 450 000	1 550 000	100 000

表 7-2 费用资料

2021 年 6 月　　　　单位：元

摘 要	车 间	直接材料	直接人工	制造费用	合 计
月初在产品成本	纺纱车间	585 000	51 090	49 410	685 500
	织布车间	1 212 100	110 000	55 000	1 377 100
本月发生费用	纺纱车间	7 605 000	1 311 310	1 268 190	10 184 500
	织布车间		1 810 000	841 000	2 651 000

要求：（1）根据以上业务资料，计算纺纱车间本月所产棉纱的实际成本。

（2）计算织布车间本月所产棉布的实际成本。

根据以上资料分别计算如下。

（1）计算纺纱车间本月所产棉纱的实际成本。

1）开设纺纱车间基本生产成本明细账，如表 7-3 所示。

表 7-3 基本生产成本明细账

车间名称：纺纱车间　　　　完工产量：380 吨

产品名称：棉纱　　　　2021 年 6 月

摘 要	直接材料	直接人工	制造费用	合 计
月初在产品/元	585 000	51 090	49 410	685 500
本月生产费用/元	7 605 000	1 311 310	1 268 190	10 184 500
合计/元	8 190 000	1 362 400	1 317 600	10 870 000
约当总产量/吨	420	400	400	—
分配率/（元・吨$^{-1}$）	19 500	3 406	3 294	26 200
完工半成品成本/元	7 410 000	1 294 280	1 251 720	9 956 000
月末在产品成本/元	780 000	68 120	65 880	914 000

2）纺纱车间成本计算过程。

①约当总产量的计算。

直接材料项目约当总产量=380+40=420（吨）

其他费用约当总产量=380+40×50%=400（吨）

②“直接材料”项目计算。

直接材料费用分配率=$\dfrac{8\,190\,000}{380+40}$=19 500（元/吨）

完工半成品应负担的直接材料费用=19 500×380=7 410 000（元）

月末在产品应负担的直接材料费用=19 500×40=8 190 000–7 410 000=780 000（元）

③“直接人工”项目计算。

直接人工费用分配率=$\dfrac{1\,362\,400}{380+40\times 50\%}$=3 406（元/吨）

完工半成品应负担的直接人工费用=3 406×380=1 294 280（元）

月末在产品应负担的直接人工费用=3 406×40×50%=1 362 400–1 294 280=68 120（元）

④“制造费用”项目计算。

制造费用分配率=$\frac{1\,317\,600}{380+40\times 50\%}$=3 294（元/吨）

完工半成品应负担的制造费用=3 294×380=1 251 720（元）

月末在产品应负担的制造费用=3 294×40×50%=1 317 600–1 251 720=65 880(元）

⑤完工半成品成本和月末在产品成本计算。

完工半成品成本=7 410 000+1 294 280+1 251 720=9 956 000（元）

月末在产品成本=780 000+68 120+65 880=914 000（元）

根据上述计算结果，完成纺纱车间基本生产成本明细账的登记，如表 7-3 所示。

3）纺纱车间半成品入库，应根据半成品入库单进行账务处理，并登记自制半成品明细账，如表 7-4 所示。

借：自制半成品——棉纱 9 956 000

贷：生产成本——基本生产成本——棉纱 9 956 000

表 7-4 自制半成品明细分类账

产品名称：棉纱 2021 年 6 月

摘 要	数量	直接材料	直接人工	制造费用	合 计
月初结存	30 吨	585 000 元	51 090 元	49 410 元	685 500 元
本月增加	380 吨	7 410 000 元	1 294 280 元	1 251 720 元	9 956 000 元
合计	410 吨	7 995 000 元	1 345 370 元	1 301 130 元	10 641 500 元
加权平均单位成本		19 500 元/吨	3 281.39 元/吨	3 173.49 元/吨	25 954.88 元/吨
本月领用	350 吨	6 825 000 元	1 148 486.5 元	1 110 721.5 元	9 084 208 元
月末结存	60 吨	1 170 000 元	196 883.5 元	190 408.5 元	1 557 292 元

直接材料加权平均单位成本=$\frac{585\,000+7\,410\,000}{30+380}\approx 19\,500$（元/吨）

直接人工加权平均单位成本=$\frac{51\,090+1\,294\,280}{30+380}\approx 3\,281.39$（元/吨）

制造费用加权平均单位成本=$\frac{49\,410+1\,251\,720}{30+380}\approx 3\,173.49$（元/吨）

加权平均单位成本合计=19 500+3 281.39+3 173.49=25 954.88（元/吨）

（2）根据以上业务资料，计算织布车间本月所产棉布的实际成本。

1）开设织布车间基本生产明细账，如表 7-5 所示。

表 7-5 基本生产成本明细账

车间名称：织布车间 完工产量：1 550 000 米

产品名称：棉布 2021 年 6 月

摘 要	直接材料	直接人工	制造费用	合 计
月初在产品/元	1 212 100	110 000	55 000	1 377100
本月领用 A 半成品成本/元	6 825000	1 148 486.5	1 110 721.5	9 084 208
本车间投入/元		1 810 000	841 000	2 651 000
合计/元	8 037 100	3 068 486.5	2 006 721.5	13 112 308
约当总产量/米	1 650 000	1 600 000	1 600 000	—
分配率/（元·米$^{-1}$）	4.87	1.92	1.25	8.04
完工产成品成本/元	7 548 500	2 976 000	1 937 500	12 462 000
月末在产品成本/元	488 600	92 486.5	69 221.5	650 308

2）织布车间领用半成品，根据半成品出库单进行账务处理，并登记到自制半成品明细账和织布车间基本生产成本明细账中，如表 7-4、表 7-5 所示。

借：生产成本——基本生产成本——棉布 9 084 208

贷：自制半成品——棉纱 9 084 208

3）计算织布车间成本，并将计算结果登记到基本生产成本明细账中，如表 7-5 所示。

直接材料项目约当总产量=1 550 000+100 000=1 650 000（米）

其他费用约当总产量=1 550 000+100 000×50%=1 600 000（米）

直接材料费用分配率=$\frac{8\,037\,100}{1\,650\,000}$≈4.87（元/米）

直接人工费用分配率=$\frac{3\,068\,486.5}{1\,600\,000}$≈1.92（元/米）

制造费用分配率=$\frac{2\,006\,721.5}{1\,600\,000}$≈1.25（元/米）

4）织布车间产成品入库，根据产成品入库单进行账务处理如下。

借：库存商品——棉布 12 462 000

贷：生产成本——基本生产成本——棉布 12 462 000

课堂实训

【案例】某企业甲产品经过两个车间连续加工制成，一车间生产 A 半成品，直接转入二车间加工成甲产成品，1 件甲产品耗用 1 件 A 半成品。原材料于生产开始时一次投入，各车间月末在产品完工率均为 50%。各车间生产费用在完工产品和在产品之间的分配采用约当产量法。有关资料如表 7-6、表 7-7 所示。

表 7-6 产量资料

2021 年 6 月 单位：件

摘 要	一车间	二车间
月初在产品数量	20	50
本月投产数量或上步转入	180	160
本月完工产品数量	160	180
月末在产品数量	40	30

表 7-7 费用资料

2021 年 6 月 单位：元

摘 要		直接材料	直接人工	制造费用	合计
月初在产品成本	一车间	1 000	60	120	1 180
	二车间	3 170	340	120	3 630
本月生产费用	一车间	18 400	2 100	2 400	22 900
	二车间		3 200	4 660	7 860

要求：编制各车间成本计算单，采用分项结转法计算各车间半成品成本及产成品成本。

【案例解析】

（1）根据已知成本资料，计算并登记基本生产成本明细账，如表 7-8 所示。

表 7-8 基本生产成本明细账

车间名称：一车间 完工产量：160 件

产品名称：A 半成品 2021 年 6 月

摘 要	直接材料	直接人工	制造费用	合计
月初在产品成本/元	1 000	60	120	1 180
本月发生费用/元	18 400	2100	2 400	2 2900
生产费用合计/元	19 400	2 160	2 520	24 080
约当总产量/件	200	180	180	—
单位成本/（元·件$^{-1}$）	97	12	14	123
完工半成品成本/元	15 520	1 920	2 240	19 680
月末在产品成本/元	3 880	240	280	4 400

一车间本月所产 A 半成品实际成本计算如下。

①约当总产量的计算。

直接材料约当总产量=160+40=200（件）

其他费用约当总产量=160+40×50%=180（件）

②“直接材料”项目计算。

直接材料费用分配率=$\frac{19\,400}{200}=97$（元/件）

完工半成品应负担的直接材料费用=97×160=15 520（元）

月末在产品应负担的直接材料费用=19 400–15 520=3 880（元）

③“直接人工”项目计算。

直接人工费用分配率=$\frac{2\,160}{180}=12$（元/件）

完工半成品应负担的直接人工费用=12×160=1 920（元）

月末在产品应负担的直接人工费用=2 160–1 920=240（元）

④“制造费用”项目计算。

制造费用分配率=$\frac{2\,520}{180}=14$（元/件）

完工半成品应负担的制造费用=14×160=2 240（元）

月末在产品应负担的制造费用=2 520–2 240=280（元）

⑤完工半成品成本和月末在产品成本计算。

完工半成品成本=15 520+1 920+2 240=19 680（元）

月末在产品成本=3 880+240+280=4 400（元）

（2）根据已知成本资料，计算并登记基本生产成本明细账，如表7-9所示。

表7-9　基本生产成本明细账

车间名称：二车间　　　　完工产量：180件

产品名称：甲产成品　　　　2021年 6月

摘要	直接材料	直接人工	制造费用	合计
月初在产品成本/元	3 170	340	120	3 630
本月本车间投入费用/元		3 200	4 660	7 860
本月耗用一车间半成品成本/元	15 520	1 920	2 240	19 680
生产费用合计/元	18 690	5 460	7 020	31 170
约当总产量/件	210	195	195	—
单位成本/（元·件$^{-1}$）	89	28	36	153
完工产品成本/元	16 020	5 040	6 480	27 540
月末在产品成本/元	2 670	420	540	3 630

二车间本月所产甲产成品实际成本计算如下。

①约当总产量的计算。

直接材料项目约当总产量=180+30=210（件）

其他费用约当总产量=180+30×50%=195（件）

②“直接材料”项目计算。

直接材料费用分配率=$\frac{18\ 690}{210}=89$（元/件）

完工半成品应负担的直接材料费用=89×180=16 020（元）

月末在产品应负担的直接材料费用=18 690–16 020=2 670（元）

③“直接人工”项目计算。

直接人工费用分配率=$\frac{5\ 460}{195}=28$（元/件）

完工半成品应负担的直接人工费用=28×180=5 040（元）

月末在产品应负担的直接人工费用=5 460–5 040=420（元）

④“制造费用”项目计算。

制造费用分配率=$\frac{7\ 020}{195}=36$（元/件）

完工半成品应负担的制造费用=36×160=6 480（元）

月末在产品应负担的制造费用=7 000–6 480=540（元）

⑤完工半成品成本和月末在产品成本计算。

完工产成品成本=16 020 +5 040+6 480=27 540（元）

月末在产品成本=2 670+420+540=3 630（元）

任务三　应用逐步结转分步法——综合结转法

任务导入

虹星棉纺股份有限公司根据公司发展的要求，新增染整车间。该车间从坯布半成品库领用半成品加工制成染色布，入成品库。各车间的工艺流程图如图 7-3 所示。该公司财务主管要求成本会计采用综合结转法计算棉纱、棉布、染色布的成本，企业主管领导还要知道染色布按原始成本项目反映的产成品资料。那么，对于该公司而言，又该如何进行成本核算呢？

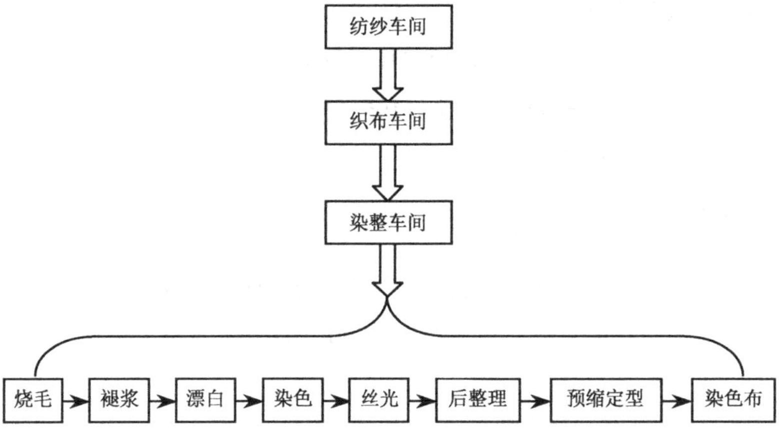

图 7-3　各车间的工艺流程图

任务要求

- 能够应用综合结转法核算产品成本；
- 学会进行产品成本还原。

知识准备

问题 1：如何应用综合结转法？

综合结转法，是将各步骤所耗用的半成品成本，以综合成本转入下一步骤生产成本明细账的“直接材料”或专设的“自制半成品”项目中，而不分成本项目分别结转。半成品成本的综合结转既可以按实际成本结转，也可以按计划成本结转，本书只讲述按实际成本综合结转法。例如，领用上一步骤半成品成本 8 000 元（其中，直接材料 5 000 元，人工费用 2 000 元，制造费用 1 000 元），直接将综合成本 8 000 元计入下一步骤基本生产成本明细账的“直接材料”或专设的“自制半成品”项目中。这样，最终计算出的就不是按原始成本项目反映的产成品成本，而是由最后步骤耗用上一步骤的自制半成品成本和最后步骤的直接人工和制造费用构成的产成品成本。

【案例二】虹星棉纺股份有限公司 2021 年 7 月新增了染整车间，该车间产品依次经过纺纱、织布和染整三个加工步骤。纺纱车间一次投入原材料后生产棉纱。织布车间领用棉纱加工成的坯布转入半成品库。染整车间领用坯布加工成染色布。自制半成品均转入半成品库。发出自制半成品的计价采用全月一次加权平均法。各生产车间的生产费用在完工产品和在产品之间的分配采用约当产量法。各车间在产品完工程度均按 50%计算。相关资料如表 7-10、表 7-11 所示（计算结果保留小数点后两位）。

表 7-10　产量资料

2021 年 7 月

项　目	月初在产品	本月投入	本月完工	月末在产品
纺纱车间/吨	30	390	380	40
织布车间/米	200 000	1 450 000	1 550 000	100 000
染整车间/米	250 000	1 550 000	1 600 000	200 000

表 7-11　费用资料

2021 年 7 月　　　　单位：元

摘　要	车间	直接材料	直接人工	制造费用	合计
月初在产品成本	纺纱车间	585 000	51 090	49 410	685 500
	织布车间	1 212 100	110 000	55 000	1 377 100
	染整车间	2 205 000	50 000	175 000	2 430 000
本月发生费用	纺纱车间	7 605 000	1 311 310	1 268 190	10 184 500
	织布车间		1 810 000	841 000	2 651 000
	染整车间		630 000	2 205 000	2 835 000

要求：（1）计算纺纱车间本月所产棉纱的实际成本。

（2）计算织布车间本月所产棉布的实际成本。

（3）计算染整车间本月所产染色布的实际成本。

根据以上资料分别计算如下。

（1）纺纱车间本月所产棉纱的实际成本计算如下。

①纺纱车间基本生产明细账如表 7-12 所示。

表 7-12　基本生产成本明细账

车间名称：纺纱车间　　　　完工产量：380 吨

产品名称：棉纱　　　　2021 年 7 月

摘　要	直接材料	直接人工	制造费用	合　计
月初在产品成本/元	585 000	51 090	49 410	685 500
本月生产费用/元	7 605 000	1 311 310	1 268 190	10 184 500
合计/元	8 190 000	1 362 400	1 317 600	10 870 000
约当总产量/吨	420	400	400	—
分配率/（元·吨$^{-1}$）	19 500	3 406	3 294	26 200
完工半成品成本/元	7 410 000	1 294 280	1 251 720	9 956 000
月末在产品成本/元	780 000	68 120	65 880	914 000

②纺纱车间的成本计算方法同分项结转法一致，这里不再重复。

③纺纱车间半成品入库，根据半成品入库单进行账务处理，并登记自制半成品明细账，如表7-13所示。

借：自制半成品——棉纱　　9 956 000

　　贷：生产成本——基本生产成本——棉纱　　9 956 000

表7-13　自制半成品明细账

名称：棉纱　　2021年7月

摘　要	收　入			发　出			结　存		
	数量/吨	单价/（元·吨$^{-1}$）	金额/元	数量/吨	单价/（元·吨$^{-1}$）	金额/元	数量/吨	单价/（元·吨$^{-1}$）	金额/元
期初余额							30	22 850	685 500
纺纱车间入库	380	262 00	9 956 000						
织布车间领用				350	25 954.88	9 084 208	60	25 954.88	1 557 292

$$加权平均单位成本=\frac{685\,500+9\,956\,000}{30+380}\approx 25\,954.88（元/吨）$$

发出半成品成本=350×25 954.88=9 084 208（元）

结存半成品成本=685 500+9 956 000–9 084 208=1 557 292（元）

（2）织布车间本月所产棉布的实际成本计算如下。

①织布车间基本生产明细账如表7-14所示。

表7-14　基本生产成本明细账

车间名称：织布车间　　完工产量：15 500 00米

产品名称：棉布　　2021年7月　　单位：元

摘 要	直接材料（或自制半成品）	直接人工	制造费用	合　计
月初在产品成本/元	1 212 100	110 000	55 000	1 377 100
本月领用棉纱成本/元	9 084 208			9 084 208
本车间投入/元		1 810 000	841 000	2 651 000
合计/元	10 296 308	1 920 000	896 000	13 112 308
约当总产量/米	1 650 000	1 600 000	1 600 000	—
分配率/（元·米$^{-1}$）	6.24	1.2	0.56	8
完工半成品成本/元	9 672 000	1 860 000	868 000	12 400 000
月末在产品成本/元	624 308	60 000	28 000	712 308

②织布车间领用棉纱，根据半成品出库单进行账务处理，并登记到自制半成品明细账和基本生产成本明细账中，如表7-13、表7-14所示。

借：生产成本——基本生产成本——棉布　　9 084 208

　　贷：自制半成品——棉纱　　9 084 208

③计算织布车间成本，并将计算结果登记到基本生产成本明细账中，如表 7-14 所示。

直接材料约当总产量=1 550 000+100 000=1 650 000（米）

其他费用约当总产量=1 550 000+100 000×50%=1 600 000（米）

直接材料费用分配率=$\frac{10\ 296\ 308}{1\ 650\ 000}$≈6.24（元/米）

直接人工费用分配率=$\frac{1\ 920\ 000}{1\ 600\ 000}$≈1.2（元/米）

制造费用分配率=$\frac{896\ 000}{1\ 600\ 000}$≈0.56（元/米）

④织布车间半成品入库，根据半成品入库单进行账务处理，并登记到自制半成品明细账中，如表 7-15 所示。

借：自制半成品——棉布　　　　　　　　12 400 000

　贷：生产成本——基本生产成本——棉布　　　　12 400 000

表 7-15　自制半成品明细账

名称：棉布　　　　　　　　　　　　2021 年 7 月

摘要	收入			发出			结存		
	数量/米	单价/（元·米$^{-1}$）	金额/元	数量/米	单价/（元·米$^{-1}$）	金额/元	数量/米	单价/（元·米$^{-1}$）	金额/元
期初结存							200 000	8.875	1 775 000
织布车间入库	1 550 000	8	12 400 000						
染整车间领用				1 550 000	8.1	12 555 000	200 000	8.1	1 620 000

（3）染整车间本月所产染色布的实际成本计算如下。

①染整车间基本生产明细账如表 7-16 所示。

表 7-16　基本生产成本明细账

车间名称：染整车间　　　　　　　　　　　　完工产量：1 600 000 米

产品名称：染色布　　　　　　　　2021 年 7 月

摘　要	直接材料（或自制半成品）	直接人工	制造费用	合　计
月初在产品成本/元	2 205 000	50 000	175 000	2 430 000
本月领用棉布/元	1 255 5000			12 555 000
本车间投入/元		630 000	2 205 000	2 835 000
合计/元	14 760 000	680 000	2 380 000	17 820 000
约当总产量/米	1 800 000	1 700 000	1 700 000	—
分配率/（元·米$^{-1}$）	8.2	0.4	1.4	10
完工产成品成本/元	13 120 000	40 000	2 240 000	16 000 000
月末在产品成本/元	1 640 000	40 000	140 000	1 820 000

②染整车间领用棉布，根据半成品出库单进行账务处理，并登记到自制半成品明细账和基本生产成本明细账中，如表7-15、表7-16所示。

借：生产成本——基本生产成本——染色布　　12 555 000

　　贷：自制半成品——棉布　　12 555 000

③计算染整车间成本，并将计算结果登记到基本生产成本明细账中，如表7-16所示。

直接材料项目约当总产量=1 600 000+200 000=1 800 000（米）

其他费用约当总产量=1 600 000+200 000×50%=1 700 000（米）

直接材料费用分配率=$\frac{14\,760\,000}{1\,800\,000}$=8.2（元/米）

直接人工费用分配率=$\frac{680\,000}{1\,700\,000}$=0.4（元/米）

制造费用分配率=$\frac{2\,380\,000}{1\,700\,000}$=1.4（元/米）

④染整车间产成品完工入库，根据产成品入库单编制会计分录如下。

借：库存商品——染色布　　16 000 000

　　贷：生产成本——基本生产成本——染色布　　16 000 000

问题2：如何进行成本还原？

采用综合结转法结转半成品成本，各步骤所耗半成品的成本是以“自制半成品”或“直接材料”项目综合反映的。因此，这样计算出来的产成品成本，不能提供原始成本项目反映的成本资料。在各步骤逐步综合结转半成品成本后，表现在产成品成本中的绝大部分成本是最后一个步骤所耗半成品的成本，其他费用只是最后一个步骤投入的费用，在产成品成本中所占的比重很小。例如，案例一中染整车间产成品为16 000 000元（其中，自制半成品13 120 000元，直接人工640 000元，制造费用2 240 000元），显然，这不符合产品成本构成的实际情况，不能据以从整体企业角度分析和考核。因此，若管理上要求从企业整体角度考核和分析产品成本的构成时，还应将逐步综合结转算出的产成品成本还原为按原始成本项目反映的成本。

所谓成本还原，就是将产品成本中以综合项目反映的自制半成品成本，逐步分解为以原始的成本项目表现的成本。具体做法：从最后一个步骤起，将各步骤所耗上一步骤半成品的综合成本，按照上一步骤所产半成品成本的结构逐步分解，还原成为直接材料、直接人工和制造费用等原始成本项目，从而求得按原始成本项目反映的产成品成本资料，还原以后的各项成本之和等于还原对象。

实际工作中，为简化成本还原工作，把本月产品所耗用上一步骤半成品的综合成本，按照本月所产该半成品的成本结构进行还原，该方法称为成本还原分配率法。下面结合虹星棉纺股份有限公司案例分析染色布成本还原过程，其还原示意图如图 7-4 所示。

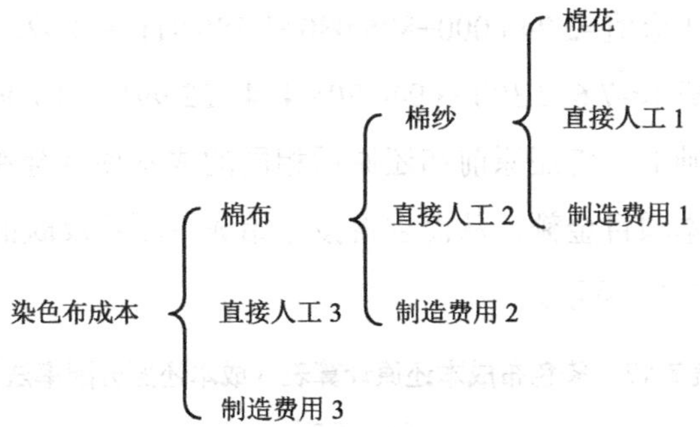

*1、2、3 分别代表产成品耗用的棉纱、织布、染整车间

图 7-4　染色布成本还原过程示意图

具体还原过程如下。

（1）计算成本还原分配率。

$$\text{成本还原分配率}=\frac{\text{本月产成品耗用上一步骤半成品成本合计}}{\text{本月所产该种半成品成本合计}}$$

$$\text{棉布成本还原分配率}=\frac{13\,120\,000}{12\,400\,000}\approx 1.06$$

$$\text{棉纱成本还原分配率}=\frac{10\,252\,320}{9\,956\,000}\approx 1.03$$

（2）计算半成品成本项目还原值。

自制半成品某成本项目还原值=上步骤完工半成品该成本项目金额×成本还原分配率

①棉布各成本项目还原值计算如下。

自制半成品（棉纱）项目还原值=9 672 000×1.06=10 252 320（元）

直接人工项目还原值=1 860 000×1.06=1 971 600（元）

制造费用项目还原值=13 120 000−10 252 320−1 971 600=896 080（元）

②棉纱各成本项目还原值计算如下。

直接材料项目还原值=7 410 000×1.03=7 632 300（元）

直接人工项目还原值=1 294 280×1.03=1 333 108.4（元）

制造费用项目还原值=10 252 320–76 32 300–1 333 108.4=1 286 911.6（元）

（3）计算产成品还原后各成本项目金额。

产成品各成本项目还原值计算如下。

直接材料项目还原值=7 632 300（元）

直接人工项目还原值=640 000+1 971 600+1 333 108.4=3 944 708.4（元）

制造费用项目还原值=2 240 000+896 080+1 286 911.6=4 422 991.6（元）

还原后产成品成本=7 632 300+3 944 708.4+4 422 991.6=16 000 000（元）

在成本还原基础上，将还原前和还原后相同的成本项目金额相加，即可计算出产成品还原后各成本项目金额，从而求得按原始成本项目反映的产成品成本资料，成本还原结果如表 7-17 所示。

表 7-17　染色布成本还原计算表（成本还原分配率法）

2021 年 7 月

行次	项　目	成本还原率	自制半成品（棉布）/元	自制半成品（棉纱）/元	直接材料/元	直接人工/元	制造费用/元	合计/元
1	还原前产成品成本		13 120 000			640 000	2 240 000	16 000 000
2	本月所产棉布的半成品成本构成			9 672 000		1 860 000	868 000	12 400 000
3	棉布成本还原	1.06	–13 120 000	10 252 320		1 971 600	896 080	—
4	本月所产棉纱的半成品成本构成				7 410 000	1 294 280	1 251 720	9 956 000
5	棉纱成本还原	1.03		–10 252 320	76 32 300	1333 108.4	1 286 911.6	
6=1+3+5	还原后产成品成本				7 632 300	3944 708.4	4 422 991.6	16 000 000
	产品单位成本				4.77	2.47	2.76	10

从上述成本还原计算表看，只计算还原分配率，减少了计算工作量。因此，在实际工作中较多企业采用此种方法进行成本还原。

课堂实训

【案例】 某企业生产的甲产品经过三个车间生产，原材料在生产开始时一次性投入，一车间生产 A 半成品直接转入二车间加工成 B 半成品，B 半成品转入三车间加工成甲产成品，各车间的生产费用在完工产品和在产品之间采用约当产量法分配，各车间在产品完工程度均按 50%计算。相关资料如表 7-18、表 7-19 所示（计算结果保留小数点后两位）。

表 7-18　产量资料

2021 年 6 月　　单位：件

摘　要	一车间	二车间	三车间
月初在产品	200	100	150
本月投入	400	500	450
本月完工	500	450	400
月末在产品	100	150	200

表 7-19　费用资料

2021 年 6 月　　单位：元

摘　要	车间	直接材料	直接人工	制造费用	合计
月初在产品成本	一车间	840	925	1 200	2 965
	二车间	800	2 075	1 050	3 925
	三车间	1 050	1000	1070	3 120
本月发生费用	一车间	11760	4 025	3 200	18 985
	二车间		4 225	2 100	6 325
	三车间		4 500	2 930	7 430

要求：（1）计算一车间本月所产 A 半成品的实际成本并登记生产成本明细账。

（2）计算二车间本月所产 B 半成品的实际成本并登记生产成本明细账。

（3）计算三车间本月所产甲产品的实际成本并登记生产成本明细账。

（4）用还原分配率法还原甲产品的成本。

【案例解析】

（1）计算一车间本月所产 A 半成品的实际成本并登记生产成本明细账。

①根据已知成本资料，开设一车间基本生产成本明细账，如表 7-20 所示。

表 7-20　基本生产成本明细账

车间名称：一车间　　2021 年 6 月　　完工产量：500 件

产品名称：A 半成品

摘　要	直接材料	直接人工	制造费用	合　计
月初在产品成本/元	840	925	1 200	2 965
本月发生费用/元	11 760	4 025	3 200	18 985
合计/元	12 600	4 950	4 400	21 950
约当总产量/件	600	550	550	
分配率/（元·件$^{-1}$）	21	9	8	38
完工半成品成本/元	10 500	4 500	4 000	19 000
月末在产品成本/元	2 100	450	400	2 950

②一车间成本计算过程如下。

一车间直接材料约当总产量=500+100=600（件）

其他费用约当总产量=500+100×50%=550（件）

直接材料费用分配率=$\frac{12\ 600}{600}=21$（元/件）

完工半成品应负担的直接材料费用=21×500=10 500（元）

在产品应负担的直接材料费用=21×100=12 600–10 500=2 100（元）

直接人工费用分配率=$\frac{4\ 950}{550}=9$（元/件）

完工半成品应负担的直接人工费用=9×500=4 500（元）

在产品应负担的直接人工费用=4 950–4 500=450（元）

制造费用分配率=$\frac{4\ 400}{550}=8$（元/件）

完工半成品应负担的制造费用=8×500=4 000 元）

在产品应负担的制造费用=4 400–4000=400（元）

③完工半成品成本和月末在产品成本计算。

完工产成品成本=10 500+4 500+4 000=19 000（元）

月末在产品成本=2 100+450+400=2 950（元）

④将有关计算结果登记到一车间基本生产成本明细账中，如表7-20所示。

（2）计算二车间本月所产B半成品的实际成本并登记生产成本明细账。

①根据已知成本资料，开设二车间基本生产成本明细账，如表7-21所示。

表7-21 基本生产成本明细账

车间名称：二车间　　　　完工产量：450件

产品名称：B半成品　　　　2021年6月

摘 要	直接材料（或自制半成品）	直接人工	制造费用	合 计
月初在产品成本/元	800	2 075	1 050	3 925
本月发生费用/元	19 000	4 225	2 100	25 325
合计/元	19 800	6 300	3 150	29 250
约当总产量/件	600	525	525	—
分配率/（元·件$^{-1}$）	33	12	6	—
完工产成品成本/元	14 850	5 400	2700	22950
月末在产品成本/元	4 950	900	450	6 300

②二车间成本计算过程如下。

直接材料约当总产量=450+150=600（件）

其他费用约当总产量=450+150×50%=525（件）

直接材料费用分配率=$\frac{19\ 800}{600}=33$（元/件）

完工半成品应负担的直接材料费用=33×450=14 850（元）

在产品应负担的直接材料费用=19 800–4 850=4 950（元）

直接人工费用分配率=$\frac{6\ 300}{525}=12$（元/件）

完工半成品应负担的直接人工费用=12×450=5 400（元）

在产品应负担的直接人工费用=6 300–5 400=900（元）

制造费用分配率=$\frac{3\ 150}{525}=6$（元/件）

完工半成品应负担的制造费用=6×450=2 700 元）

在产品应负担的制造费用=3 150–2 700=450（元）

③完工半成品成本和月末在产品成本计算。

完工产成品成本=14 850+5 400+2 700=22 950（元）

月末在产品成本=4 950+900+450=6 300（元）

④将有关计算结果登记到二车间基本生产成本明细账中，如表 7-21 所示。

（3）计算三车间本月所产甲产品实际成本并登记生产成本明细账。

①根据已知成本资料，开设三车间基本生产成本明细账，如表 7-22 所示。

表 7-22　基本生产成本明细账

车间名称：三车间　　　　完工产量：400 件

产品名称：甲产品　　　　2021 年 6 月

摘　要	直接材料（或自制半成品）	直接人工	制造费用	合　计
月初在产品成本/元	1 050	1 000	1 070	3 120
本月发生费用/元	22 950	4 500	2 930	30 380
合计/元	24 000	5 500	4 000	33 500
约当总产量/件	600	500	500	—
分配率/（元・件$^{-1}$）	40	11	8	—
完工产成品成本/元	16 000	4 400	3 200	23 600
月末在产品成本/元	8 000	1 100	800	9 900

②三车间产成品成本计算过程如下。

直接材料约当总产量=400+200=600（件）

其他费用约当产量=400+200×50%=500（件）

直接材料费用分配率=$\frac{24\ 000}{600}=40$（元/件）

完工产成品应负担的直接材料费用=40×400=16 000（元）

在产品应负担的直接材料费用=24 000–16 000=8 000（元）

直接人工费用分配率=$\frac{5\ 500}{500}=11$（元/件）

完工产成品应负担的直接人工费用=11×400=4 400（元）

在产品应负担的直接人工费用=5 500–4 400=1 100（元）

制造费用分配率=$\frac{4\ 000}{500}=8$（元/件）

完工产成品应负担的制造费用=8×400=3 200 元）

在产品应负担的制造费用=4 000–3 200=800（元）

③完工产成品成本和月末在产品成本计算。

完工产成品成本=16 000+4 400+3 200=23 600（元）

月末在产品成本=8 000+1 100+800=9 900（元）

④将有关计算结果登记到三车间基本生产成本明细账中，如表7-22所示。

（4）用还原分配率法还原甲产品的成本，具体还原过程如表7-23所示。

表7-23　甲产品成本还原表

2021年6月

项　目	分配率	B半成品/元	A半成品/元	直接材料/元	直接人工/元	制造费用/元	合计/元
（1）还原前产成品（甲）成本		16 000			4 400	3 200	23 600
（2）本月所产B半成品成本			14 850		5 400	2 700	22 950
（3）产成品中B半成品还原	0.70	–16 000	10 395		3 780	1 825	
（4）本月所产A半成品成本				10 500	4 500	4 000	19 000
（5）产成品中A半成品还原	0.55		–10 395	5 775	2 475	2 145	
还原后产成品（甲）成本（6）=（1）+（3）+（5）				5 775	10 655	7 170	23 600

备注：第一次还原分配率=$\frac{16\ 000}{22\ 950}\approx0.70$；第二次还原分配率=$\frac{10\ 395}{19\ 000}\approx0.55$；计算误差计入制造费用。

任务四　应用平行结转分步法

任务导入

前进鞋业股份有限公司生产皮鞋，该公司设针车、鞋底和夹帮成型三个车间。针车和鞋底车间的半成品通过夹帮成型车间制成最终产品对外销售。公司只需计算最终成品（皮鞋）的成本，不需要采用逐步结转分步法核算。制鞋工艺流程图如图 7-5 所示。那么，该公司应如何计算成品（皮鞋）的成本呢？

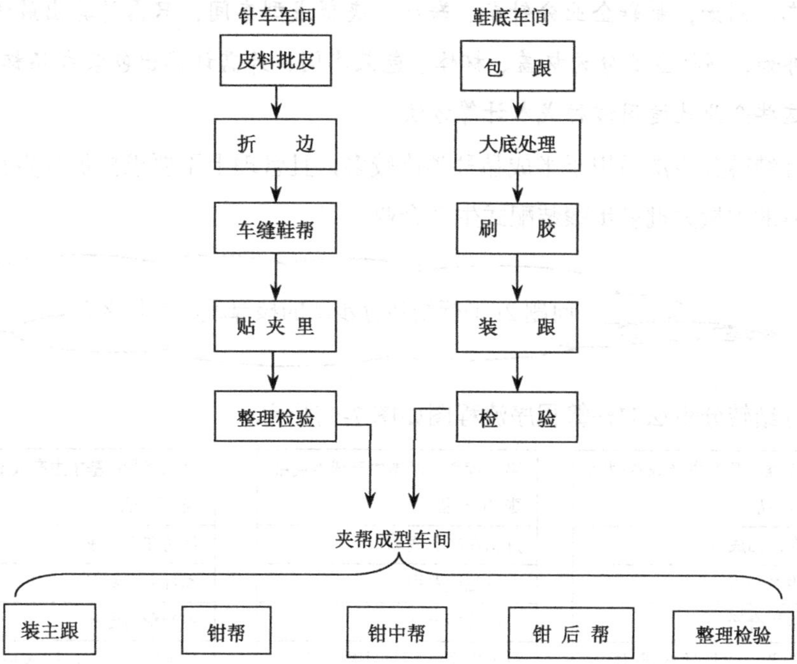

图 7-5　制鞋工艺流程图

任务要求

- 认知平行结转分步法；
- 理解平行结转分步法的核算程序；
- 学会用平行结转分步法进行产品成本核算；
- 理解平行结转分步法和逐步结转分步法的差异。

知识准备

平行结转分步法也称为不计算半成品成本法，是指在计算各步骤成本时，既不计算各步骤所产半成品的成本，也不计算各步骤所耗上一步骤的半成品成本，而只

计算本步骤发生的各项其他费用，以及这些费用中应计入产成品的份额，并将相同产品的各步骤成本明细账中的这些份额平行结转、汇总，即可计算出该种产品的产成品成本。例如，制鞋企业分针车、鞋底、夹帮成型车间，只需计算出最终鞋子的成本；再如，制杯企业分为杯盖、杯体、包装车间，只需计算出包装成品杯的成本。因此，这些企业就适用该种成本计算方法。

平行结转分步法适用于半成品种类比较多，且管理上不要求提供各步骤半成品成本资料的大量大批多步骤装配式生产企业。

问题 2：平行结转分步法的核算程序是什么？

平行结转分步法的核算程序流程图如图 7-6 所示。

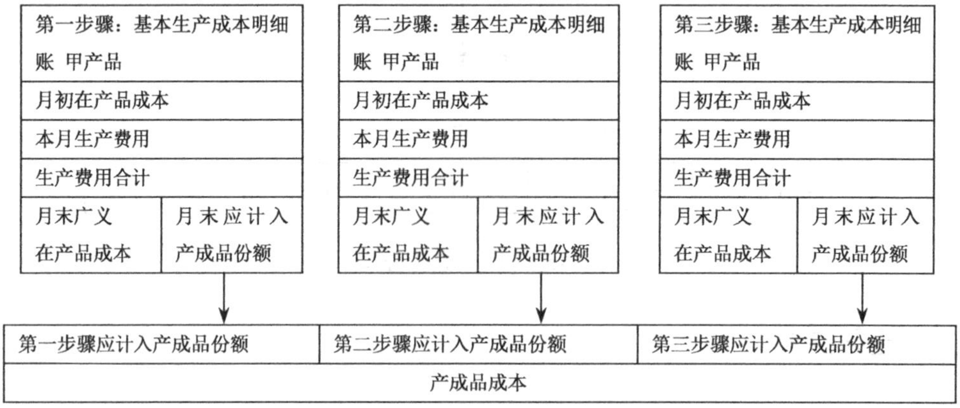

图 7-6　平行结转分步法的核算程序流程图

从图 7-6 中可以看出，平行结转分步法按最终产成品开设各生产步骤基本生产明细账；各生产步骤既不计算，也不结转半成品成本；各生产步骤只计算本步骤所发生的生产费用，不包括上一步骤转入的半成品的成本；可以采用月末在产品定额成本法、定额比例法和约当产量比例法，将各生产步骤的生产费用在最终产成品与广义在产品之间进行分配；最后，将各步骤费用中应计入产成品的“份额”进行平行汇总，就可以计算出产成品总成本。

问题 3：如何应用平行结转分步法核算产品成本？

应用平行结转分步法核算产品成本的具体计算步骤如下。

（1）按各成本项目分别计算各步骤约当产量。

某步骤约当总产量 = 最终完工产品数量 + 本步骤广义在产品约当产量

式中，广义在产品是指尚未加工完成的全部在产品和半成品，包括尚在本步骤加工中的在产品，即狭义在产品；本步骤已完工转入半成品库的半成品；已从半成品库转到以后各步骤进一步加工，尚未最后完成的在产品。

（2）按各成本项目分别计算各项费用分配率。

$$分配率=\frac{该步骤月初在产品成本+该步骤本月生产费用}{该步骤约当总产量}$$

（3）按各成本项目分别计算应计入产成品的份额。

某步骤应计入产成品成本份额 =最终完工产品数量×单位产成品耗用该步骤半成品数量×分配率

某步骤广义在产品成本=该步骤广义在产品约当产量×分配率

（4）汇总计算最终产成品成本。

产成品成本=Σ各步骤应计入产成品成本的份额

【案例三】前进鞋业股份有限公司有针车、鞋底、夹帮成型三个车间。原材料在针车车间和鞋底车间投入，经针车车间和鞋底车间加工完成后分别转入夹帮成型车间生产出成品皮鞋。该公司采用平行结转分步法计算最终产成品成本，月末在产品成本按约当产量计算，在产品完工程度均为50%。该公司2021年6月份相关产量及成本费用资料如表7-24、表7-25所示。

表7-24 产量资料

2021年6月　　单位：双

项 目	月初在产品	本月投入	本月完工	月末在产品
针车车间	200	10 000	9 600	600
鞋底车间	600	9 400	9 600	400
夹帮成型车间	900	9 600	10 200	300

表7-25 成本费用资料

2021年6月　　单位：元

摘 要	车间	直接材料	直接人工	制造费用	合 计
月初在产品成本	针车车间	7 200	4 800	2 200	14 200
	鞋底车间	9 600	5 400	2 100	17 100
	夹帮成型车间		4 050	2 250	6 300
本月发生费用	针车车间	181 500	124 800	62 600	368 900
	鞋底车间	77 600	90 900	51 400	219 900
	夹帮成型车间		89 100	70 200	159 300

要求：根据资料采用平行结转分步法，计算6月份最终产品（皮鞋）的总成本和单位成本。

根据企业当月的业务资料计算皮鞋的成本如下。

（1）计算针车车间应计入最终产品（皮鞋）的份额。

①根据已知成本资料，开设针车车间基本生产成本明细账，如表7-26所示。

表7-26 基本生产成本明细账

车间名称：针车车间　　2021年6月　　完工产量：10 200件

产品名称：皮鞋

摘 要	直接材料	直接人工	制造费用	合 计
月初在产品成本/元	7 200	4 800	2 200	14 200
本月发生费用/元	181 500	124 800	62 600	368 900
合计/元	188 700	129 600	64 800	383 100
约当总产量/双	11 100	10 800	10 800	—
分配率/（元·双$^{-1}$）	17	12	6	35
计入产成品成本份额/元	173 400	122 400	61 200	357 000
月末在产品成本/元	15 300	7 200	3 600	26 100

②针车车间成本计算过程如下。

直接材料项目约当总产量=10 200+（600+300）=11 100（双）

其他项目约当总产量=10 200+（600×50%+300）=10 800（双）

（a）针车车间直接材料费用分配率=$\dfrac{188\ 700}{10\ 200+(600+300)}=17$（元/双）

直接材料应计入产品成本的份额=17×10 200=173 400（元）

直接材料应计入广义在产品成本的份额=$17\times(600+300)=15\ 300$（元）

（b）针车车间直接人工费用分配率=$\dfrac{1129\ 600}{10\ 200+(600\times 50\%+300)}=12$（元/双）

直接人工费用应计入产品成本的份额=12×10 200=122 400（元）

直接人工应计入广义在产品成本的份额=$12\times(600\times 50\%+300)=7\ 200$（元）

（c）针车车间制造费用分配率=$\dfrac{64\ 800}{10\ 200+(600\times 50\%+300)}=6$（元/双）

制造费用应计入产品成本的份额=6×10 200=61 200（元）

制造费用应计入广义在产品成本的份额=6×(600×50%+300)=3 600（元）

（d）针车车间应计入产品成本的份额=173 400+122 400+61 200=357 000（元）

针车车间应计入广义在产品成本的份额=15 300+7 200+3 600=26 100（元）

③将上述计算结果登记到基本生产成本明细账中，如表 7-26 所示。

（2）计算鞋底车间应计入最终产品（皮鞋）的份额。

①根据已知成本资料，开设鞋底车间基本生产成本明细账，如表 7-27 所示。

表 7-27　基本生产成本明细账

车间名称：鞋底车间　　　　完工产量：10 200 双

产品名称：皮鞋　　　　2021 年 6 月

摘　要	直接材料	直接人工	制造费用	合　计
月初在产品成本/元	9 600	5 400	2 100	17 100
本月发生费用/元	77 600	90 900	51 400	219 900
合计/元	87 200	96 300	53 500	237 000
约当总产量/双	10 900	10 700	10 700	—
分配率/（双・双$^{-1}$）	8	9	5	22
计入产成品成本份额/元	81 600	91 800	51 000	224 400
月末在产品成本/元	5 600	4 500	2 500	12 600

②计算鞋底车间成本，并将计算结果登记到基本生产成本明细账中，如表 7-27 所示。

直接材料项目约当总产量=10 200+（400+300）=10 900（双）

其他项目约当总产量=10 200+（400×50%+300）=10 700（双）

（3）计算夹帮成型车间应计入最终产品（皮鞋）的份额。

①根据已知成本资料，开设夹帮成型车间基本生产成本明细账，如表 7-28 所示。

表 7-28　基本生产成本明细账

车间名称：夹帮成型车间　　　　完工产量：10 200 双

产品名称：皮鞋　　　　2021 年 6 月

摘　要	直接材料	直接人工	制造费用	合　计
月初在产品成本/元		4 050	2 250	6 300
本月发生费用/元		89 100	70 200	159 300
合计/元		93 150	72 450	165 600
约当总产量/双		10 350	10 350	—
分配率/（元・双$^{-1}$）		9	7	16
计入产成品成本份额/元		91 800	71 400	163 200
月末在产品成本/元		1 350	1 050	2 400

②计算夹帮成型车间成本，并将计算结果登记到基本生产成本明细账中，如表 7-28 所示。

其他项目约当总产量=10 200+300×50%=10 350（双）

（4）汇总计算最终产成品皮鞋的总成本和单位成本，如表 7-29 所示。

表 7-29　产品成本汇总表

产品名称：皮鞋　　　　2021 年 6 月　　　　完工产量：10 200 双

摘　要	直接材料	直接人工	制造费用	合　计
针车车间份额/元	173 400	122 400	61 200	357 000
鞋底车间份额/元	81 600	91 800	51 000	224 400
夹帮成型车间份额/元		91 800	71 400	163 200
产成品总成本/元	255 000	306 000	183 600	744 600
产品单位成本/（元·双$^{-1}$）	25	30	18	73

问题 4：平行结转分步法和逐步结转分步法的差异是什么？

平行结转分步法与逐步结转分步法虽然都属于分步法，有许多相同之处，但两者之间也存在着许多差异。下面通过列表来揭示两者之间的差异，如表 7-30 所示。

表 7-30　逐步结转分步法与平行结转分步法的差异

差　异	逐步结转分步法	平行结转分步法
成本核算程序不同	按产品的生产过程逐步计算并结转半成品成本，在最后步骤计算出完工产成品成本	将各步骤应计入产成品成本的“份额”平行汇总，计算出完工产成品的成本
各步骤所计算分配的费用不同	既包括本步骤发生的费用，也包括上一步骤转入的半成品的成本	只包括本步骤发生的费用
完工产品的概念不同	包括最后步骤完工产成品和各步骤完工的半成品	最后步骤完工的产成品
在产品的概念不同	狭义的在产品	广义的在产品
实物转移和成本结转是否一致	成本随实物的转移而结转	成本不随实物的转移而结转
是否需要成本还原	综合结转法需要成本还原	不需要成本还原
能否提供半成品成本资料	能	不能
成本计算速度	需等待上一步骤半成品成本的结转，速度较慢	各步骤同时进行成本计算，速度较快

课堂实训

【案例】 某企业生产的 C 产品经过三个车间的生产。原材料在生产开始时一次性投入，一车间生产 A 半成品直接转入二车间加工成 B 半成品，B 半成品转入三车间加工成 C 产成品。一件 B 半成品耗用一件 A 半成品，一件 C 产品耗用一件 B 半成品。各步骤月末在产品的完工程度均为 50%。各步骤的生产费用分配采用约当产量比例法。产量资料、费用资料如表 7-31、表 7-32 所示。

表 7-31　产量资料

2021 年 6 月　　单位：件

摘 要	一车间 A 半成品	二车间 B 半成品	三车间 C 产成品
月初在产品	100	200	100
本月投入	250	300	400
本月完工	300	400	400
月末在产品	50	100	100

表 7-32　费用资料

2021 年 6 月　　单位：元

摘 要	车间	直接材料	直接人工	制造费用	合计
月初在产品成本	一车间	1 800	825	1 300	3 925
	二车间		1 375	1 400	2 775
	三车间		1 500	1220	2 720
本月发生费用	一车间	6 000	3 550	3 700	13 250
	二车间		3 025	1 900	4 925
	三车间		3 000	3 730	6 730

要求：根据资料，采用平行结转分步法，计算 C 产品的总成本和单位成本。

【案例解析】

（1）计算一车间应计入最终产品的份额。

①根据已知成本资料，开设一车间基本生产成本明细账，如表 7-33 所示。

表 7-33　基本生产成本明细账

车间名称：一车间　　完工产量：400 件

产品名称：A 产品　　2021 年 6 月

摘 要	直接材料	直接人工	制造费用	合 计
月初在产品成本/元	1 800	825	1 300	3 925
本月发生费用/元	6 000	3 550	3 700	13 250
合计/元	7 800	4 375	5 000	17 175
约当总产量/件	650	625	625	
分配率/（元·件$^{-1}$）	12	7	8	37
计入产成品成本份额/元	4 800	2 800	3 200	10 800
月末在产品成本/元	3 000	1 575	1 800	6 375

②一车间应计入产成品成本“份额”的计算过程如下。

一车间直接材料约当总产量=400+100+100+50=650（件）

其他费用约当总产量=400+100+100+50×50%=625（件）

直接材料费用分配率$=\frac{7\ 800}{650}=12$（元/件）

本车间直接材料费用应计入产成品成本中的份额=12×400=4 800（元）

本车间直接材料费用应计入广义在产品成本中的份额=7 800–4 800=3 000（元）

直接人工费用分配率$=\frac{4\ 375}{625}=7$（元/件）

本车间直接人工费用应计入产成品成本中的份额=7×400=2 800（元）

本车间直接人工费用应计入广义在产品成本中的份额=4 375–2 800=1 575（元）

制造费用分配率$=\frac{5\ 000}{625}=8$（元/件）

本车间制造费用应计入产成品成本中的份额=8×400=3 200（元）

本车间制造费用应计入广义在产品成本中的份额=5 000–3 200=1 800（元）

③将计算结果登记到一车间基本生产明细账中，如表 7-33 所示。

（2）计算二车间应计入最终产品的份额。

①根据已知成本资料，开设二车间基本生产成本明细账，如表 7-34 所示。

表 7-34　基本生产成本明细账

车间名称：二车间　　　　完工产量：400 件

产品名称：B 产品　　　　2021 年 6 月

摘　要	直接材料	直接人工	制造费用	合　计
月初在产品成本/元		1 375	1 400	2 775
本月发生费用/元		3 025	1 900	4 925
合计/元		4 400	3 300	7 700
约当总产量/件		550	550	—
分配率/（元·件$^{-1}$）		8	6	—
计入产成品成本份额/元		3 200	2 400	5 600
月末在产品成本/元		1 200	900	2 100

②二车间应计入产成品成本份额的计算过程如下。

直接人工费用约当总产量 =400+100+100×50%=550（件）

制造费用约当总产量=400+100+100×50%=550（件）

直接人工费用分配率$=\frac{4\ 400}{550}=8$（元/件）

本车间直接人工费用应计入产成品成本中的份额=8×400=3 200（元）

本车间直接人工费用应计入广义在产品成本中的份额=4 400–3 200=1 200（元）

制造费用分配率$=\frac{3\ 300}{550}=6$（元/件）

本车间制造费用应计入产成品成本中的份额=6×400=2 400（元）

本车间制造费用应计入广义在产品成本中的份额=3 300–2 400=900（元）

③将计算结果登记到二车间基本生产成本明细账中，如表 7-34 所示。

（3）计算三车间应计入最终产品的份额。

①根据已知成本资料，开设三车间基本生产成本明细账，如表 7-35 所示。

表 7-35　基本生产成本明细账

车间名称：三车间　　　　　　　　　　　　　　　　　　　　　　完工产量：400 件

产品名称：C 产品　　　　　　　　　2021 年 6 月

摘　要	直接材料	直接人工	制造费用	合　计
月初在产品成本/元		1 500	1 220	2 720
本月发生费用/元		3 000	3 730	6 730
合计/元		4 500	4 950	9 450
约当总产量/件		450	450	—
分配率/（元·件$^{-1}$）		10	11	—
计入产成品成本份额/元		4 000	4 400	8 400
月末在产品成本/元		500	550	1 050

②三车间应计入产成品成本份额的计算过程如下。

直接人工约当总产量 ＝400+100×50%=450（件）

制造费用约当总产量= 400+100×50%=450（件）

直接人工费用分配率=$\dfrac{4\,500}{450}$=10（元/件）

本车间直接人工费用应计入产成品成本中的份额=10×400=4 000（元）

本车间直接人工费用应计入广义在产品成本中的份额=4 500–4 000=500（元）

制造费用分配率=$\dfrac{4\,950}{450}$=11（元/件）

本车间制造费用应计入产成品成本中的份额=11×400=4 400（元）

本车间制造费用应计入广义在产品成本中的份额=4 950–4 400=550（元）

③将计算结果登记到三车间基本生产成本明细账中，如表 7-35 所示。

（4）汇总计算 C 产品的总成本和单位成本，如表 7-36 所示。

表 7-36　产品成本汇总表

完工产量：400 件

产品名称：C 产品　　　　　　　　　2021 年 6 月　　　　　　　　　　　单位：元

摘　要	直接材料	直接人工	制造费用	合　计
一车间份额	4 800	2 800	3 200	10 800
二车间份额		3 200	2 400	5 600
三车间份额		4 000	4 400	8 400
产成品总成本	4 800	10 000	10 000	24 800
产品单位成本	12	25	25	62

项目八

成本计算辅助方法的应用

项目引领

在一些制造业企业中，生产的产品品种、规格繁多，若按产品的品种、规格归集生产耗费，计算产品成本，则使成本计算工作极为繁重。在这种情况下，为了简化成本计算工作，可以对不同品种、不同规格的产品按照一定的标准进行分类，采用分类法计算产品成本。若企业的定额管理制度健全，定额基础工作扎实，消耗定额准确、稳定，为加强成本管理，则可采用定额法计算产品成本。这正是本项目学习的内容——成本计算辅助方法的应用。

项目目标

知识目标：

（1）认知分类法和定额法；

（2）学会在分类法和定额法下进行各种费用的分配和归集。

技能目标：

（1）能够运用分类法和定额法正确归集和计算各种费用；

（2）能够在分类法和定额法下进行相应的账务处理。

任务一　应用分类法核算产品成本

任务导入

江旭有限责任公司大批量生产白炽灯、日光灯和节能灯三大类共计六十余个品种和规格的产品。其中，40W、60W、100W 白炽灯灯泡具有类似的结构和生产工艺，耗用相同的原材料，且原材料在开工时一次性投入。该公司财会部门根据企业生产工艺技术的特点和管理要求，结合产品品种和规格繁多的实际情况，为简化成本计算工作，采用了分类法计算产品成本。

任务要求

- 认知分类法；
- 学会进行标准系数的确定及标准产量的计算；
- 学会运用分类法进行产品成本的计算。

知识准备

问题 1：如何理解分类法？

分类法是将企业生产的产品划分为若干类别，按类别设置生产成本明细账，归集生产费用，计算出各类别产品的总成本，然后再采用适当的方法在类别内各种产品之间进行分配，以计算各种产品成本的一种方法。

分类法是品种法的发展和延续，与企业生产类型无直接关系，所以可以在各种生产类型企业中应用。分类法的特点：（1）以产品类别为成本计算对象设置生产成本明细账，按产品大类归集生产耗费，计算类别内产品的总成本；（2）类别内不同产品的成本要选择合适的分配标准，采用适当的分配方法进行分配确定，以求得类别内各个产品的总成本及单位成本；（3）要根据类别内产品的生产特点和管理要求，与成本计算的基本方法结合应用；（4）成本计算期和生产成本是否要在完工产品和在产品之间进行分配，要根据其所结合采用的基本方法而定。

分类法主要适用于产品品种、规格、型号繁多，但可以按产品的性能、结构、用途或工艺过程的类似性将其划分为若干类别的生产企业。例如，冶金生产企业生产各种型号和规格的钢材；灯饰企业生产各种类别和瓦数的灯泡、灯管；食品企业生产各种类型的糕点、糖果和碳酸饮料等。

在这些生产企业中，如果采用品种法，按每种产品的品种、规格归集生产费用，计算产品成本，则工作量会很大。因此，将不同品种、规格的产品按照一定标准分类后再计算产品成本，成本计算工作就可以大大简化。

采用分类法计算产品成本的工作流程如下。

首先，将产品按照一定的标准划分为若干个类别，按照产品的类别设立产品成本明细账，账内按成本项目归集生产费用、计算各类别产品的完工产品成本和月末在产品成本。

其次，对每个类别的完工产品成本，选择合理的分配标准，在类内各种产品之间进行分配，计算出各种产品的成本。对于不同的成本项目，可以采用不同的分配标准。例如，直接材料费用可以按材料定额消耗量或定额费用比例来分配，直接人工费用和制造费用可以按定额工时比例来分配。分类法的工作流程图如图8-1所示。

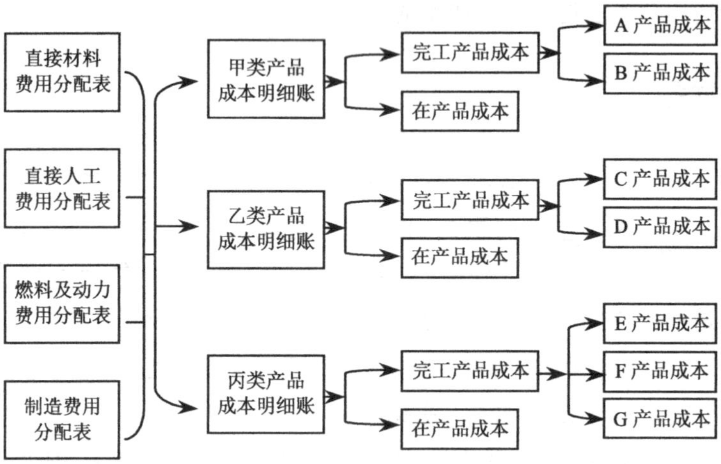

图8-1　分类法的工作流程图

问题2：如何采用分类法进行产品成本核算？

采用分类法核算产品成本时，正确划分产品类别和选择适当分配标准计算类内产品成本是分类法的关键。为了简化分配工作，可以将分配标准折算成相对固定的系数，按照固定的系数分配同类产品的类内产品的成本。确定系数时，通常在同类产品中选择一种产量较大、生产比较稳定或规格折中的产品作为标准产品，把这种产品的分配标准额的系数定为“1”；用其他各种产品的分配标准额与标准产品的分配标准额相比，求出其他产品的分配标准额与标准产品的分配标准额的比率，即系数。系数一经确定，应相对稳定，不应任意变更。利用系数乘以各种产品的实际产量计算各种产品的总系数。利用各种产品的总系数，计算得到各种产品的成本。在分类法中，按照系数分配同类产品内各种产品成本的方法，也称为系数法。

【案例一】某企业 A 类产品内共有甲、乙、丙三种产品。直接材料费用系数按单位产品直接材料费用定额确定，加工费用按定额工时比例分配。该企业计算出的 A 类产品本月完工产品成本为直接材料 1 124 640 元，直接人工 76 725 元，制造费用 107 415 元，合计 1 308 780 元。A 类产品系数和定额工时计算表如表 8-1 所示。

表 8-1 A 类产品系数和定额工时计算表

产品名称 ①	产量/件 ②	单位产品直接材料费用定额/（元·件$^{-1}$） ③	直接材料费用系数 ④	直接材料费用总系数 ③=②×④	单位产品工时消耗定额/（小时·件$^{-1}$） ⑤	定额工时/小时 ⑥=②×⑤
甲产品	1 125	500	1	1 125	60	67 500
乙产品	600	600	1.2	720	90	54 000
丙产品	150	450	0.9	135	120	18 000
合计	—	—	—	1 980	—	139 500

要求：（1）计算直接材料费用系数（以甲产品为标准产品）、直接材料费用总系数和产品定额工时。

（2）计算 A 类产品内各种产品的成本。

（3）对完工产品验收入库并进行账务处理。

根据以上资料计算如下。

（1）直接材料费用系数（以甲产品为标准产品）、直接材料费用总系数和产品定额工时计算如下。

甲产品直接材料费用系数=500÷500=1

乙产品直接材料费用系数=600÷500=1.2

丙产品直接材料费用系数=450÷500=0.9

（2）A 类产品内各种产品成本计算表如表 8-2 所示。

$$直接材料费用分配率=\frac{1124\,640}{1\,980}=568$$

$$直接人工费用分配率=\frac{76\,725}{139\,500}=0.55$$

表8-2　A类产品内各种产品成本计算表

项目	直接材料费用总系数	定额工时	产品成本项目			完工产品总成本
			直接材料	直接人工	制造费用	
分配率			568	0.55	0.77	
甲产品	1 125	67 500 小时	639 000 元	37 125 元	51 975 元	728 100 元
乙产品	720	54 000 小时	408 960 元	29 700 元	41 580 元	480 240 元
丙产品	135	18 000 小时	76 680 元	9 000 元	13 860 元	100 440 元
合计	1 980	139 500 小时	1 124 640 元	76 725 元	107 415 元	1 308 780 元

$$制造费用分配率=\frac{107\ 415}{139\ 500}=0.77$$

（3）将完工产品验收入库并进行账务处理如下。

借：库存商品——甲产品　　728 100

——乙产品　　480 240

——丙产品　　100 440

贷：生产成本——基本生产成本——A类产品　　1 308 780

课堂实训

【案例】江旭有限责任公司2021年6月份用同样的材料、同样的工艺技术过程生产白炽灯、日光灯和节能灯三种不同型号、规格的产品。根据生产特点和管理要求，将以上三种相近产品合并为甲类计算成本。类内各种产品费用分配标准如下：直接材料费用按材料定额系数分配（定额系数按材料定额费用比例计算确定）；选择甲类产品为标准产品，加工费用按定额工时比例分配。其中，白炽灯、日光灯和节能灯的产量分别为200件、400件和240件；单位产品直接材料费用定额分别为300元、390元和450元；单位产品工时消耗定额分别为72小时、108小时和135小时；月初在产品成本为直接材料8 100元、直接人工4 590元、制造费用2 826元；本月生产费用为直接材料89 100元、直接人工73 530元、制造费用41 454元。

要求：（1）计算直接材料费用系数和定额工时。

（2）计算甲类产品总成本。

（3）将甲类完工产品成本在类内白炽灯、日光灯和节能灯三种产品之间进行分配。

（4）将完工产品验收入库并进行财务处理。

【案例解析】

（1）直接材料费用系数和定额工时计算表如表 8-3 所示。

表 8-3　直接材料费用系数和定额工时计算表

产品名称	产量/件 ①	单位产品直接材料费用定额/（元·件$^{-1}$） ②	直接材料费用系数 ③	直接材料费用总系数 ④=①×③	单位产品工时消耗定额/（小时·件$^{-1}$） ⑤	定额工时/小时 ⑥=①×⑤
白炽灯	200	300	1	200	72	14 400
日光灯	400	390	1.3	520	108	43 200
节能灯	240	450	1.5	360	135	32 400
合计				1080		90 000

$$白炽灯直接材料费用系数=\frac{300}{300}=1$$

$$日光灯直接材料费用系数=\frac{390}{300}=1.3$$

$$节能灯直接材料费用系数=\frac{450}{300}=1.5$$

（2）运用前面所学的成本计算基本方法，计算出的产品成本明细账如表 8-4 所示。

表 8-4　产品成本明细账

产品名称：甲类产品　　2021 年 6 月　　单位：元

成本项目	直接材料	直接人工	制造费用	合计
月初在产品成本	8 100	4 590	2 826	15 516
本月生产费用	89 100	73 530	41 454	204 084
生产费用合计	97 200	78 120	44 280	219 600
完工产品成本	86 400	72 000	40 500	198 900
月末在产品成本	10 800	6 120	3 780	20 700

（3）甲类完工产品成本在类内白炽灯、日光灯和节能灯三种产品之间进行分配，如表 8-5 所示。

表 8-5　甲类产品成本计算表

2021 年 6 月

项目	直接材料费用总系数	定额工时	产品成本项目			完工产品总成本
			直接材料	直接人工	制造费用	
分配率			80	0.8	0.45	
白炽灯	200	14 400 小时	16 000 元	11 520 元	6 480 元	34 000 元
日光灯	520	43 200 小时	41 600 元	34 560 元	19 440 元	95 600 元
节能灯	360	32 400 小时	28 800 元	25 920 元	14 580 元	69 300 元
合 计	1 080	90 000 小时	86 400 元	72 000 元	40 500 元	198 900 元

直接材料分配率$=\frac{86\,400}{1\,080}=80$

直接人工分配率$=\frac{72\,000}{90\,000}=0.8$

制造费用分配率$=\frac{40\,500}{90\,000}=0.45$

（4）根据甲类产品成本计算表，将完工产品验收入库并进行账务处理如下。

借：库存商品——白炽灯　　　　34 000
　　　　　　——日光灯　　　　95 600
　　　　　　——节能灯　　　　69 300
　贷：生产成本——基本生产成本——甲类产品　　　　198 900

注意：为了减少分配计算的工作量，也可按统一的比例来分配。例如，选择一种产量较大或规格适中的产品作为标准产品，将其系数定为“1”；其他规格的产品与标准产品进行重量、长度、体积、定额成本或者价格等方面的比较，求出一个比例系数；将各种产品的实际产量按其系数折算为标准产量，以标准产量的比例来分配类内各种产品的成本和各成本项目的成本。但是，由于直接材料费用与加工费用的性质不同，所以，各成本项目费用均按同一比例分配的方法不尽合理。

任务二　应用定额法核算产品成本

任务导入

江旭有限责任公司生产、销售各种户外道路照明灯。该公司产品生产稳定，各项消耗定额比较准确，为加强定额管理和成本控制，采用定额法计算产品成本。2021年6月该公司接受客户订单，大量生产道路灯、景观灯和庭院灯三种产品。该公司财务核算规定，产品的定额变动差异和材料成本差异由产成品成本负担，脱离定额差异，在完工产品和在产品之间按定额成本比例进行分配。那么，该公司该如何应用定额法核算产品成本呢？

任务要求

- 认知定额成本方法；
- 理解直接材料、直接人工及制造费用脱离定额差异的核算方法；

- 学会运用定额成本方法进行产品成本计算。

知识准备

问题 1：如何理解定额法？

计算产品成本的定额法，是指预先制订产品的定额成本，在此基础上将发生的生产费用划分为符合定额的费用和脱离定额的差异，并在定额成本的基础上加、减各种差异以计算产品实际成本的一种方法。

产品成本计算的定额法能够及时反映并监督生产费用和产品成本脱离定额的差异，有利于加强定额管理和成本控制；同时，能够弥补品种法、分批法、分步法和分类法成本计算方法的不足。

定额法的特点主要表现在三个方面。

（1）事前控制：事前制订产品的直接材料消耗定额、直接人工费用定额和制造费用定额，以产品的定额成本作为降低产品成本的目标。

（2）事中控制：在生产中，直接材料、直接人工、制造费用发生的同时，将其划分为符合定额的费用和发生的差异两部分，及时揭示差异，以便及时核算、分析和控制。

（3）事后控制：月末在定额成本的基础上加、减脱离定额成本差异，加、减材料成本差异，加、减定额变动差异，计算产品的实际成本，为成本的定期考核和分析提供数据。

定额法是一种成本计算与管理相结合的方法，该方法与企业生产类型没有直接联系。在企业定额管理制度比较健全，定额管理工作的基础比较好，产品的生产已经定型，各项消耗定额都比较准确、稳定的企业都可以采用定额法。例如，大量大批生产的机械制造企业等。

问题 2：定额法产品成本核算程序有哪些？

定额法产品成本核算程序如下。

（1）制订产品定额成本。根据企业现行消耗定额和费用定额，按照产品品种和规定的成本项目，分别制订产品定额成本，并编制各产品定额成本计算表。

（2）按成本计算对象设置产品成本明细账，成本项目设“期初在产品成本”“本月产品费用”“生产费用累计”“完工产品成本”“月末在产品成本”等专栏，各栏又分为“定额成本”“脱离定额差异”“定额变动差异”“材料成本差异”等小栏。

（3）在定额成本修订的当月，应调整月初在产品的定额成本，计算月初定额变动差异。

（4）核算脱离定额差异。在生产费用发生时，按成本项目将符合定额的费用和脱离定额的差异分别核算，并予以汇总。

（5）在本月完工产品和月末在产品之间分配成本差异。月末，企业应将月初结转和本月发生的脱离定额的差异、材料成本差异和定额变动差异分别汇总，按确定的成本计算基本方法，以一定标准在完工产品和在产品之间进行分配。

（6）计算本月完工产品的实际总成本和单位成本。以本月完工产品的定额成本为基础，加上或减去各项成本差异，计算出本月完工产品的实际总成本，并计算完工产品的实际单位成本。

定额法成本核算流程图如图 8-2 所示。

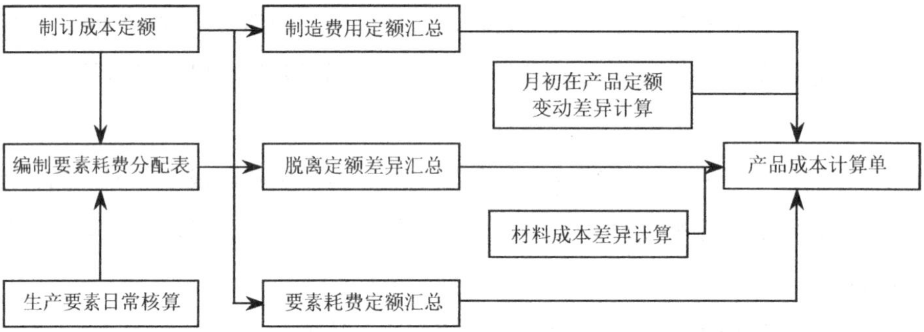

图 8-2　定额法成本核算流程图

问题 2: 如何采用定额法进行产品成本核算？

本书前面所介绍的成本核算方法（如品种法、分批法、分步法和分类法等），其生产费用的日常核算一般都按实际发生额进行，要了解生产费用和产品成本脱离定额的差异及发生的原因，只有在月末产品实际成本计算出来以后，通过实际资料与定额资料的对比、分析才能得到，而不能在月份内费用发生的当时就得到反映，所以不利于更好地加强定额管理，不能及时对产品成本进行控制和管理，也不利于节约费用、降低成本。定额法就是为了克服上述成本计算方法的弱点而采用的一种成本计算方法。采用定额法时，产品实际成本的计算公式为：

产品实际成本=定额成本±脱离定额差异±材料成本差异±定额变动差异

1. 产品定额成本的计算

产品定额成本是指根据各种有关的现行定额计算的成本，计算时要按不同的成本项目分别进行。其中：

直接材料定额成本=原材料定额消耗×原材料计划单价

直接人工定额成本=产品生产定额工时×人工费用计划单价

制造费用定额成本=产品生产定额工时×制造费用计划单价

产品的定额成本=直接材料定额成本+直接人工定额成本+制造费用定额成本

【案例二】江旭有限责任公司生产甲产品，该产品由 5 个 A 零件和 6 个 B 零件组装构成。A 零件耗用 7421 材料，每个 A 零件材料消耗定额 7.2 千克；B 零件耗用 7422 材料，每个 B 零件材料消耗定额 8.5 千克。7421 材料计划单价 8 元，7422 材料计划单价 10 元。A、B 零件加工工序及每道工序和工时定额如表 8-6 所示。

表 8-6　A、B 零件加工工序和工时定额

A 零件		B 零件	
工序	工时定额	工序	工时定额
1	5	1	3
2	3	2	4
3	4	3	3
4	2		

每小时计划工资为 7 元，计划制造费用为 8 元。

要求：计算甲产品的定额成本。

根据以上资料，甲产品的定额成本计算如下：

甲产品直接材料定额成本=5×7.2×8+6×8.5×10=798（元）

甲产品定额工时=5×14+6×10=130（小时）

甲产品直接人工定额成本=130×7=910（元）

甲产品制造费用定额成本=130×8=1 040（元）

甲产品定额成本=798+910+1040=2 748（元）

2. 脱离定额差异的计算

脱离定额差异是指在生产过程中，实际发生的料、工、费脱离定额的数额。

脱离定额差异的计算要按不同的成本项目分别进行。

（1）原材料脱离定额差异的计算。

直接材料脱离定额差异=（材料实际耗用量–材料定额耗用量）×材料计划单价

【案例三】江旭有限责任公司本月投产甲产品 1 500 件，每件产品的直接材料消耗定额为 5.5 千克，本月实际领用材料 9 150 千克，每千克材料计划单价 10 元。

要求：计算直接材料脱离定额差异。

根据以上资料，直接材料脱离定额差异计算如下：

直接材料定额消耗量=1 500×5.5=8 250（千克）

直接材料脱离定额差异=（9 150–8 250）×10=9 000(元)

【案例四】江旭有限责任公司投产乙产品 1 200 件，每件产品的直接材料消耗定额为 6 千克，本月实际领用材料 6 780 千克，车间期初结存材料 90 千克，期末结存材料 120 千克，每千克材料计划单价 12 元。

要求：计算直接材料脱离定额差异。

根据以上资料，直接材料脱离定额差异计算如下。

直接材料定额消耗量=1 200×6=7 200（千克）

直接材料实际消耗量=期初结存材料数量+本期实际购入材料数量–期末结存材料数量=90+6 780–120=6 750（千克）

直接材料脱离定额差异=（6 750–7 200）×12=–5 400（元）

注意：上述直接材料脱离定额差异，正数为实际消耗量大于定额消耗量的超支差异，负数为实际消耗量小于定额消耗量的节约差异。

（2）直接人工脱离定额差异的计算。

直接人工脱离定额的差异要区分计件工资与计时工资。

采用计件工资制时，直接人工费属于直接计入费用，脱离定额的差异的计算可比照直接材料脱离定额差异计算。

直接人工费脱离定额差异=产品实际发生的直接人工费–（产品实际产量×单位产品直接人工费用定额）

采用计时工资制时，直接人工费属于间接费用，脱离定额差异要等到月末实际人工费总额确定以后才能计算出来，平时则不能按照产品直接计算。计算公式如下：

计划每小时直接人工费= 车间计划产量的定额直接人工费÷车间计划产量的定额生产工时总数

实际每小时直接人工费=车间实际直接人工费总额÷车间实际生产工时总数

产品定额直接人工费=产品实际产量的定额生产工时×计划每小时直接人工费

产品实际直接人工费=产品实际生产工时×实际每小时直接人工费

产品直接人工费脱离定额差异=产品实际直接人工费–产品定额直接人工费

（3）制造费用脱离定额差异的计算。

制造费用也属于间接计入费用，其脱离定额差异的计算方法与直接人工费脱离定额差异的计算方法类似。计算公式如下：

计划每小时制造费用=车间计划制造费用总额÷车间计划产量的定额生产工时总数

实际每小时制造费用=车间实际制造费用总额÷车间实际生产工时总数

产品定额制造费用=产品实际产量的定额生产工时×计划每小时制造费用

产品实际制造费用=产品实际生产工时×实际每小时制造费用

产品制造费用脱离定额差异=产品实际制造费用–产品定额制造费用

【案例五】江旭有限责任公司的基本生产车间生产甲、乙、丙三种产品，6 月份三种产品计划产量的定额直接人工费为 12 450 元，计划产量的定额生产工时为 4 150 小时；实际直接人工费用为 18 432 元，实际生产工时为 5 760 小时。6 月份甲产品实际产量的定额工时为 4 100 小时，实际生产工时为 4 300 小时。该企业 6 月份三种产品计划制造费用总额为 20 034 元，计划产量的定额机器工时总数为 3 780 小时；实际发生制造费用为 33 410 元，实际机器工时为 5 140 小时（人工费按照生产工时分配，制造费用按照机器工时分配）。

要求：计算甲产品直接人工费脱离定额差异和甲产品制造费用脱离定额差异。

（1）甲产品直接人工费脱离定额差异计算如下。

计划每小时直接人工费用=12 450÷4 150=3（元/小时）

实际每小时直接人工费用=18 432÷5 760=3.2（元/小时）

甲产品定额直接人工费用=4 100×3=12 300（元）

甲产品实际直接人工费用=4 300×3.2=13 760（元）

甲产品直接人工费脱离定额差异=12 300–13 760= –1460（元）

（2）甲产品制造费用脱离定额差异计算如下。

计划每小时制造费用=20 034÷3 780=5.3（元/小时）

实际每小时制造费用=33 410÷5 140=6.5（元/小时）

甲产品定额制造费用=4 100×5.3=21 730（元）

甲产品实际制造费用=4 300×6.5=27 950（元）

甲产品制造费用脱离定额差异=27 950–21 730=6 220（元）

由以上计算可以看出，直接人工费、制造费用脱离定额差异既受每小时直接人工费、每小时制造费用的影响，又受单位产品生产工时的影响。因此，若要降低单位产品计时工资、控制制造费用，则既要控制直接人工费和制造费用总额，使之不超过计划，又要控制单位产品的工时耗费，使之不超过定额。

3. *材料成本差异的计算*

直接材料定额成本=材料定额耗用量×材料计划单价

直接材料脱离定额差异=（材料实际耗用量–材料定额耗用量）×材料计划单价

产品实际成本=产品定额成本±脱离定额差异

=材料定额耗用量×材料计划单价+（材料实际耗用量–材料定额耗用量）×材料计划单价

=材料实际耗用量×材料计划单价

产品应分配的直接材料成本差异=（产品直接材料定额成本±脱离定额差异）×直接材料成本差异率

产品实际成本=产品定额成本±脱离定额差异±材料成本差异±月初在产品的变动差异

【案例六】江旭有限责任公司甲产品 8 月份耗用直接材料的定额成本为 63 740 元，脱离定额差异为节约 3 060 元，直接材料成本差异率超值 2%。

要求：计算甲产品应分配的直接材料成本差异。

甲产品应分配的直接材料成本差异计算如下。

甲产品应分配的直接材料成本差异=（63 740–3 060）×2%=1 213.6（元）

4. *定额变动差异的计算*

定额变动差异是指企业由于生产技术改进、产品所用材料变化或劳动生产率提高等原因修订消耗定额或计划价格而产生的新旧定额之间的差额。它与生产过程中料、工、费的超支或节约没有关系。

一般情况下，定额成本的修订是在月初、季初或年初进行的。

定额变动系数=按新定额计算的单位产品定额成本÷按旧定额计算的单位产品定额成本

月初在产品定额变动差异=按旧定额计算的月初在产品定额成本×（1–定额变动系数）

注意：若月初在产品定额变动差异是正数，则说明新定额小于旧定额；反之，若月初在产品定额变动差异是负数，则说明新定额大于旧定额。

在实际工作中，为简化核算，月初在产品定额变动差异和材料成本差异通常由完工产品负担，脱离定额差异只在完工产品与在产品之间进行分配。如果脱离定额差异金额不大，或虽然脱离定额差异金额较大，但各月在产品数量比较稳定，则脱离定额差异也可以由完工产品成本全部负担。

【案例七】江旭有限责任公司生产甲产品，6 月份有在产品 200 件，每件产品材料定额消耗量 5 千克，计划单价 6 元。6 月份投产甲产品 15 00 件，改用一种新型材料，每件产品材料定额消耗量 3 千克，计划单价 9 元。根据以上资料，甲产品直接材料旧定额成本为 30 元，新定额成本为 27 元。

要求：请计算月初在产品定额变动差异。

月初在产品定额变动差异计算如下。

定额变动系数=27÷30=0.9

月初在产品定额变动差异=5×6×200×（1–0.9）=600（元）

课堂实训

【案例】江旭有限责任公司采用定额法计算丙产品成本，直接材料费用如表 8-7 所示。

表 8-7　直接材料费用

单位：元

成本项目	月初在产品		月初在产品定额调整	本月生产费用		本月完工产品
	定额费用	脱离定额差异		定额费用	脱离定额差异	定额费用
直接材料	18 000	–300	–2 000	54 000	+1 000	48 000

本月材料成本差异率为–2%，材料成本差异和定额变动差异均由完工产品成本负担，脱离定额差异在完工产品与月末在产品之间按定额费用比例分配。

要求：

（1）计算月末在产品直接材料定额费用。

（2）计算直接材料脱离定额差异分配率。

（3）本月直接材料费用应分配的材料成本差异。

（4）本月完工产品直接材料实际费用。

（5）月末在产品直接材料实际费用。

（6）填列产品成本明细账。

【案例解析】

（1）月末在产品直接材料定额费用=18 000–2 000 +54 000–48 000=22 000（元）

（2）直接材料脱离定额差异分配率=700÷70 000=+1%

（3）直接材料费用应分配的材料成本差异=（54 000+1 000）×（–2%）= –1 100（元）

（4）本月完工产品直接材料实际费用=48 000+480–1 100+2 000=49 380（元）

（5）月末在产品直接材料实际费用=22 000+220=22 220（元）

（6）填列产品成本明细账，如表 8-8 所示。

表 8-8　产品成本明细账

产品名称：丙产品

项目	月初在产品费用/元		月初在产品定额变动/元		本月生产费用/元			生产费用累计/元				差异率	本月完工产品费用/元					月末在产品费用/元	
	定额费用	脱离定额差异	定额成本调整	定额变动差异	定额费用	脱离定额差异	材料成本差异	定额费用	脱离定额差异	材料成本差异	定额变动差异	脱离定额差异	定额费用	脱离定额差异	材料成本差异	定额变动差异	实际费用	定额费用	脱离定额差异
直接材料	18 000	–300	–2 000	+2 000	54 000	+1 000	–1 100	70 000	700	–1 100	+2 000	+1%	48 000	+480	–1 100	+2 000	49 380	22 000	+220

项目九

成本报表的编制与分析

项目引领

企业对产品成本进行计算与核算后，还要将核算的结果定期编制成本报表，向管理部门报送。同时，还需要对各种成本资料进行分析，总结产品成本管理中的经验，发现成本管理中存在的问题与不足，提出改进成本管理的意见和建议，并以书面报告的形式提供给企业管理部门，以便决策者及时了解企业产品成本的构成及成本水平，利用成本数据进行各种预测和决策，达到加强产品成本管理的目的。这就是本项目学习的内容——成本报表的编制与分析。

项目目标

知识目标：

（1）认知成本报表；

（2）学会成本报表的编制；

（3）能够对成本报表进行分析。

技能目标：

（1）学会编制成本报表；

（2）学会分析成本报表。

任务一　认知成本报表

任务导入

结合江旭有限责任公司的相关成本报表，从不同的角度来认知成本报表，实现从抽象的理论向具体实务的转变，掌握成本报表的编制方法。

任务要求

- 认知成本报表；
- 理解成本报表的构成；
- 了解成本报表编制的依据。

知识准备

问题1：什么是成本报表？

成本报表是根据产品成本和期间费用的核算资料及其他有关资料编制的，用来反映和监督企业一定时期内产品成本和期间费用水平及其构成情况的报告文件。

成本报表属于内部报表，由于其反映的内容属于商业机密，所以不对外公开和报送。

成本报表提供的信息可以综合反映企业经营管理工作的质量和管理水平的好坏。

问题2：成本报表有哪些？

成本报表的种类、格式、项目、指标的设计和编制方法、编报日期、具体报送对象等，国家都不做统一规定，而由企业根据自身的特点及管理的需要而定。企业常用的成本报表有以下几种。

（1）各种费用分配表和成本计算单。

详见本书项目二至项目八中的材料费用分配表、工资薪酬分配表、折旧费用分配表和产品成本计算单等（这些格式、图表前面已经讲述，这里不再列示）。

（2）产品生产成本表。

产品生产成本表如表 9-1 所示。

表 9-1　产品生产成本表

编制单位：××公司　　　　××年×月　　　　单位：元

产品名称	规格	计量单位	实际产量		单位成本				本月总成本			本年累计总成本		
			本月	本年累计	上年实际平均	本年计划	本月实际	本年累计实际平均	按上年实际平均单位成本计算	按本年计划单位成本计算	本月实际	按上年实际平均单位成本计算	按本年计划单位成本计算	本年实际
			(1)	(2)	(3)	(4)	(5)=(9)÷(1)	(6)=(12)÷(2)	(7)=(1)×(3)	(8)=(1)×（4）	(9)	(10)=(2)×(3)	(11)=(2)×(4)	(12)
可比产品合计	×	×	×	×	×	×	×	×						
其中，甲产品														
乙产品														
⋮														
不可比产品合计	×	×	×	×	×	×	×	×	×			×		
其中，丙产品									×			×		
⋮														
全部产品生产成本	×	×	×	×	×	×	×	×				×		

补充资料（本年累计实际数）

①可比产品实际成本降低额为：__________

②可比产品实际成本降低率为：__________，（本年计划成本降低率为：______________）

（3）主要产品单位成本表。

主要产品单位成本表如表 9-2 所示。

表 9-2　主要产品单位成本表

××年×月

产品名称：　　计量单位：　　本月计划产量：　　本月实际产量：

产品规格：　　单位售价：　　本年累计计划产量：　　本年实际累计产量：

成本项目	行次	历史先进水平	上年实际平均	本年计划	本月实际	本年累计实际平均
直接材料						
直接人工						
制造费用						
单位产品成本						
主要技术经济指标						
单位产品物耗						
1．A 材料						
⋮						
单位产品耗用工时						
⋮						

（4）制造费用明细表。

制造费用明细表如表 9-3 所示。

表 9-3　制造费用明细表

××年×月　　单位：元

项目	行次	本年计划	上年同期实际	本月实际	本年累计实际
职工薪酬	1				
折旧费	2				
办公费	3				
水电费	4				
机物料消耗	5				
低值易耗品摊销	6				
劳动保护费	7				
租赁费	8				
运输费	9				
保险费	10				
设计制图费	11				
实验检验费	12				
其他	19				
合计	20				

问题 3：依据什么编制成本报表？

为了提高成本报表编制的质量，并为报表使用者提供真实可靠的数据，编制成本报表的依据如下。

1. *相关的法律法规制度*

成本报表的编制首先应遵循《企业会计准则》《企业财务通则》等相关的会计法规、制度，同时应严格遵守成本开支范围的要求。

2. *报告期的成本账簿资料*

成本账簿资料包括费用明细账、生产成本明细账和成本计算单等（本书前面已经讲述，这里不再列示）。

3. *以前年度的成本报表资料*

以前年度的成本报表资料是指上一年度或历史最好年度的成本报表所提供的资料。

另外，还有各种产品的成本计划、费用预算、与企业相关的统计资料和其他资料等一起构成编制成本报表的编制依据。

任务二　编制成本报表

任务导入

江旭有限责任公司拟于近期召开成本管理工作研讨会，通报各产品及各部门成本计划的执行情况，并就企业在近几个月部分产品产量未达到计划指标、单位成本较计划成本上升等问题进行深入研讨。公司本部责成财会部门根据成本核算资料，提交产品生产成本表、产品单位成本表和制造费用明细表等相关资料，以备研讨会之用。这就是本任务所要学习的内容——编制成本报表。

任务要求

- 认知产品生产成本表、主要产品单位成本表和制造费用明细表；
- 理解产品生产成本表、主要产品单位成本表和制造费用明细表的结构和内容；
- 学会编制产品生产成本表、主要产品单位成本表和制造费用明细表。

知识准备

问题 1：如何编制产品生产成本表？

产品生产成本表是反映企业在一定时期内生产的全部产品的总成本和各种主要产品单位成本的会计报表。企业利用此表既可定期、总括地考核和分析全部产品和各种主要产品成本计划的完成情况，又可分析成本升降的原因，寻求降低产品成本的途径，以便采取相应措施，改善和加强成本管理。

产品生产成本表的格式见前述“任务一”中的表 9-1，此表由正表和补充资料两部分构成。

1. 正表部分各栏目的内容

（1）“产品名称”栏。该栏将全部产品分为可比产品和不可比产品两部分，并按产品品种逐一列报。可比产品是指企业过去曾经正式生产过，且有完整的成本资料可以进行比较的产品；不可比产品是指企业本年度初次生产的新产品，或虽非初次生产，但以前仅属试制而未正式投产的产品，缺乏可比的成本资料。

（2）“实际产量”栏。该栏分为“本月”与“本年累计”两栏分别列报。

（3）“单位成本”栏。该栏分为“上年实际平均”“本年计划”“本月实际”“本年累计实际平均”四栏列报。“上年实际平均”是指上年累计实际平均单位成本；“本年计划”是指报告年度成本计划规定的单位产品成本；“本月实际”是指本月完工产品的实际单位成本；“本年累计实际平均”是指报告年度一月份至编报月份止累计产品生产总成本除以累计实际产量。

（4）“本月总成本”栏。该栏分为“按上年实际平均单位成本计算”的本月总成本、“按本年计划单位成本计算”的本月总成本和“本月实际”（按本期实际单位成本计算的本月总成本）三栏列报，各栏均按本月实际产量计算确定本月总成本。

（5）“本年累计总成本”栏。该栏分为“按上年实际平均单位成本计算”的本年累计总成本、“按本年计划单位成本计算”的本年累计总成本和“本年实际”（按本年累计实际单位成本计算的本年累计总成本）三栏列报，各栏均按本年累计实际产量计算确定本年累计总成本。

2. 补充资料部分的内容

（1）“可比产品实际成本降低额”是指可比产品累计实际总成本比上年实际平均单位成本计算的累计总成本降低的数额，超支额用负数表示。其计算公式如下：

可比产品成本实际降低额=可比产品实际产量按上年实际平均单位成本计算的总成本−可比产品的实际总成本

（2）“可比产品实际成本降低率”是指可比产品本年累计实际总成本比按上年实际平均单位成本计算的累计总成本降低的比率，超支率用负数表示。其计算公式如下：

$$\text{可比产品实际成本降低率}=\frac{\text{可比产品成本实际降低额}}{\text{可比产品实际产量按上年实际平均单位成本计算总成本}}\times 100\%$$

3. 产品生产成本表各栏目的编制方法

（1）“产品名称”栏。根据企业主要产品的品种，区分可比产品与不可比产品分项列示，注明各种产品的名称、规格和计量单位。

（2）“实际产量”栏。其中，“本月”产量栏，根据相关产品成本明细账填列；而“本年累计”是指从年初起到本月末止的累计实际产量，应根据本月实际产量加上上月本表的“本年累计”栏实际产量数字计算填列。

（3）“单位成本”栏。其中，“本年计划”栏，应根据本年度成本计划填列；“本月实际”栏，应根据表中本月实际总成本除以本月实际产量计算填列；“本年累计实际平均”栏，应根据表中本年累计实际总成本除以本年累计实际产量计算填列；“上年实际平均”栏，应根据上年度本表所列全年累计实际平均单位成本填列。

（4）“本月总成本”栏。其中，“按上年实际平均单位成本计算”的本月总成本栏，根据本月实际产量乘以上年度度实际平均单位成本计算填列；“按本年计划单位成本计算”的本月总成本栏，根据本月实际产量乘以本年计划单位成本计算填列；“本月实际”（按本期实际单位成本计算的本月总成本）栏，按本月实际产量乘以本月实际平均单位成本计算填列。

（5）“本年累计总成本”栏。其中，“按上年实际平均单位成本计算”的本年累计总成本栏，根据本年累计实际产量乘以上年实际平均单位成本计算填列；“按本年计划单位成本计算”的本年累计总成本栏，根据本年累计实际产量乘以本年计划单位成本计算填列；“本月实际”（按本年累计实际单位成本计算的本年累计总成本）栏，根据本年累计实际产量乘以本年累计实际单位成本计算填列。

【案例一】江旭有限责任公司2021年12月份生产甲、乙、丙三种产品。其中，甲产品和乙产品为可比产品，丙产品为不可比产品。可比产品全年计划成本降低率为3.55%。甲、乙、丙三种产品的销售单价分别为550元/台、520元/台、560元/台。该公司三种产品的单位成本资料如表9-4所示，1～11月份各种产品产量、成本如表9-5所示，12月份各种产品产量、成本资料如表9-6所示。

表9-4　各种产品单位成本资料

单位：元

成本项目	历史先进水平		上年实际平均		本年计划		
	甲产品	乙产品	甲产品	乙产品	甲产品	乙产品	丙产品
直接材料	295	260	310	270	305	265	320
直接人工	65	52	70	60	65	55	70
制造费用	66	48	65	50	70	45	55
合计	426	360	445	380	440	365	445

表9-5　1～11月份各种产品产量、成本资料

成本项目	甲产品累计产量360台		乙产品累计产量320台		丙产品累计产量150台	
	累计总成本/元	平均单位成本/（元·台$^{-1}$）	累计总成本/元	平均单位成本/（元·台$^{-1}$）	累计总成本/元	平均单位成本/（元·台$^{-1}$）
直接材料	106 380	295.50	86 560	270.50	48 075	320.50
直接人工	23 580	65.50	19 360	60.50	12 075	80.50
制造费用	24 660	68.50	17 760	55.50	9 075	60.50
合计	154 620	429.50	123 680	386.50	69 225	461.50

表9-6　12月份各种产品产量、成本资料

单位：元

成本项目	甲产品累计产量60台		乙产品累计产量50台		丙产品累计产量30台	
	总成本/元	单位成本/（元·台$^{-1}$）	总成本/元	单位成本/（元·台$^{-1}$）	总成本/元	单位成本/（元·台$^{-1}$）
直接材料	18 030	300.50	14 500	290	9 465	315.50
直接人工	3 330	55.50	3 500	70	2 265	75.50
制造费用	4 230	70.50	3 025	60.5	1 755	58.50
合计	25 590	426.50	21 025	420.50	13 485	449.50

要求：根据所提供的案例资料，编制江旭有限责任公司2021年12月份产品生产成本表。

产品生产成本表编制如下。

（1）根据表 9-5、表 9-6 相关产量资料，列报三种产品的“本月”产量和“本年”累计产量。

（2）根据表 9-4 资料列报三种产品的“上年实际平均”单位成本和“本年计划”单位成本栏，根据表 9-5、表 9-6 列报三种产品的“本月实际”单位成本和“本年累计实际平均”单位成本栏。

甲产品本年累计实际平均单位成本=（154 620+25 590）÷420=429.07（元/台）

乙产品本年累计实际平均单位成本=（123 680+21 025）÷370=391.09（元/台）

丙产品本年累计实际平均单位成本=（69 225+13 485）÷180=459.50（元/台）

（3）根据表 9-6 列报三种产品的“本月”总成本栏，并结合表 9-4 资料计算填列“按上年实际平均单位成本计算”的本月总成本和“按本年计划单位成本计算”的本月总成本栏。

甲产品按上年实际平均单位成本计算的本月总成本=60×445=26 700（元）

乙产品按上年实际平均单位成本计算的本月总成本=50×380=19 000（元）

可比产品按上年实际平均单位成本计算的本月总成本合计=26 700+19 000=45 700（元）

甲产品按本年计划单位成本计算的本月总成本=60×440=26 400（元）

乙产品按本年计划单位成本计算的本月总成本=50×365=18 250（元）

可比产品按本年计划单位成本计算的本月总成本合计=26 400+18 250=44 650（元）

丙产品按本年计划单位成本计算的本月总成本=30×445=13 350（元）

全部产品按本年计划单位成本计算的本月总成本合计=44 650+13 350=58 000（元）

全部产品本月实际总成本合计=25 590+21 025+13 485=60 100（元）

（4）根据表 9-5、表 9-6 资料列报三种产品的“本年累计总成本”，并结合表 9-4 资料计算填列“按上年实际平均单位成本计算”的本年总成本和“按本年计划单位成本计算”的本年总成本栏。

甲产品按上年实际平均单位成本计算的本年总成本=420×445=186 900（元）

乙产品按上年实际平均单位成本计算的本年总成本=370×380=140 600（元）

甲产品按本年计划单位成本计算的本年总成本=420×440=184 800（元）

乙产品按本年计划单位成本计算的本年总成本=370×365=135 050（元）

丙产品按本年计划单位成本计算的本年总成本=180×445=80 100（元）

（5）根据（1）～（4）的资料，完成表 9-7 产品生产成本表的编制。

表 9-7　产品生产成本表

编制单位：江旭有限责任公司　　　　　　　　　2021 年 12 月

产品名称	规格	计量单位	实际产量/台		单位成本/（元·台$^{-1}$）				本月总成本/元			本年累计总成本/元		
			本月	本年累计	上年实际平均	本年计划	本月实际	本年累计实际平均	按上年实际平均单位成本计算	按本年计划单位成本计算	本月实际	按上年实际平均单位成本计算	按本年计划单位成本计算	本年实际
			(1)	(2)	(3)	(4)	(5)=(9)÷(1)	(6)=(12)÷(2)	(7)=(1)×(3)	(8)=(1)×(4)	(9)	(10)=(2)×(3)	(11)=(2)×(4)	(12)
可比产品合计	×	×	×	×	×	×	×	×	45 700	44 650	46 615	327 500	319 850	324 915
其中，甲产品		台	60	420	445	440	426.50	429.07	26 700	26 400	25 590	186 900	184 800	180 210
乙产品		台	50	370	380	365	420.50	391.09	19 000	18 250	21 025	140 600	135 050	144 705
不可比产品合计	×	×	×	×	×	×	×	×	×	13 350	13 485	×	80 100	82 710
其中，丙产品		台	30	180		445	449.50	459.50	×	13 350	13 485	×	80 100	82 710
全部产品生产成本	×	×	×	×	×	×	×	×	45 700	58 000	60 100	×	399 950	407 625

补充资料（本年累计实际数）：

①可比产品实际成本降低额为：<u>2 585 元</u>

②可比产品实际成本降低率为：<u>7.89%</u>，（本年计划成本降低率为：<u>3.55%</u>）

附：补充资料的计算如下。

①可比产品实际成本降低额=327 500−324 915=2 585（元）

②可比产品实际成本降低率=2 587÷327 500×100%=7.89%

问题 2：如何编制主要产品单位成本表？

主要产品是指企业经常生产，在企业全部产品中所占比重较大，能够概括反映企业生产经营面貌的那些产品。主要产品单位成本表是反映企业一定时期内主要产品单位成本水平、变动情况、构成情况及主要技术经济指标执行情况的成本报表。

由于产品生产成本表中各主要产品的成本只列示总数，无法根据表中所列数据分析构成情况，所以需要编制主要产品单位成本表作为产品生产成本表的补充报表。

利用主要产品单位成本表，既可以按成本项目分析和考核主要产品单位成本计划的执行情况，又可以按照成本项目将本月实际和本年累计实际平均单位成本，与上年实际平均单位成本和历史先进水平进行对比，了解单位成本的变动情况，还可以分析和考核各种主要产品的主要技术经济指标的执行情况，进而查明主要产品单位成本升降的具体原因。

主要产品单位成本表的格式如本项目“任务一”中的表 9-2 所示，此表按产品品种分别设置，由“产量”“单位成本”“主要技术经济指标”三部分构成。

“产量”部分主要包括产品名称、产品规格、计量单位、单位售价、本月计划产量、本月实际产量、本年累计计划产量和本年累计实际产量。

“单位成本”部分包括历史先进水平、上年实际平均、本年计划、本月实际和本年累计实际平均，分别反映直接材料、直接人工、制造费用等成本项目的金额及其合计数。

“主要技术经济指标”部分包括各种主要材料和工时的历史先进水平耗用量、上年实际平均耗用量、本年计划耗用量、本年实际耗用量、本年累计实际平均耗用量等。

主要产品单位成本表的编制方法如下。

（1）产量指标的列报：本月及本年计划产量根据相关生产计划填列；本月及本年累计实际产量根据相关产成品汇总表填列；单位售价根据产品售价表填列。

（2）单位成本指标的列报：历史先进水平根据本企业历史成本资料中该产品最低实际单位成本数填列；上年实际平均根据本企业上年度该产品本表的“本年累计实际平均”栏的数据填列；本年计划，根据本年该产品计划单位成本数填列；本月实际，根据本月产成品汇总表中该产品的实际单位成本数填列；本年累计实际平均，根据该产品本年年初至本月止的累计总成本除以累计产量后的结果填列。

（3）主要技术经济指标的列报：根据相关业务技术核算资料填列。

【案例二】接“案例一”的资料，江旭有限责任公司 2021 年其他相关资料补充如下。

（1）各产品主要技术经济指标如表 9-8 所示。

（2）各产品 2021 年度计划产量如表 9-9 所示。

表 9-8　各产品主要技术经济指标

项目	产品	历史先进水平	上年实际平均	本年计划	本月实际	本年累计实际平均
单位产品材料物耗		×	×	×	×	×
1.A 材料/（元·台$^{-1}$）	甲	110	115	111	108	113
2.B 材料/（元·台$^{-1}$）		90	102	100	101	104
3.C 材料/（元·台$^{-1}$）	乙	35	37	36	36.6	35.5
4.D 材料/（元·台$^{-1}$）	丙			36	35.8	35.5
单位产品耗用工时/（小时·台$^{-1}$）	甲	4.6	5.2	5	4.7	4.8
	乙	4.5	5	4.6	4.8	4.4
	丙	×	×	9	8.9	9.2

表 9-9　各产品 2021 年度计划产量

单位：台

产品	甲	乙	丙
计划产量	408	360	168

要求：结合“案例一”的相关资料，编制江旭有限责任公司甲、乙、丙三种产品的单位成本表。

（1）甲产品单位成本表的编制。

根据表 9-8 填列甲产品主要技术经济指标。

根据表 9-9 并结合“案例一”相关资料填列甲产品相关产量数据（本月计划产量按平均数填列）。

根据“案例一”相关资料，填列甲产品各项单位成本数额，完成表 9-10 的填列。

单位甲产品本年累计实际平均直接材料=（106 380+18 030）÷420=296.21（元/台）

单位甲产品本年累计实际平均直接人工=（23 580+3 330）÷420=64.07（元/台）

单位甲产品本年累计实际平均制造费用=（24 660+4 230）÷420=68.79（元/台）

甲产品本年累计实际平均单位成本=296.21+64.07+68.79=429.07（元/台）

表 9-10　主要产品单位成本表

2021 年 12 月

产品名称：甲产品　　计量单位：台　　本月计划产量：34 台　　本月实际产量：60 台

产品规格：　　单位售价：550 元/台　　本年累计计划产量：408 台　　本年实际累计产量：420 台

成本项目	行次	历史先进水平	上年实际平均	本年计划	本月实际	本年累计实际平均
直接材料/（元·台$^{-1}$）		295	310	305	300.50	296.21

续表

成本项目	行次	历史先进水平	上年实际平均	本年计划	本月实际	本年累计实际平均
直接人工/（元・台$^{-1}$）		65	70	65	55.50	64.07
制造费用/（元・台$^{-1}$）		66	65	70	70.50	68.79
单位产品成本/（元・台$^{-1}$）		426	445	440	426.50	429.07
主要经济技术指标		×	×	×	×	×
单位产品物耗		×	×	×	×	×
1.A 材料/（元・台$^{-1}$）		110	115	111	108	113
2.B 材料/（元・台$^{-1}$）		90	102	100	101	104
单位产品耗用工时/（小时・台$^{-1}$）		4.6	5.2	5	4.7	4.8

（2）乙产品单位成本表的编制。

根据表 9-8 填列乙产品主要技术经济指标。

根据表 9-9 并结合“案例一”相关资料，填列乙产品有关产量数据（本月计划产量按平均数填列）。

根据“案例一”相关资料，填列乙产品各项单位成本数额，完成表 9-11 的填列。

单位乙产品本年累计实际平均直接材料=（86 560+14 500）÷370=273.14（元/台）

单位乙产品本年累计实际平均直接人工=（19 360+3 500）÷370=61.78（元/台）

单位乙产品本年累计实际平均制造费用=（17 760+3 025）÷370=56.17（元/台）

乙产品本年累计实际平均单位成本=273.14+61.78+56.17=391.09（元/台）

乙产品主要产品单位成本表如 9-11 所示。

表 9-11　主要产品单位成本表

2021 年 12 月

产品名称：乙产品　计量单位：台　本月计划产量：30 台　本月实际产量：50 台

产品规格：　单位售价：520 元/台　本年累计计划产量：360 台　本年实际累计产量：370 台

成本项目	行次	历史先进水平	上年实际平均	本年计划	本月实际	本年累计实际平均
直接材料/（元・台$^{-1}$）		260	270	265	290	273.14
直接人工/（元・台$^{-1}$）		52	60	55	70	61.78
制造费用/（元・台$^{-1}$）		48	50	45	60.50	56.17
单位产品成本/（元・台$^{-1}$）		360	380	365	420.50	391.09
主要经济技术指标		×	×	×	×	×
单位产品物耗		×	×	×	×	×
3.C 材料/（元・台$^{-1}$）		35	37	36	36.6	35.5
单位产品耗用工时/（小时・台$^{-1}$）		4.5	5	4.6	4.8	4.4

（3）丙产品单位成本表的编制。

根据表 9-8 填列丙产品主要技术经济指标。

根据表 9-9 并结合“案例一”相关资料，填列丙产品有关产量数据（本月计划产量按平均数填列）。

根据“案例一”相关资料，填列丙产品各项单位成本数额，完成表 9-12 的填列。

单位丙产品本年累计实际平均直接材料=（48 075+9 456）÷180=319.64（元/台）

单位丙产品本年累计实际平均直接人工=（12 075+2 265）÷180=79.68（元/台）

单位丙产品本年累计实际平均制造费用=（9 075+1 755）÷180=60.18（元/台）

丙产品本年累计实际平均单位成本=319.64+79.68+60.18=459.50（元/台）

丙产品主要产品单位成本表如表 9-12 所示。

表 9-12　主要产品单位成本表

2021 年 12 月

产品名称：丙产品　　计量单位：台　　本月计划产量：14 台　　本月实际产量：30 台

产品规格：　　单位售价：560 元/台　　本年累计计划产量：168 台　　本年实际累计产量：180 台

成本项目	行次	历史先进水平	上年实际平均	本年计划	本月实际	本年累计实际平均
直接材料/（元·台$^{-1}$）		×	×	330	315.50	319.64
直接人工/（元·台$^{-1}$）		×	×	70	75.50	79.68
制造费用/（元·台$^{-1}$）		×	×	55	58.50	60.18
单位产品成本/（元·台$^{-1}$）		×	×	445	449.50	459.50
主要经济技术指标		×	×	×	×	×
单位产品物耗/（元·台$^{-1}$）		×	×	×	×	×
4.D 材料/（元·台$^{-1}$）		×	×	36	35.8	35.5
单位产品耗用工时/（小时·台$^{-1}$）		×	×	9	8.9	9.2

制造费用明细表是反映企业在一定时期内发生的全部制造费用及其构成情况的报表。

利用制造费用明细表所提供的相关资料，可以分析各项费用的构成和增减变动情况，考核制造费用计划的执行结果，以便采取相应的措施，节约开支，降低费用，最终降低产品的成本。

制造费用明细表的格式如本项目“任务一”中的表 9-3 所示。

制造费用明细表一般按照制造费用的明细项目分别反映各项费用的本年计划数、上年实际平均数、本月实际数和本年累计实际平均数。其编制方法如下。

“本年计划”栏，应根据本年制造费用的预算资料填列。

“上年实际平均”栏，应根据上年同期本表的“本月实际”数额填列。

“本月实际”栏，应根据制造费用总账科目所属各基本生产车间制造费用明细账中各费用项目本月发生额合计的累计数汇总计算填列。

“本年累计实际平均”栏，应根据本月本表“本月实际”加上上月本表“本年累计实际”计算填列。

如果需要，也可以根据制造费用的分月计划，在表中加列本月计划数。

【案例三】江旭有限责任公司提供以下资料。

（1）江旭有限责任公司2021年制造费用月度计划和上年同期制造费用实际资料如表9-13所示。

表9-13 月度计划和上年同期制造费用实际资料

单位：元

项目	职工薪酬	折旧费	办公费	水电费	机物料消耗	低值易耗品摊销	劳动保护费	租赁费	运输费	保险费	实验检验费	其他	合计
本年各月计划	1 500	1 300	600	300	500	300	1 600	680	600	370	300	220	8 270
上年同期实际	1 300	1 100	700	340	520	280	1 500	600	700	350	400	300	8 090

（2）该公司2021年1～11月份制造费用累计实际资料如表9-14所示。

表9-14 2021年1～11月份制造费用累计实际资料

单位：元

项目	职工薪酬	折旧费	办公费	水电费	机物料消耗	低值易耗品摊销	劳动保护费	租赁费	运输费	保险费	实验检验费	其他	合计
本年累计实际	13 500	14 300	5 900	2 600	3 900	2 300	17 600	5 680	6 200	5 000	3 300	2 620	82 900

（3）该公司2021年12月份制造费用实际资料如表9-15所示。

表9-15 12月份制造费用实际资料

单位：元

项目	职工薪酬	折旧费	办公费	水电费	机物料消耗	低值易耗品摊销	劳动保护费	租赁费	运输费	保险费	实验检验费	其他	合计
本月实际	1 900	1 300	950	420	550	480	2 300	700	580	370	420	400	10 370

要求：编制江旭有限责任公司2021年12月份的制造费用明细表。

（1）根据表9-13资料，填列“本年计划”数额（按月度计划数×12计算确定）和“上年同期实际”金额。

（2）根据表9-15资料，填列“本月实际”金额。

（3）根据表9-14和表9-15资料，计算填列“本年累计实际”金额（1～11月制造费用累计实际加上12月份制造费用）。

（4）完成制造费用明细表的编制，如表9-16所示。

表9-16 制造费用明细表

2021年12月　　单位：元

项目	行次	本年计划	上年同期实际	本月实际	本年累计实际
职工薪酬	1	18 000	1 300	1 900	15 400
折旧费	2	15 600	1 100	1 300	15 600
办公费	3	7 200	700	950	6 850
水电费	4	3 600	340	420	3 020
机物料消耗	5	6 000	520	550	4 450
低值易耗品摊销	6	3 600	280	480	2 780
劳动保护费	7	19 200	1 500	2 300	19 900
租赁费	8	8 160	600	700	6 380
运输费	9	7 200	700	580	6 780
保险费	10	4 440	350	370	5 370
实验检验费	12	3 600	400	420	3 720
其他	19	2 640	300	400	3 020
合计	20	99 240	8 090	10 370	93 270

课堂实训

【案例】立霸集团2021年12月份生产甲、乙、丙三种产品。其中，甲产品和乙产品为可比产品，丙产品为不可比产品。可比产品全年计划成本降低率为5.55%。甲、乙、丙三种产品的销售单价分别为750元/台、720元/台、760元/台。已知该集团资料如下。

资料一：该集团各种产品单位成本资料如表9-17所示。

资料二：该集团1～11月份各种产品产量、成本资料如表9-18所示。

资料三：该集团12月份各种产品的产量、成本资料如表9-19所示。

表 9-17　各种产品单位成本资料

单位：元

成本项目	历史先进水平		上年实际平均		本年计划		
	甲产品	乙产品	甲产品	乙产品	甲产品	乙产品	丙产品
直接材料	395	360	410	370	405	365	420
直接人工	75	62	80	70	75	65	80
制造费用	76	58	75	60	80	55	65
合计	546	480	565	500	560	485	565

表 9-18　1～11 月份各种产品产量、成本资料

成本项目	甲产品累计产量 460 台		乙产品累计产量 420 台		丙产品累计产量 250 台	
	累计总成本/元	平均单位成本/（元·台$^{-1}$）	累计总成本/元	平均单位成本/（元·台$^{-1}$）	累计总成本/元	平均单位成本/（元·台$^{-1}$）
直接材料	181 930	395.50	155 610	370.50	105 125	420.50
直接人工	34 730	75.50	29 610	70.50	22 625	90.50
制造费用	36 110	78.50	27 510	65.50	17 625	70.50
合计	252 770	549.50	212 730	506.50	145 375	581.50

表 9-19　12 月份各种产品产量、成本资料

成本项目	甲产品累计产量 50 台		乙产品累计产量 45 台		丙产品累计产量 10 台	
	总成本/元	单位成本/（元·台$^{-1}$）	总成本/元	单位成本/（元·台$^{-1}$）	总成本/元	单位成本/（元·台$^{-1}$）
直接材料	20 025	400.50	17 550	390	4 155	415.50
直接人工	3 275	65.50	3 600	80	855	85.50
制造费用	4 025	80.50	3 150	70.5	685	68.50
合计	27 325	546.50	24 300	540	5 695	569.50

资料四：该集团 2021 年度各种产品主要技术经济指标如表 9-20 所示。

表 9-20　2021 年度各种产品主要技术经济指标

项目	产品	历史先进水平	上年实际平均	本年计划	本月实际	本年累计实际平均
单位产品材料物耗		×	×	×	×	×
1.A 材料/（元·台$^{-1}$）	甲	210	215	211	208	213
2.B 材料/（元·台$^{-1}$）		100	102	105	102	103
3.C 材料/（元·台$^{-1}$）	乙	85	93	86	86.6	85.5
4.D 材料/（元·台$^{-1}$）	丙			36	35.8	35.5
单位产品工时消耗/（小时·台$^{-1}$）	甲	4.8	5.2	5.5	5.4	5.3
	乙	5.5	6	5.6	5.8	5.6
	丙	×	×	8	7.9	8.2

资料五：该集团 2021 年度各种产品计划产量如表 9-21 所示。

表 9-21　2021 年度各种产品计划产量

单位：台

产品	甲	乙	丙
计划产量	540	456	240

资料六：该集团 2021 年月度计划和上年同期制造费用实际资料如表 9-22 所示。

表 9-22　月度计划和上年同期制造费用实际资料

单位：元

项目	职工薪酬	折旧费	办公费	水电费	机物料消耗	低值易耗品摊销	劳动保护费	租赁费	运输费	保险费	实验检验费	其他	合计
本年各月计划	1 600	1 400	700	400	600	400	1 700	780	700	470	400	320	9 470
上年同期实际	1 400	1 200	800	440	620	380	1 600	700	800	450	500	400	9 290

资料七：该集团 2021 年 1~11 月份制造费用累计实际资料如表 9-23 所示。

表 9-23　1～11 月份制造费用累计实际资料

单位：元

项目	职工薪酬	折旧费	办公费	水电费	机物料消耗	低值易耗品摊销	劳动保护费	租赁费	运输费	保险费	实验检验费	其他	合计
本年累计实际	13 600	14 400	6 000	2 700	4 000	2 400	17 700	5 780	6 300	5 100	3 400	2 720	84 100

资料八：该集团 2021 年 12 月份制造费用实际资料如表 9-24 所示。

表 9-24　12 月份制造费用实际资料

单位：元

项目	职工薪酬	折旧费	办公费	水电费	机物料消耗	低值易耗品摊销	劳动保护费	租赁费	运输费	保险费	实验检验费	其他	合计
本月实际	2 000	1 400	1 050	520	650	580	2 400	800	680	470	520	500	11 570

要求：根据所提供的案例资料，完成该集团 2021 年 12 月份下列报表的编制。

（1）编制产品生产成本表，并附补充资料的计算过程。

（2）编制甲产品单位成本表。

（3）编制制造费用明细表。

【案例解析】

（1）编制产品生产成本表，并附补充资料的计算过程。

①根据“资料二”“资料三”相关产量资料，填列三种产品的“本月”产量和“本

年累计”产量。

②根据“资料一”填列三种产品的“上年实际平均”单位成本和“本年计划”单位成本。根据“资料二”“资料三”填列三种产品的“本月实际”单位成本和“本年累计实际平均”单位成本。

③根据“资料一”“资料三”填列三种产品的“本月总成本”，并结合相关资料计算填列“按上年实际平均单位成本计算”的本月总成本和“按本年计划单位成本计算”的本月总成本。

④根据“资料一”“资料二”“资料三”填列三种产品的“本年累计总成本”，并结合相关资料计算填列“按上年实际平均单位成本计算”的本年累计总成本和“按本年计划单位成本计算”的本年累计总成本。

⑤根据以上①～④的资料，完成产品生产成本表的编制，如表 9-25 所示。

表 9-25　产品生产成本表

编制单位：立霸集团　　　　　　　　　　2021 年 12 月

产品名称	规格	计量单位	实际产量/台		单位成本/（元・台$^{-1}$）				本月总成本/元			本年累计总成本/元		
			本月	本年累计	上年实际平均	本年计划	本月实际	本年累计实际平均	按上年实际平均单位成本计算	按本年计划单位成本计算	本月实际	按上年实际平均单位成本计算	按本年计划单位成本计算	本年实际
			(1)	(2)	(3)	(4)	(5)=(9)÷(1)	(6)=(12)÷(2)	(7)=(1)×(3)	(8)=(1)×(4)	(9)	(10)=(2)×(3)	(11)=(2)×(4)	(12)
可比产品合计	×	×	×	×	×	×	×	×	50 750	49 850	51 625	520 625	511 125	517 125
其中，甲产品		台	50	510	565	560	546.50	549.21	28 250	28 000	27 325	288 125	285 600	280 095
乙产品		台	45	465	500	485	540	509.74	22 500	21 825	24 300	232 500	225 525	237 030
不可比产品合计	×	×	×	×	×	×	×	×	×	5 650	5 695	×	146 900	151 075
其中，丙产品		台	10	260		565	569.50	581.04	×	5 650	5 695	×	146 900	151 075
全部产品生产成本	×	×	×	×	×	×	×	×	50 750	55 500	57 320	×	658 025	668 200

补充资料（本年累计实际数）：

①可比产品成本降低额为：<u>3 500 元</u>

②可比产品成本降低率为：<u>6.72%</u>，（本年计划成本降低率为：<u>5.55%</u>）

附：补充资料的计算过程如下。

①可比产品实际成本降低额=520 625–517 125=3 500（元）

②可比产品实际成本降低率=3 500÷520 625×100%=6.72%

（2）编制甲产品单位成本表。

①根据“资料四”填列甲产品主要技术经济指标。

②根据“资料五”，并结合上述（1）中的资料填列甲产品相关产量数据（本月计划产量按平均数填列）。

③根据上述（1）中相关资料，填列甲产品各项单位成本数额。

④根据以上①～③的资料，完成甲产品单位成本表的编制，如表 9-26 所示。

表 9-26　主要产品单位成本表

2021 年 12 月

产品名称：甲产品　　计量单位：台　　本月计划产量：45 台　　本月实际产量：50 台

产品规格：　　单位售价：750 元/台　　本年累计计划产量：540 台　　本年实际累计产量：510 台

成本项目	行次	历史先进水平	上年实际平均	本年计划	本月实际	本年累计实际平均
直接材料/元		395	410	405	400.50	395.99
直接人工/元		75	80	75	65.50	74.52
制造费用/元		76	75	80	80.50	78.70
单位产品成本/（元•台$^{-1}$）		546	565	560	546.50	549.21
主要经济技术指标		×	×	×	×	×
单位产品物耗		×	×	×	×	×
1.A 材料/（元•台$^{-1}$）		210	215	211	208	213
2.B 材料/（元•台$^{-1}$）		100	102	105	102	103
单位产品耗用工时/（小时•台$^{-1}$）		4.8	5.2	5.5	5.4	5.3

（3）编制制造费用明细表。

①根据“资料六”填列“本年计划”数额（按月度计划数×12 计算确定）和“上年同期实际”金额。

②根据“资料八”填列“本月实际”金额。

③根据“资料七”“资料八”计算填列“本年累计实际”金额（1～11 月制造费用累计实际加上 12 月份制造费用）。

④根据以上①～③的资料，完成制造费用明细表的编制，如表 9-27 所示。

表 9-27　制造费用明细表

2021 年 12 月　　单位：元

项目	行次	本年计划	上年同期实际	本月实际	本年累计实际
职工薪酬	1	19 200	1 400	2 000	15 600
折旧费	2	16 800	1 200	1 400	15 800
办公费	3	8 400	800	1 050	7 050
水电费	4	4 800	440	520	3 220
机物料消耗	5	7 200	620	650	4 650
低值易耗品摊销	6	4 800	380	580	2 980
劳动保护费	7	20 400	1 600	2 400	20 100
租赁费	8	9 360	700	800	6 580
运输费	9	8 400	800	680	6 980
保险费	10	5 640	450	470	5 570
实验检验费	12	4 800	500	520	3 920
其他	19	3 840	400	500	3 220
合计	20	113 640	9 290	11 570	95 670

任务三　分析成本报表

任务导入

江旭有限责任公司本部在责成财会部门提供相关成本报表的同时，对生产成本表、产品单位成本表和制造费用明细表进行分析，并提供相关的分析资料，以供公司近期召开成本管理工作研讨会使用。那么，如何对成本报表进行分析呢？这正是本任务学习的内容。

任务要求

- 认知成本报表分析的方法；
- 学会产品生产成本表的分析；
- 学会产品单位成本表的分析；
- 学会制造费用明细表的分析。

知识准备

问题 1：成本报表分析的方法有哪些？

成本报表分析是指以成本报表所提供的，反映企业一定时期产品成本水平和构成情况的资料和相关的计划、核算资料为依据，运用科学的分析方法，通过分析各项指标的变动及指标之间的相互关系，揭示企业各项成本指标计划的完成情况和原因，从而对企业一定时期的成本管理工作情况获得比较全面的认识。它属于事后分析。

对成本报表的分析方法通常包括对比分析法、比率分析法、连环替代分析法和差额分析法四种。

1. 对比分析法

对比分析法，又称为指标对比法或比较法，是指通过两个或两个以上相关指标进行比较，从数量上确定差异的一种分析方法。该方法是成本分析中最简便、运用范围最广泛的一种方法。实际工作中通常有以下几种形式。

（1）将本期实际成本指标与本期成本计划或定额指标进行对比，分析成本计划或定额的完成情况，揭示实际脱离计划或定额的差异及性质，为进一步分析提供方向。

（2）将本期实际成本指标与前期（上期、上年同期或历史先进水平）实际成本指标进行对比，可以揭示本期与前期（上期、上年同期或历史先进水平）成本指标之间的差距，从中了解成本的发展趋势和方向，了解企业生产经营工作的改进情况。

（3）将本企业实际成本指标与国内外同行业先进指标进行对比，可以了解企业成本水平在国内外同行业中所处的地位，揭示本企业与国内外同行业先进成本指标间的差距，有利于吸收先进经验，推动企业进一步完善经营管理。

2. 比率分析法

比率分析法，是指通过计算和对比有关经济指标比率，进行数量分析的一种方法。采用这种方法，首先要将对比的数值变为相对数，求出比率，然后再进行对比分析。比率分析法包括相关比率分析法和构成比率分析法两种。

（1）相关比率分析法。该方法将两个性质不同但又相关的指标对比求出比率，然后再以实际数与计划数（或前期实际数）进行对比分析，以便更深入地认识企业某方面的生产经营状况。例如，将利润项目同成本项目对比，求出成本利润率，从而可以观察、比较企业成本效益水平的高低。常用的成本效益相关比率包括产值成本率、销售成本率和成本利润率。

$$产值成本率=\frac{产品成本}{商品产值}\times100\%$$

$$销售成本率=\frac{产品成本}{产品销售收入}\times100\%$$

$$成本利润率=\frac{利润总额}{产品成本}\times100\%$$

（2）构成比率分析法。该方法是指某项经济指标的各个组成部分占总体的比重。可通过观察其构成内容及其变化，以反映该指标形成的特征、构成的合理性和变化的趋势。例如，计算各成本项目在成本总额中所占的比重，并与同期各种标准（计划或定额）进行比较，可据以了解成本构成的变化，明确进一步降低成本的关键点。

$$某成本项目的结构=\frac{该成本项目成本金额}{产品生产成本总额}\times100\%$$

3. 连环替代分析法

连环替代分析法，又称为因素分析法，是用来计算几个相互联系的因素对综合经济指标变动影响程度的一种分析方法。其计算程序如下。

（1）确定影响某项经济指标完成情况的因素，按其依存关系列出关系式。

（2）以基数（计划数或上期实际数）为计算基础。

（3）按照公式中所列因素的同一顺序，逐次以各因素的实际数替换其基数，每次替换后实际数就被保留下来。有几个因素就替换几次，直到所有因素都变为实际数为止，每次替换后都求出新的计算结果。

（4）将每次替换后的所得结果，与其相邻近的前一次计算结果相比较，两者的差额就是某一因素变动对综合经济指标变动的影响程度。

（5）将各因素的影响数额相加，其代数和就是分析指标实际数与基数的总差异数。

【案例四】江旭有限责任公司甲产品材料总成本分析表如表 9-28 所示。

表 9-28　甲产品材料总成本分析表

项　目	本期计划	本期实际	差　异
产品产量/台	750	800	50
单位产品材料耗用量/（千克・台$^{-1}$）	15	18	3
材料单价/（元・台$^{-1}$）	10	8	−2
产品材料总成本/元	112 500	115 200	2 700

要求：用连环替代分析法分析各因素对材料总成本的综合影响。

本案例综合经济指标是产品材料总成本，其构成因素指标包括产品产量、单位产品材料耗用量（简称材料单耗）和材料单价三个方面。

材料总成本=产量×材料单耗×材料单价

（1）分析对象。

实际产品材料成本−计划产品材料成本=产品材料成本差异=115 200−112 500=2 700（元）

（2）替代分析。

计划数值指标体系=112 500=750×15×10

替代产量指标=120 000=800×15×10

由于产量变动对产品材料总成本的影响=120 000−112 500=7 500（元）

替代材料单耗指标=144 000=800×18×10

由于材料单耗变动对产品材料总成本的影响=144 000−120 000=24 000（元）

替代材料单价指标=115 200=800×18×8

由于材料单价变动对产品材料总成本的影响=115 200−144 000= −28 800（元）

（3）各因素对材料总成本的综合影响结果。

115 200−112 500=7 500+24 000−28 800=2 700（元）

4. *差额分析法*

差额分析法是连环替代分析法的一种简化形式，该方法利用各个因素实际数与基数之间的差额，按照各因素的排列顺序，依次求出各因素变动的影响程度。

由于差额分析法计算简便，所以应用比较广泛，特别是在影响因素只有两个时更为适用。

问题 2: 如何对产品生产成本表进行分析？

产品生产成本表分析是指根据企业产品生产成本表和成本计划等相关资料，对全部产品进行的一种总括性成本分析，一般包括全部产品成本计划完成情况分析、可比产品成本计划降低任务完成情况分析等。

1. *全部产品成本计划完成情况分析*

全部产品成本计划完成情况分析，可以分别按产品品种和成本项目两个方面来进行分析。

（1）按产品品种分析全部产品成本计划的完成情况。

①全部产品成本计划完成率分析。全部产品成本计划完成率是实际产量实际总成本与实际产量计划总成本的比例，反映全部产品成本实际完成计划的程度。其公式如下。

$$全部产品成本计划完成率=\frac{\sum(实际产量\times实际单位成本)}{\sum(实际产量\times计划单位成本)}\times100\%$$

该指标一般以等于或小于 100%为宜，说明完成或超额完成了全部产品成本计划。如果全部产品成本计划完成率大于 100%，则表明企业没有完成全部产品成本计划，反映在成本计划控制过程中存在严重问题，需要进一步分析、解决。

另外，为了反映全部产品成本实际比计划升降的水平和程度，还应计算全部产品成本升降额和升降率。

$$全部产品成本升降额=实际总成本-\sum(实际产量\times计划单位成本)$$

$$全部产品成本升降率=\frac{全部产品成本升降额}{\sum(实际产量\times计划单位成本)}\times100\%$$

②各种产品成本计划完成情况分析。全部产品成本计划完成情况分析，掩盖了具体产品品种可能没有完成其成本计划的情况。为了充分揭示成本计划完成情况，还必须区分具体产品品种，分别分析各品种产品成本计划完成情况。主要分析指标计算如下。

$$某种产品成本升降额=实际总成本-(实际产量\times计划单位成本)$$

$$某种产品成本升降率=\frac{该种产品成本升降额}{实际产量\times计划单位成本}\times100\%$$

或

$$某种产品成本升降率=该种产品成本计划完成率-1$$

$$某种产品成本计划完成率=\frac{实际总成本}{实际产量\times计划单位成本}\times100\%$$

按产品品种分析全部产品成本计划的完成情况，可以确定全部产品成本实际脱离计划的差异主要是由哪些产品形成的，从而揭露隐藏在总成本中的那些成本超支或降低的具体产品，为企业制订和完善成本管理办法提供依据，并针对不同产品采取有效的成本降低措施，为更好地执行和完成成本计划服务。

【案例五】江旭有限责任公司 2021 年度生产甲、乙、丙三种产品。其中，甲、乙产品为可比产品，丙产品为不可比产品。产品生产成本表如表 9-29 所示。

要求：按产品品种分析全部产品成本计划的完成情况。

根据上述资料，该公司全部产品生产成本计划完成情况分析如下。

$$全部产品成本计划完成率=\frac{96\,420}{97\,450}\times100\%=99\%$$

全部产品总成本升降额=96 420–97 450= –1 030（元）

$$全部产品总成本升降率=-\frac{1\,030}{97\,450}\times100\%=-1\%$$

表 9-29　产品生产成本表

编制单位：江旭有限责任公司　　　　　　　　　　　　　　2021 年度

产品品种	规格	计量单位	本年实际产量/台	单位成本/（元・台$^{-1}$）			总成本/元		
				上年实际平均	本年计划	本年实际	按上年实际平均单位成本计算	按本年计划单位成本计算	本年实际
可比产品合计	—	—	—	—	—	—	103 000	90 700	89 550
其中，甲产品			55	750	680	730	41 250	37 400	40 150
乙产品			65	950	820	760	61 750	53 300	49 400
不可比产品合计	—	—	—	—	—	—	—	6 750	6 870
其中，丙产品			15	—	450	458		6 750	6 870
全部产品总成本	—	—	—	—	—	—	—	97 450	96 420

全部产品成本计划完成情况分析表（按产品品种）如表 9-30 所示。

表 9-30　全部产品成本计划完成情况分析表（按产品品种）

2021 年度

产品名称	实际产量本年累计		成本计划完成情况		各种产品对总成本降低率的影响/%
	计划总成本/元	实际总成本/元	升降（–）额/元	升降（–）率/%	
可比产品合计	90 700	89 550	–1 150	–1.27	–1.18
其中，甲产品	37 400	40 150	2 750	3.03	2.82
乙产品	53 300	49 400	–3 900	–4.30	–4.00
不可比产品合计	6 750	6 870	120	0.27	0.18
其中，丙产品	6 750	6 870	120	0.27	0.18
全部产品总成本	97 450	96 420	–1 030	–1	–1

从表 9-30 分析结果可以看出，江旭有限责任公司全部产品生产总成本完成计划的 99%，实际成本较计划成本降低了 1%，降低总成本 1 030 元，较好地完成了成本计划。但是，从具体产品品种来看，只有乙产品大幅度超额完成了成本计划，而甲产品和丙产品均没有完成计划。其中，甲产品成本完成计划的 103.03%，实际成本比计划成本增加了 2 750 元，超过计划 3.03%，导致总成本降低率下降了 2.82%；丙产品完成成本完成计划的 100.27%，实际成本比计划成本增加了 120 元，超计划

0.27%，导致总成本降低率下降了0.18%；只有乙产品超额完成成本计划的95.70%，成本降低了3 900元，比计划成本降低了4.30%，导致总成本降低率提高了4.00%。因此，虽然全部产品成本计划完成情况较好，但是，该公司并未能全面完成产品成本计划，对于甲产品、丙产品没有完成成本计划，成本超支的情况和原因需进一步分析。

（2）按成本项目分析全部产品成本计划的完成情况。

为了了解成本脱离计划的原因，深入挖掘成本降低的潜力，还要进一步比较和分析构成产品成本的各个项目支出的变动情况及其对总成本的影响程度。这样才能抓住关键点，为今后深入地分析指明方向。

全部产品按成本项目进行成本计划完成情况分析的内容，主要有以下两个方面。

①分别按照各产品实际产量和各成本项目的计划单位成本、实际单位成本，确定全部产品每个成本项目的成本总额。

全部产品某成本项目计划总成本=∑（某产品实际产量×该产品某成本项目计划单位成本）

全部产品某成本项目实际总成本=∑（某产品实际产量×该产品某成本项目实际单位成本）

②计算全部产品各成本项目实际成本比计划成本的降低额和降低率。

全部产品某成本项目成本降低额=全部产品某成本项目实际总成本−全部产品某成本项目计划总成本

$$全部产品某成本项目成本降低率=\frac{全部产品某成本项目降低额}{全部产品某成本项目计划总成本}\times 100\%$$

【案例六】根据“案例五”资料，编制全部产品成本计划完成情况分析表（按成本项目），如表9-31所示。

表9-31　全部产品成本计划完成情况分析表（按成本项目）

成本项目	全部产品总成本		节约或超支		各项目的差异数占总成本的比重/%
	按计划/元	按实际/元	绝对数/元	百分比/%	
	①	②	③=②−①	④=③÷①	⑤=③÷∑①
直接材料	57 000	56 010	−990	−1.74	−1.01
直接人工	10 550	11 360	+810	+7.68	+0.83
制造费用	29 900	29 050	−850	−2.84	−0.87
合计	97 450	96 420	−1 030	−3.10	−1.05

要求：按成本项目分析全部产品成本计划的完成情况。

从表9-31分析结果可以看出，江旭有限责任公司全部产品总成本实际比计划降低了1 030元，降低3.10%，主要原因是由于直接材料总成本降低990元，降低率达到1.74%，以及制造费用总成本降低了850元，降低率为2.84%，从而产生了积极的影响。但是，该企业直接人工总成本却存在着超支810元，比计划提高了7.68%的不利情况，如果企业能克服人工费用超支的缺点，则全部产品总成本将比计划降低1 840元，成本降低率将提高到1.89%。因此，还必须深入实际做进一步调查研究，从而找出影响各成本项目费用水平变动的具体原因，以便及时采取有效措施，迅速提高企业的成本管理工作水平。

2. 可比产品成本降低任务完成情况分析

可比产品成本降低任务，是指将本年度可比产品计划总成本与按上年实际单位成本计算的产品总成本进行对比所要求达到的降低额和降低率。可比产品成本降低任务完成情况的分析，就是将可比产品的实际总成本对比上年实际总成本的降低额和降低率，与计划成本降低额和降低率进行对比，以检验可比产品成本降低任务的完成情况，分析各项因素的影响程度，提出改进措施。如果实际的成本降低额和降低率等于或大于计划水平，则说明完成或超额完成了任务；反之，则说明没有完成任务。

可比产品成本降低任务完成情况的分析一般从两方面进行，一是对可比产品成本降低情况的总括分析，二是对可比产品成本降低情况的因素分析。

（1）可比产品成本降低情况的总括分析。

企业通常在制订成本计划时，规定可比产品成本比上年成本降低的任务，即计划降低额和计划降低率。因此，分析可比产品成本时，首先要计算出实际降低额和降低率，以便与计划降低额和降低率相比较，从而了解可比产品成本降低任务的完成情况。

$$\text{可比产品成本计划降低额}=\text{可比产品计划产量按上年实际平均单位成本计算的总成本}-\text{可比产品的计划总成本}$$

$$\text{可比产品成本计划降低率}=\frac{\text{可比产品成本计划降低额}}{\text{可比产品计划产量按上年实际平均单位成本计算总成本}}\times 100\%$$

$$\text{可比产品成本实际降低额}=\text{可比产品实际产量按上年实际平均单位成本计算的总成本}-\text{可比产品的实际总成本}$$

$$\text{可比产品成本实际降低率}=\frac{\text{可比产品成本实际降低额}}{\text{可比产品实际产量按上年实际平均单位成本计算总成本}}\times 100\%$$

【案例七】江旭有限责任公司 2021 年度可比产品成本计划降低任务和实际完成情况的相关资料如表 9-32 和表 9-33 所示。

要求：对可比产品成本降低任务完成情况进行分析。

表 9-32　可比产品成本计划降低任务

可比产品名称	计划产量/台	单位成本/（元·台$^{-1}$）		总成本/元		计划降低任务	
		上年	计划	计划产量按上年计算	计划	降低额/元	降低率/%
甲	50	750	680	37 500	34 000	3 500	9.33
乙	60	950	820	57 000	49 200	7 800	13.68
合计	—	—	—	94 500	83 200	11 300	11.96

表 9-33　可比产品成本计划降低任务实际完成情况

可比产品名称	实际产量/台	实际单位成本/（元·台$^{-1}$）	总成本/元			实际降低情况	
			实际产量按上年计算	实际产量按计划计算	实际产量按实际计算	降低额/元	降低率/%
甲	55	730	41 250	37 400	40 150	1 100	2.67
乙	65	760	61 750	53 300	49 400	12 350	20
合计	—	—	103 000	90 700	89 550	13 450	13.06

从表 9-32 和表 9-33 分析结果来看，江旭有限责任公司可比产品成本实际降低额比计划任务多降低了 2 150 元（13 450–11 300），实际成本降低率比计划降低了 1.1%（13.06%–11.96%），说明该公司可比产品成本计划降低任务完成情况较好。在此基础上，应进一步分析影响可比产品成本任务完成情况的各个因素，以便做出正确评价，提出有效的改进措施。

（2）可比产品成本降低情况的因素分析。

影响可比产品成本的主要因素包括产品产量、产品品种结构和产品单位成本。由于可比产品的计划降低额是根据各种产品的计划产量确定的，而实际降低额是根据各种产品的实际产量确定的，在产品品种结构和产品单位成本不变的情况下，产量变动将会使成本降低额发生同比例变动，所以产量变动不会影响成本降低率的变动。此外，由于在可比产品中各种产品的成本降低程度不尽相同，所以产品品种的比重变动，将会使成本降低额与成本降低率同时发生变动。成本降低程度大的产品比重增加会使成本降低额和降低率增加，反之则减少。另外，产品单位成本降低会使成本降低额与成本降低率增加，反之则减少。因此，产品品种结构变动和产品单位成本变动会影响成本降低率的变动，而产品产量、产品品种结构和产品单位成本的变动均会影响成本降低额的变动。

问题3：如何对产品单位成本表进行分析？

在对企业全部产品成本计划完成情况和可比产品成本降低任务完成情况进行分析以后，还应进一步对主要产品的单位成本进行分析，以便了解主要产品单位成本计划的完成情况及其节约或超支的具体原因，从而采取措施，挖掘潜力，降低产品单位成本。

分析时，通常首先分析本期各种产品实际单位成本对比上年实际平均单位成本的升降情况，然后进一步分析各主要成本项目变动情况，查明单位成本升降的具体原因。

1. *产品单位成本变动情况分析*

产品单位成本变动情况分析，可根据主要产品单位成本表的资料进行。不但要按成本项目逐项对比其实际数与计划数、上期数和历史先进水平之间的升降情况，而且还要求列示主要消耗材料和耗用工时的对比资料，进行比较分析。

【案例八】江旭有限责任公司主要产品单位成本表如表9-34所示。

要求：试分析说明产品单位成本计划完成情况。

根据表9-34资料，可以编制主要产品单位成本表（见表9-35），据此了解成本升降情况和一般原因。

表9-34　主要产品单位成本表

编报单位：江旭有限责任公司　　××年度　　单位：元

产品名称：甲产品　　计量单位：吨　　计划产量：50吨　　实际产量：55吨

成本项目		上年实际平均单位成本/（元·吨$^{-1}$）		本年计划单位成本/（元·吨$^{-1}$）		本年实际平均单位成本/（元·吨$^{-1}$）	
直接材料		402		323		345	
直接人工		210		215		250	
制造费用		138		142		135	
合计		750		680		730	
明细项目	单位	上年数		计划数		实际数	
		单位用量	金额	单位用量	金额	单位用量	金额
原材料							
A	千克	25元/千克	225元	21元/千克	210元	24元/千克	216元
B	千克	15元/千克	255元	12元/千克	192元	14元/千克	231元
工时	小时	110小时		100小时		125小时	

表 9-35　甲产品单位成本分析表

成本项目	计划成本/元	实际成本/元	降低（–）或超支（+）		各项目超、降对单位成本的影响/%
			金额/元	%	
直接材料	323	345	+22	+6.81	+3.24
直接人工	215	250	+35	+16.27	+5.15
制造费用	142	135	–7	–4.92	–1.03
合计	680	730	+50	+18.16	+7.36

从表 9-35 分析结果来看，甲产品的实际单位成本比计划超支 50 元，超支率为 18.16%，成本超支主要是由于直接材料和直接人工没有完成计划造成的，这就需要进一步分析其原因。当然，应该肯定企业在降低制造费用的耗费等方面有较好的成绩。

2. *主要成本项目分析*

（1）直接材料项目的分析。

直接材料费用在产品成本中占较大比重。尽可能地节约原材料成本支出，特别是降低产品的单耗，应该是所有企业降低成本的重要方法。因此，直接材料成本项目分析是产品单位成本分析的重点。

一般说来，构成单位产品材料费用的因素有两个，即材料单耗和材料单价，在分析时应首先将各种主要材料的本期实际成本与计划成本进行比较，查出对成本升降影响较大的材料品种；其次，分析材料成本升降的原因。通常，材料费用取决于材料消耗数量和材料的价格，它们的变动将对直接材料成本产生影响，包括耗用量差异和材料价格差异两个方面。

耗用量差异=（实际材料单耗–计划材料单耗）×材料计划单价

材料价格差异=实际材料单耗×（材料实际单价–材料计划单价）

【案例九】根据表 9-35、表 9-34 的资料，并结合相应的成本计划和成本核算资料，经整理后编制直接材料成本项目分析表（见表 9-36）。

要求：进行甲产品直接材料成本变动的原因分析。

表 9-36　直接材料成本项目分析表

材料名称	计量单位	耗用量/千克		材料单价/（元·千克$^{-1}$）		材料成本/元		差异分析/元		
		计划	实际	计划	实际	计划	实际	合计	耗用量差异	价格差异
A	千克	21	24	10	9	210	216	—	+30	–24
B	千克	12	14	16	16.5	192	231	—	+32	+7
合计	—					402	447	45	62	–17

根据表 9-36 分析结果计算如下。

耗用量差异=（24–21）×10+（14–12）×16=30+32=62（元）

材料价格差异=24×（9–10）+14×（16.5–16）= –24+7= –17（元）

单位甲产品直接材料成本实际超计划支出 45 元，主要是材料消耗量上升造成的，即由于单位产品材料耗用量实际超计划，导致单位产品直接材料成本增加 62 元；另外，又因材料实际单价比计划单价降低，使直接材料成本降低 17 元。两项因素综合影响导致直接材料成本超支数由 62 元下降到 45 元。其中，材料单耗超计划是企业自己的问题，反映了企业在材料消耗控制与管理中存在严重问题，必须进一步分析材料消耗量差异的原因，以便查明降低原材料成本的具体途径；对于材料单价变动对单位直接材料成本的影响，还要深入查明原因，才能进一步评价是否属于企业主观方面的问题。如果材料价格变化是由于市场原因造成的，则不能看作企业的问题。

（2）直接人工项目的分析。

直接人工成本项目的分析，必须结合不同的工资制度和生产工人的工资分配方法来进行。

①计时工资制度下直接人工成本项目分析。

（A）单一产品直接人工成本分析。

如果企业生产一种产品，则其工资费用可以直接计入产品成本，则单位产品的直接工资成本的高低，取决于生产该种产品的产量的增减及其工资总额的高低两个因素。其公式表示为：

$$\text{单位产品的直接人工成本}=\frac{\text{直接人工成本总额}}{\text{产品产量}}$$

从以上公式可以看出，如果产品产量增长的速度超过工资增长的速度，则单位产品中的工资额就会相应地下降；相反，如果产量增长的速度低于工资增长的速度，单位产品中的工资额就会增加。产品产量变动对单位产品直接人工成本的影响金额，称为产量差异；工资总额变动对单位产品直接人工成本的影响金额，称为工资额差异。其计算方法如下：

$$\text{产量差异}=\frac{\text{计划直接人工总额}}{\text{实际产量}}-\text{单位产品计划直接人工}$$

$$\text{工资额差异}=\text{单位产品实际直接人工}-\frac{\text{计划直接人工总额}}{\text{实际产量}}$$

【案例十】假设江旭有限责任公司只生产乙产品，以乙产品工资资料为例，进行直接人工项目的分析。直接人工成本分析表如表 9-37 所示。

表 9-37 直接人工成本分析表

项 目	计 划 数	实 际 数	差 异
1．直接工资/元	8 000	8 650	650
2．产品产量/吨	80	100	20
3．单位产品直接人工/（元·吨$^{-1}$）	100	86.5	−13.5

从表 9-37 分折结果可以进行如下分析。

产量差异=$\frac{8000}{100}-100=-20$（吨）

工资额差异=$86.5-\frac{8000}{100}=6.5$（元）

产品产量的增加，主要是由于开展技术革新，改进产品设计和生产工艺，提高工人技术熟练程度，以及提高工时利用率等。因此，产品产量变动的分折，应深入实际，认真总结提高产量的经验，挖掘提高产量的潜力，以促进产品成本的降低。

直接工资差异的原因，主要是由于人员的增减，工人工资的调整，发给工人属于计入产品成本的奖金、加班工资及出勤率变动工资等。在分析时应查明支付加班工资的原因；对出勤率下降的情况，则应查明缺勤时间增多的原因，以便及时采取措施，提高出勤率。

（B）多品种产品直接人工成本分析。

在大多数企业里，各个车间和班组生产产品的品种都是两种以上，产品的工资费用一般是按照生产工时消耗分配计入各产品成本的。因此，单位产品成本中工资费用的多少，取决于生产单位产品的生产工时（简称效率）和小时工资率两个因素。它们之间的关系可用计算公式表示如下：

单位产品直按人工=单位产品工时×小时工资率

为了确定上述两个因素变动的影响，可以按下列公式计算：

效率差异=（实际单位产品工时−计划单位产品工时）×计划小时工资率

工资率差异=实际单位产品工时×（实际小时工资率−计划小时工资率）

【案例十一】根据“案例八”的资料，现仍以甲产品为例，说明生产工人工资的分析方法。直接人工成本分析表如表 9-38 所示。

表 9-38 直接人工成本分析表

项目	计划数	实际数	差异
单位产品的生产工时/（小时·吨$^{-1}$）	100	125	+25
小时工资率	2.15	2	−0.15
单位产品直接人工/（元·吨$^{-1}$）	215	250	+35

从表9-38分析结果来看，单位产品的直接工资增加35元。

单位产品生产工时差异的影响：效率差异=25×2.15=53.75（元）

小时工资率差异的影响：小时工资率差异=125×（–0.15）= –18.75（元）

由此可见，单位产品生产工时上升，导致甲产品单位产品直接人工成本增加了53.75元，小时工资率下降，导致甲产品单位产品直接人工成本下降了18.75元。两项因素综合导致单位甲产品直接人工成本增加35元。其中，产品工时提高，反映了企业劳动效率下降，应深入进行分析。

②计件工资制度下直接人工成本项目分析。

企业如果采用无限制的计件工资制度，则单位产品的工资取决于计件单价，即工资定额的变动。在计件单价不变时，生产工人劳动生产率的变动，并不会影响单位产品成本中的工资费用，但会通过产量影响那些计入产品成本中的非工作时间的工资，从而引起单位产品成本中工资的变动。在这种情况下，可以根据生产工人工资构成的明细资料进行分析。

企业如果采用有限制的计件工资制度，则工人超产达到一定限度时，超过限度的那部分产品，不再支付工资。这时，劳动生产率的提高，就会使单位产品成本中的工资相应降低。

（3）制造费用项目的分析。

制造费用项目的分析与单位产品直接人工成本项目的分析类似。在制造费用按照生产工时消耗分配计入产品成本的企业里，单位产品制造费用成本取决于单位产品的生产工时和小时费用率两个因素。公式如下：

$$\text{单位成本制造费用}=\text{单位产品生产工时}\times\text{小时费用率}$$

其中，$\text{小时费用率}=\dfrac{\text{制造费用总额}}{\text{生产工时消耗总量}}$

利用因素分析法分析效率和分配率两个因素变动的影响，公式如下：

$$\text{效率差异}=（\text{实际单位产品工时}-\text{计划单位产品工时}）\times\text{计划小时费用率}$$

$$\text{小时费用率差异}=\text{实际单位产品工时}\times（\text{实际小时费用率}-\text{计划小时费用率}）$$

【案例十二】根据“案例八”的资料，参照表9-34对制造费用项目进行分折。制造费用成本分析表如表9-39所示。

从表9-39分析结果来看，甲产品单位制造费用实际比计划降低了7元。

效率差异=25×1.42=35.5（元）

小时费用率差异=125×（–0.34）= –42.5（元）

表 9-39　制造费用成本分析表

项　　目	计　划　数	实　际　数	差　　异
单位产品的生产工时/（小时·吨$^{-1}$）	100	125	+25
小时工资率	1.42	1.08	−0.34
单位产品制造费用/（元·吨$^{-1}$）	142	135	−7

为了进一步了解制造费用变动的原因，应按制造费用项目逐项分析。在此基础上，应结合生产环节的具体资料，联系责任单位和责任人具体查明各项制造费用超支或节约的原因。

问题 4：如何对制造费用明细表进行分析?

制造费用明细表的分析，主要是通过对比实际与计划分析各种费用的计划执行情况。

【案例十三】江旭有限责任公司 2021 年制造费用计划和实际资料如表 9-40 所示。

要求：采用比较分析法，分析该公司制造费用计划执行情况。

表 9-40　制造费用计划和实际资料

单位：元

项目	职工薪酬	折旧费	办公费	水电费	机物料消耗	低值易耗品摊销	劳动保护费	租赁费	运输费	保险费	实验检验费	其他	合计
本年计划	15 000	13 300	7 000	3 500	3 500	3 400	20 000	7 960	7 000	2 240	3 400	1 500	87 800
本年实际	13 200	13 300	6 650	2 850	2 550	2 580	20 700	6 180	6 580	3 270	3 520	1 850	76 580

根据表 9-40 资料，编制该公司制造费用执行情况分析表（见表 9-41），分析制造费用计划执行情况。

表 9-41　制造费用预算执行情况分析表

2021 年度

项　　目	本年计划/元	本年实际/元	完成率	增减额/元
职工薪酬	15 000	13 200	88%	−1 800
折旧费	13 300	13 300	100%	0
办公费	7 000	6 650	93.57%	−350
水电费	3 500	2 850	81.43%	−650
机物料消耗	3 500	2 580	73.71%	−920
低值易耗品摊销	3 400	2 580	75.88%	−820

续表

项　目	本年计划/元	本年实际/元	完成率	增减额/元
劳动保护费	20 000	20 700	103.5%	700
租赁费	7 960	6 180	77.64%	–1 780
运输费	7 000	6 580	94%	–420
保险费	2 240	3 270	145.98%	1 030
实验检验费	3 400	3 520	103.53%	120
其他支出	1 500	1 850	123.33%	350
合计	87 800	76 580	87.22%	–4 540

从表9-41分析结果来看，本年度制造费用总额实际执行结果比计划要求降低了4 540元，这说明本年度制造费用计划执行情况良好。其中，职工薪酬、办公费、水电费、机物料消耗、低值易耗品摊销、租赁费、运输费等费用项目执行计划情况较好，超额完成计划，共节约开支 6 740 元。但是，应该看到劳动保护费、保险费、实验检验费和其他支出比计划要求多开支2 200元，综合影响制造费用节约开支4 540元。

需要指出的是，制造费用所包括的费用项目具有不同的经济性质和不同的经济用途，这些费用的节约或浪费，往往与生产车间工作的质量和相关责任制度、节约制度的贯彻执行情况密切相关。各项费用的变动又分别受不同因素变动的影响。因此，在对制造费用进行计划完成情况分析时，应按各组成项目分别进行分析，而不能只检验费用总额计划的完成情况，不能用其中一些费用项目的节约来抵补其他费用项目的超支。此外，分析时还应注意以下几个问题。

①应注意重点费用项目的分析。对制造费用的各明细项目进行分析，分析的重点是实际脱离计划较大的费用项目，以及在制造费用总额中数额较大、所占比重较大的费用项目。

②应分析费用项目的构成比例。在分析重点费用项目数额变动的同时，应进一步分析制造费用各明细项目构成比例的变化情况，检查费用构成变化的合理性。

因此，“案例十三”中该公司制造费用构成分析表如表9-42所示。

表9-42　制造费用构成分析表

2021年度

项　目	本年计划/元	本年实际/元	费用项目构成情况/%		
			计划构成	实际构成	构成差异
职工薪酬	15 000	13 200	17.08	17.24	0.16
折旧费	13 300	13 300	15.15	17.37	2.22
办公费	7 000	6 650	7.97	8.68	0.71

续表

项　　目	本年计划/元	本年实际/元	费用项目构成情况/%		
			计划构成	实际构成	构成差异
水电费	3 500	2 850	3.99	3.72	–0.15
机物料消耗	3 500	2 580	3.99	3.37	–0.62
低值易耗品摊销	3 400	2 580	3.87	3.37	–0.5
劳动保护费	20 000	20 700	22.78	27.03	4.25
租赁费	7 960	6 180	9.07	8.07	–1
运输费	7 000	6 580	7.97	8.59	0.62
保险费	2 240	3 270	2.55	4.27	1.72
实验检验费	3 400	3 520	3.87	4.59	0.72
其他	1 500	1 850	1.71	2.41	0.7
合计	87 800	76 580	100.00	100.00	0.00

课堂实训

【案例】对立霸集团2021年12月份编制的产品生产成本表（见表9-43）、主要产品单位成本表（见表9-44）和制造费用明细表（见表9-45）进行分析。

表9-43　产品生产成本表

编制单位：立霸集团　　　　　　　　　　2021年12月

产品名称	规格	计量单位	实际产量/台		单位成本/（元·台$^{-1}$）				本月总成本/元			本年累计总成本/元		
			本月	本年累计	上年实际平均	本年计划	本月实际	本年累计实际平均	按上年实际平均单位成本计算	按本年计划单位成本计算	本月实际	按上年实际平均单位成本计算	按本年计划单位成本计算	本年实际
			(1)	(2)	(3)	(4)	(5)=(9)÷(1)	(6)=(12)÷(2)	(7)=(1)×(3)	(8)=(1)×(4)	(9)	(10)=(2)×(3)	(11)=(2)×(4)	(12)
可比产品合计	×	×	×	×	×	×	×	×	50 750	49 850	51 625	520 625	511 125	517 125
其中，甲产品		台	50	510	565	560	546.50	549.21	28 250	28 000	27 325	288 125	285 600	280 095
乙产品		台	45	465	500	485	540	509.74	22 500	21 825	24 300	232 500	225 525	237 030
不可比产品合计	×	×	×	×	×	×	×	×	×	5 650	5 695	×	146 900	151 075
其中，丙产品		台	10	260		565	569.50	581.04	×	5 650	5 695	×	146 900	151 075
全部产品生产成本	×	×	×	×	×	×	×	×	50 750	55 500	57 320	×	658 025	668 200

表 9-44　主要产品单位成本表

2021 年 12 月

产品名称：甲产品　　计量单位：台　　本月计划产量：45 台　　本月实际产量：50 台

产品规格：　　单位售价：750 元/台　　本年累计计划产量：540 台　　本年实际累计产量：510 台

成本项目	行次	历史先进水平	上年实际平均	本年计划	本月实际	本年累计实际平均
直接材料/元		395	410	405	400.50	395.99
直接人工/元		75	80	75	65.50	74.52
制造费用/元		76	75	80	80.50	78.70
单位产品成本/（元·台$^{-1}$）		546	565	560	546.50	549.21
主要经济技术指标		×	×	×	×	×
单位产品物耗		×	×	×	×	×
1.A 材料/元		210	215	211	208	213
2.B 材料/元		100	105	105	102	103
单位产品耗用工时/小时		4.8	5.2	5.5	5.4	5.3

表 9-45　制造费用明细表

2021 年 12 月　　单位：元

项目	行次	本年计划	上年同期实际	本月实际	本年累计实际
职工薪酬	1	19 200	1 400	2 000	15 600
折旧费	2	16 800	1 200	1 400	15 800
办公费	3	8 400	800	1 050	7 050
水电费	4	4 800	440	520	3 220
机物料消耗	5	7 200	620	650	4 650
低值易耗品摊销	6	4 800	380	580	2 980
劳动保护费	7	20 400	1 600	2 400	20 100
租赁费	8	9 360	700	800	6 580
运输费	9	8 400	800	680	6 980
保险费	10	5 640	450	470	5 570
实验检验费	12	4 800	500	520	3 920
其他	19	3 840	400	500	3 220
合计	20	113 640	9 290	11 570	95 670

要求：

（1）根据产品生产成本表（见表 9-43），按产品品种分析该公司全部产品生产成本计划的完成情况。

（2）根据主要产品单位成本表（见表 9-44），分析该公司甲产品单位成本变动情况。

（3）根据制造费用明细表（见表 9-45），分析该公司制造费用计划执行情况。

【案例解析】

（1）根据产品生产成本表（见表 9-43），该公司全部产品生产成本计划完成情况分析如下。

$$全部产品成本计划完成率=\frac{668\,200}{658\,025}\times100\%=101.55\%$$

全部产品总成本升降额=668 200–658 025=10 175（元）

$$全部产品总成本升降率=-\frac{10\,175}{658\,025}\times100\%=-1.55\%$$

填列全部产品成本计划完成情况分析表（按产品品种）（见表 9-46）。

表 9-46　全部产品成本计划完成情况分析表（按产品品种）

2021 年度

产品名称	实际产量本年累计		成本计划完成情况		各种产品对总成本降低率的影响/%
	计划总成本/元	实际总成本/元	升降（–）额/元	升降（–）率/%	
可比产品合计	511 125	517 125	6 000	1.17	0.91
其中，甲产品	285 600	280 095	–5 505	–1.08	–0.84
乙产品	225 525	237 030	11 505	2.25	1.75
不可比产品合计	146 900	151 075	4 175	2.84	0.64
其中，丙产品	146 900	151 075	4 175	2.84	0.64
全部产品总成本	658 025	668 200	10 175	4.01	1.55

从表 9-46 分析结果来看，该公司全部产品生产总成本完成计划的 101.55%，实际成本较计划成本上升了 1.55%，增加总成本 10 175 元，该公司没能完成成本计划。但是，从具体产品品种看，只有甲产品超额完成了成本计划，而乙产品和丙产品均没有完成计划。其中，乙产品成本完成计划的 102.25%，实际成本比计划成本增加了 11 505 元，超过计划 2.25%，影响总成本降低率下降了 1.75%；丙产品完成成本计划的 102.48%，实际成本比计划成本增加了 4 175 元，超过计划 2.84%，影响总成本降低率下降了 0.64%；只有甲产品超额完成成本计划 98.92%，成本降低 5 505 元，比计划成本降低了 1.08%，影响总成本降低率提高了 0.84%。因此，该公司并未能全面完成产品成本计划，对于乙产品、丙产品没有完成成本计划，出现成本超支的情况和原因，需进一步分析。

（2）根据主要产品单位成本表（见表 9-44），该公司甲产品单位成本变动情况分析如下。

根据主要产品单位成本表（见表 9-44），编制主要产品单位成本分析表（见表 9-47）。

从表 9-47 分析结果来看，甲产品的实际单位成本比计划节约 10.79 元，降低率为 4.485%，这说明该公司在降低直接材料、直接人工和制造费用的耗费方面有较好的成绩。

表 9-47　主要产品单位成本分析表

成本项目	计划成本/元	实际成本/元	降低（–）或超支（+）		各项目超、降对单位成本的影响/%
			金额/元	%	
直接材料	405	395.99	–9.01	–2.22	–1.61
直接人工	75	74.52	–0.48	–0.64	–0.86
制造费用	80	78.70	–1.3	–1.625	–0.232
合计	560	549.21	–10.79	–4.485	–2.702

（3）根据制造费用明细表（见表 9-45），该公司制造费用计划执行情况分析如下。

根据制造费用明细表（见表 9-45），编制该公司制造费用计划执行情况分析表（见表 9-48）。

表 9-48　制造费用计划执行情况分析表

2021 年度

项目	本年计划/元	本年实际/元	完成率	增减额/元
职工薪酬	19 200	15 600	99.81%	–3 600
折旧费	16 800	15 800	99.94%	–1 000
办公费	8 400	7 050	99.84%	–1 350
水电费	4 800	3 220	99.67%	–1 580
机物料消耗	7 200	4 650	99.65%	–2 550
低值易耗品摊销	4 800	2 980	99.62%	–1 820
劳动保护费	20 400	20 100	99.98%	–300
租赁费	9 360	6 580	99.70%	–2 780
运输费	8 400	6 980	99.83%	–1 420
保险费	5 640	5 570	99.98%	–70
实验检验费	4 800	3 920	99.78%	–880
其他支出	3 840	3 220	99.84%	–620
合计	113 640	95 670	99.84%	–17 970

从表 9-48 分析结果来看，本年度制造费用总额实际执行结果比计划要求降低了 18 170 元，这说明本年度制造费用计划执行情况较好，该公司制造费用各项目都有不同程度的节约，希望能够保持这种良好的态势。